INÉDITS et commentaires

ISBN : 978-2-85181-679-5

Les indications légales concernant les différentes contributions
se trouvent page 282 à 285.

Couverture : IDSland.

BERTOLT BRECHT

MARGUERITE DURAS

WAJDI MOUAWAD

MARTIN CRIMP

PAUL CLAUDEL

SAMUEL BECKETT

THOMAS BERNHARD

LEOPOLD VON SACHER-MASOCH

ANTON TCHEKHOV

MICHEL DEUTSCH

MICHEL VINAVER

BRUNO BAYEN

INÉDITS et commentaires

L'Arche

JANE SAUTIÈRE
PIERRE SAINT-AMAND
JEAN AMROUCHE
ALAIN SATGÉ
JEAN-MARIE WINKLER
BERNHARD MINETTI
GEORGES BANU
VÉRONIQUE HUBERT

Sommaire

BERTOLT BRECHT

Nada Strancar chante Brecht/Dessau

adaptation française
Jean-Pierre Siméon et Gérald Garutti

Sept roses sur le rosier

Sept roses sur le rosier,
six sont pour le vent,
il en reste une,
j'ai aussi ma part de roses.

Sept fois je t'appelle,
six fois ne viens pas,
mais à la septième, promets-le moi,
au premier mot, au premier mot,
tu seras là.

Sieben Rosen hat der Strauch

Sieben Rosen hat der Strauch,
sechs gehör'n dem Wind,
aber eine bleibt,
daß auch ich noch eine find.

Sieben Male ruf ich dich,
sechsmal bleibe fort,
doch beim siebten Mal versprich,
komme auf ein Wort,
auf ein Wort.

Ce n'est qu'après m'être éloignée de toi

Ce n'est qu'après m'être éloignée de toi
que j'ai vu, les yeux enfin ouverts,
vu enfin le bel aujourd'hui,
et partout la joie, la joie aux mille visages.

C'est depuis ce fameux soir,
oh tu sais bien lequel,
que mes lèvres, ah ! que mes lèvres sont belles,
et mes jambes légères, si légères.

Depuis que je ressens cela,
combien plus verts les champs, les buissons et les arbres,
et si fraîche l'eau, si belle,
l'eau qui ruisselle sur ma peau.

Als ich nachher von dir ging

Als ich nachher von dir ging
an dem großen Heute,
sah ich, wie ich sehn anfing,
lauter lustige Leute.

Und seit jener Abenstund,
weißt schon, die ich meine,
hab ich, hab ich einen schönern Mund
und geschicktere Beine.

Grüner ist, seit ich so fühl,
Baum und Strauch und Wiese,
und das Wasser, und das Wasser, schöner kühl,
wenn ich's auf mich gieße.

Le chant d'une mère allemande

1.
Mon fils, quand je t'ai offert
ces bottes et cette chemise brune
si j'avais su alors ce que je sais maintenant,
j'aurais mieux fait de me pendre.

2.
Mon fils, quand je t'ai vu tendre le bras
pour saluer Hitler, je ne savais pas
que ce bras qui saluait
serait bientôt celui d'un cadavre.

3.
Mon fils, quand je t'ai entendu
parler d'une race de héros
je n'avais pas conscience, pas idée, pas preuve
que tu lui servais de bourreau.

4.
Mon fils, quand je t'ai vu
marcher derrière cet Hitler,
je ne savais pas que celui qui part avec lui
ne revient jamais.

5.
Mon fils, quand tu me disais
qu'on ne reconnaîtrait plus l'Allemagne
je ne savais pas ce qu'elle allait devenir :
sang, pierres et cendres.

6.
Je t'ai vu dans ta chemise brune,
je n'y ai rien trouvé à redire,
car je ne savais pas alors ce que je sais maintenant :
elle était ton linceul.

Bertolt Brecht

Lied einer deutschen Mutter

1.

Mein Sohn, ich hab dir die Stiefel
und dies braune Hemd geschenkt :
hätt ich gewußt, was ich heut weiß,
hätt ich lieber mich aufgehängt.

2.

Mein Sohn, als ich deine Hand sah,
erhoben zum Hitlergruß,
wußt ich nicht, daß dem, der ihn grüßet,
die Hand verdoren muß.

3.

Mein Sohn, ich hörte dich reden
von einem Heldengeschlecht,
wußte nicht, ahnte nicht, sah nicht :
du warst ihr Folterknecht.

4.

Mein Sohn, und ich sah dich marschieren,
hinter dem Hitler her,
wußte nicht, daß, wer mit ihm auszieht,
zurück kommt er nimmermehr.

5.

Mein Sohn, du sagtest mir,
Deutschland wird nicht mehr zu kennen sein.
Wußte nicht, es würd' werden
zu Aschen und blut'gem Stein.

6.

Sah das braune Hemd dich tragen,
hab mich nicht dagegen gestemmt,
denn ich wußte nicht was ich heut weiß :
es war dein Totenhemd.

Chanson de la fraternisation

Je venais d'avoir dix-sept ans
quand l'ennemi débarqua chez nous.
Il déposa son sabre
et me tendit une main amie.

> Après la prière de mai
> vint la nuit,
> la douce nuit de mai.
> Le régiment campait sur la paille,
> tambour battant, clairon sonnant
> et l'ennemi nous prit dans les buissons
> pour fraterniser.

Des ennemis, la ville en était pleine
le mien, c'était un cuisinier
je le haïssais à longueur de journée,
oh mais la nuit, la nuit, je l'aimais tant.

> Après la prière de mai
> vient la nuit,
> la douce nuit de mai.
> Le régiment campe sur la paille,
> battez tambour, sonnez clairon
> et l'ennemi nous prend dans les buissons
> pour fraterniser.

L'amour que j'éprouvais
était comme la foudre du ciel.
Les gens d'ici n'ont pas compris
que je l'aime et ne le trahisse pas.

> Et puis vint la douleur
> par un sombre matin.
> Le régiment campait sur la paille,
> tambour battant, clairon sonnant
> et l'ennemi quitta la ville,
> et avec lui mon cher amour.

Bertolt Brecht

Das Lied vom Fraternisieren

Ich war erst siebzehn Jahre
da kam der Feind ins Land.
Er legte beiseite den Säbel
und gab mir freundlich seine Hand.

> *Und nach der Maiandacht*
> *da kam die Maiennacht.*
> *Das Regiment stand im Geviert*
> *dann wurd getrommelt, wies der Brauch*
> *dann nahm der Feind uns hintern Strauch*
> *und hat fraternisiert.*

Da waren viele Feinde
und mein Feind war ein Koch
ich hasste ihn bei Tage
und nachts, da liebte ich ihn doch.

> *Denn nach der Maiandacht*
> *da kommt die Maiennacht.*
> *Das Regiment steht im Geviert*
> *dann wird getrommelt, wies der Brauch*
> *dann nimmt der Feind uns hintern Strauch*
> *und's wird fraternisiert.*

Die Liebe, die ich spürte
war eine Himmelsmacht.
Meine Leut habens nicht begriffen
dass ich ihn lieb und nicht veracht.

> *In einer trüben Früh*
> *begann mein Qual und Müh.*
> *Das Regiment stand im Geviert*
> *dann wurd getrommelt, wies der Brauch*
> *dann ist der Feind, mein Liebster auch*
> *aus unsrer Stadt marschiert.*

Partition de Paul Dessau

Le cochon

Il était une fois un cochon,
un cochon à une patte.
Un jour, pressé,
il dévale sur le cul
un parterre de violettes :
c'était vraiment un vrai cochon !

Das Schwein

Es war einmal ein Schwein,
das hatte nur ein Bein.
Einmal war es in Eil,
da rutschte es auf dem Hinterteil
ins Veilchenbeet hinein :
es war ein rechtes Schwein.

Le cheval

Il était une fois un cheval
qui ne valait pas son pesant de crottin,
trop crétin pour la course,
trop balourd pour le labour,
il se lance, se lance dans la politique,
et désormais on le porte, porte aux nues.

Das Pferd

Es war einmal ein Pferd,
das war nicht sehr viel wert,
für das Rennen war es zu dumm,
vor den Wagen gespannt, fiel es um,
da wurde, da wurde es Politiker,
es ist jetzt hoch-, hochgeehrt.

Le corbeau

Il était une fois un corbeau,
un gars vieux et malin,
un jour, un canari,
qui chantait dans sa cage, lui dit :
écoute, question art, mon vieux,
tu n'y comprends rien.
Le corbeau vexé répondit :
si tu ne savais pas chanter,
tu serais libre comme moi.

Der Rabe

Es war einmal ein Rabe,
ein schlauer alter Knabe,
dem sagte ein Kanari,
der in seinem Käfig sang :
schau her, von Kunst
hast du keinen Dunst.
Der Rabe sagte ärgerlich :
wenn du nicht singen könntest,
wärst du so frei wie ich.

Le hérisson

Il était une fois un hérisson,
un jour il tombe dans un saladier
rempli d'huile rance
qui lui ramollit les piquants.

Il est alors admis à la Société
des Nations
et un tigre aveugle
le présente à la ronde
comme un illustre guerrier.

Der Igel

Es war einmal ein Igel,
der fiel in einen Tiegel
mit ranzigem Salatöl,
und das hat die Stacheln aufgeweich.

Da trat er in den Völkerbund
von einem blinden Tiger
wurd' er dann herumgereicht,
als ein berühmter Krieger.

Le cloporte

Il était une fois un cloporte
pris dans un gros merdier,
la cave où il cloportait
un beau jour s'effondra,
et toute la maison de pierre,
sur sa petite tête, s'écroula.
Depuis, à ce qu'on dit,
c'est un vrai cul béni.

Die Kellerassel

Es war einmal eine Kellerassel,
die geriet in ein Schlamassel,
der Keller, in dem sie asselte,
brach eines schönen Tages ein,
so daß das ganze Haus aus Stein
ihr auf das Köpfchen prasselte.
Sie soll religiös geworden sein.

Bertolt Brecht

Né à Augsbourg (Bavière) en 1898. Mort à Berlin-Est en 1956.

Bertolt Brecht rencontre Paul Dessau (1894-1979), émigré à New York, en 1939. Dessau le suit à Hollywood, collabore avec lui et continuera à mettre en musique certains des poèmes de Brecht après sa mort.

L'Arche Éditeur, Paris

Théâtre complet, 8 vol., 1974-1979 (rééd. 1988)

Tome I (1919-1926) : *Baal*, texte français Guillevic / *Tambours dans la nuit*, texte français Sylvie Muller / *Dans la jungle des villes*, texte français Jean Jourdheuil et S. Muller / *La Vie d'Édouard II d'Angleterre*, texte français J. Jourdheuil et S. Muller / *Homme pour homme**, texte français Geneviève Serreau et Benno Besson / *L'Enfant d'éléphant*, texte français S. Muller.

Tome II (1928-1931) : *L'Opéra de quat'sous*, texte français Jean-Claude Hémery / *Grandeur et décadence de la ville de Mahagonny*, texte français J.-C. Hémery et G. Serreau / *Le Vol au-dessus de l'océan*, texte français Gilbert Badia / *L'Importance d'être d'accord*, texte français Édouard Pfrimmer et G. Serreau / *Celui qui dit oui, celui qui dit non* ; *La Décision*, texte français E. Pfrimmer / *Sainte Jeanne des abattoirs*, texte français G. Badia et Claude Duchet.

Tome III (1930-1938) : *L'Exception et la Règle**, texte français Bernard Sobel et Jean Dufour / *La Mère*, texte français Maurice Regnaut et André Steiger / *Têtes rondes et têtes pointues*, texte français Bernard Lortholary / *Les Horaces et les Curiaces*, texte français André Gisselbrecht / *Grand-peur et misère du IIIe Reich**, texte français M. Regnaut et A. Steiger.

Tome IV (1937-1940) : *Les Fusils de la mère Carrar*, texte français G. Badia / *La Vie de Galilée**, texte français Armand Jacob et E. Pfrimmer / *Mère Courage et ses enfants**, texte français Guillevic / *La Bonne Âme de Sé-Tchouan**, texte français Jeanne Stern.

Tome V (1939-1943) : *Le Procès de Lucullus**, texte français Michel Habart / *Maître Puntila et son valet Matti**, texte français Michel Cadot / *La Résistible Ascension d'Arturo Ui*, texte français A. Jacob / *Les Visions de Simone Machard*, texte français A. Gisselbrecht et E. Pfrimmer.

Tome VI (1943-1954) : *Schweyk dans la Deuxième Guerre mondiale*, texte français A. Gisselbrecht et Joël Lefebvre / *Le Cercle de craie caucasien**, texte français Georges Proser / *Les Jours de la Commune*, texte français A. Jacob / *Turandot ou le Congrès des blanchisseurs*, texte français A. Jacob.

Tome VII (Adaptations, 1948-1953) : *Antigone*, texte français M. Regnaut / *Le Précepteur**, texte français A. Jacob et Ernest Sello / *Coriolan**, texte français M. Habart / *Le Procès de Jeanne d'Arc à Rouen, 1431*, texte français Claude Yersin / *Tambours et trompettes*, texte français G. Serreau.

Tome VIII (1914-1950) : *La Noce chez les petits-bourgeois*, texte français Jean-François Poirier / *Le Mendiant ou le Chien mort* / *Il débusque un démon*, texte français Édith Winkler / *Lux in Tenebris*, texte français M. Regnaut / *Le Coup de filet*, texte français E. Winkler / *Dansen* ; *Combien coûte le fer ?*, texte

---

* Les œuvres marquées d'un astérisque sont celles pour lesquelles Paul Dessau a composé musique de scène ou *Lieder*. Pour plus de détails, se reporter au site Internet http://us.geocities.com/herrkeuner/pdwerkekurz.html ou à l'ouvrage *Das große Brecht-Liederbuch*, Suhrkamp Verlag, Francfort, 1985.

français B. Lortholary / *Les Sept Péchés capitaux des petits-bourgeois*, texte français E. Pfrimmer / *La Boutique de pain*, texte français J.-F. Poirier et *Sept autres fragments*, texte français M. Cadot, M. Habart, J. Jourdheuil et Heinz Schwarzinger / *Exercices pour comédiens*, texte français M. Cadot / *La Bible, drame en un acte de Bertold Eugen*, texte français M. Cadot.

Poèmes, 9 vol., 1965-1967

Textes français G. Badia, Jean-Paul Barbe, Jean Baudrillard, B. Besson, M. Cadot, Alain Calvié, Adolphe Devredo, C. Duchet, Gérald Eudeline, A. Gisselbrecht, Guillevic, M. Habart, J.-C. Hémery, A. Jacob, J. Lefebvre, B. Lortholary, Paul Mayer, E. Pfrimmer, M. Regnaut, E. Sello, G. Serreau, B. Sobel, J. Stern, Jean Tailleur, Boris Vian et Antoine Vitez.

Tome I (1918-1929) : *Sermons domestiques / Extraits d'un manuel pour habitants des villes / Histoires de la Révolution.*

Tome II (1913-1929) : *Poèmes inédits ne figurant pas dans des recueils / Chansons et poèmes extraits des pièces.*

Tome III (1930-1933) : *Chansons, poèmes, chœurs / Les Trois Soldats / Les Sept Péchés capitaux des petits-bourgeois.*

Tome IV (1934-1941) : *Poèmes de Svendborg / Poèmes chinois / Études / Poèmes extraits de* L'Achat du cuivre / *Recueil de Steffin.*

Tome V (1934-1941) : *Poèmes ne figurant pas dans des recueils / Chansons et poèmes extraits des pièces.*

Tome VI (1941-1947) : *Poèmes d'exil / Poèmes ne figurant pas dans des recueils / Chansons et poèmes extraits des pièces.*

Tome VII (1948-1956) : *Élégies de Buckow / Poèmes ne figurant pas dans des recueils / Chansons et poèmes extraits des pièces.*

Tome VIII (1913-1956) : *Suppléments aux poèmes.*

Tome IX (1913-1956) : *Chansons et poèmes extraits des pièces et autres œuvres / Poèmes sur des pièces / Fragments.*

De la séduction des anges – Poèmes et textes érotiques (1917-1953), texte français Louis-Charles Sirjacq.

Essais

L'Achat du cuivre, texte français Béatrice Perregaux, J. Jourdheuil et J. Tailleur, 1970.

Écrits sur la littérature et l'art :

Tome I : *Sur le cinéma*, texte français Jean-Louis Lebrave et Jean-Pierre Lefebvre, 1970.

Tome II : *Sur le réalisme*, texte français A. Gisselbrecht, 1970.

Tome III : *Les Arts et la Révolution*, texte français B. Lortholary, 1970.

Écrits sur la politique et la société, texte français Paul Dehem et Philippe Ivernel, 1970.

Écrits sur le théâtre I, texte français J. Jourdheuil, J. Tailleur et Guy Delfel, 1972.

Petit Organon pour le théâtre, texte français J. Tailleur, 1978.

Écrits sur le théâtre II, texte français J. Tailleur et E. Winkler, 1979.

L'Art du comédien, texte français J. Tailleur, G. Delfel et Jean-Louis Besson, 1999.

Théâtre épique, théâtre dialectique, texte français J. Tailleur, G. Delfel, E. Winkler, Jean-Marie Valentin, 1999.

Romans

Les Affaires de monsieur Jules César, texte français G. Badia, 1959 (rééd. 1995).
Me Ti. Livre des retournements, texte français B. Lortholary, 1968.
Le Roman de quat'sous, texte français Claude Vernier et Paul Richez, préface G. Serreau, 1963 (rééd. 1995).
Dialogues d'exilés, texte français G. Badia et J. Baudrillard, 1972.
Le Roman de Tuis, texte français Jean-Pierre Morel, 1979.

Récits

Histoires d'almanach, texte français Ruth Ballangé et M. Regnaut, 1961 (rééd. 1983).
Histoires de monsieur Keuner, texte français M. Regnaut, 1980.
Les Crabes de la mer du Nord et autres histoires (1913-1927), texte français B. Lortholary, 1988.
La Vieille Dame indigne et autres histoires (1928-1948), texte français B. Lortholary, R. Ballangé et M. Regnaut, 1988.

Journaux

Journal de travail 1938-1955, texte français P. Ivernel, 1976.
Journaux 1920-1922 / Notes autobiographiques 1920-1954, texte français M. Cadot, 1978.

Éditions Gallimard, Paris

Écrits sur le théâtre, coll. « Bibliothèque de la Pléiade », édition, introduction et chronologie J.-M. Valentin, 2000 : *Critiques dramatiques d'Augsburg* (1918-1921), texte français J. Tailleur et Marielle Silhouette / *Nature et avenir du théâtre* (1920-1926), texte français J.-L. Lebrave, J.-P. Lefebvre, M. Silhouette et J. Tailleur / *Entre l'ancien et le nouveau* (1927-1930), texte français J.-L. Lebrave, M. Silhouette et J. Tailleur / *Le Théâtre épique* (1927-1937), texte français J. Tailleur et J.-M. Valentin / *La Pièce didactique* (1929-1956), texte français J.-M. Valentin et E. Winckler / *La Dramaturgie non aristotélicienne* (1932-1951), texte français G. Delfel, J. Tailleur et J.-M. Valentin / *Petit Organon pour le théâtre* (1948), texte français B. Lortholary / *La Dialectique et le Théâtre* (1929-1956), texte français J. Tailleur, J.-M. Valentin et E. Winckler / *L'Achat du cuivre* (1939-1955), texte français M. Cadot, André Combes, G. Eudeline, J. Jourdheuil, B. Perregaux et J. Tailleur / *Sur la musique* (1928-1956), texte français Bernard Banoun, G. Delfel et J. Tailleur / *L'Architecture de scène* (1929-1952), texte français G. Delfel, Jeanne Lorang et J. Tailleur / *L'Art du comédien* (1927-1955), texte français J.-L. Besson, G. Delfel et J. Tailleur / *Notes sur Katzgraben* (1953), texte français Francine Maier-Schaeffer et J. Tailleur.

MARGUERITE
DURAS

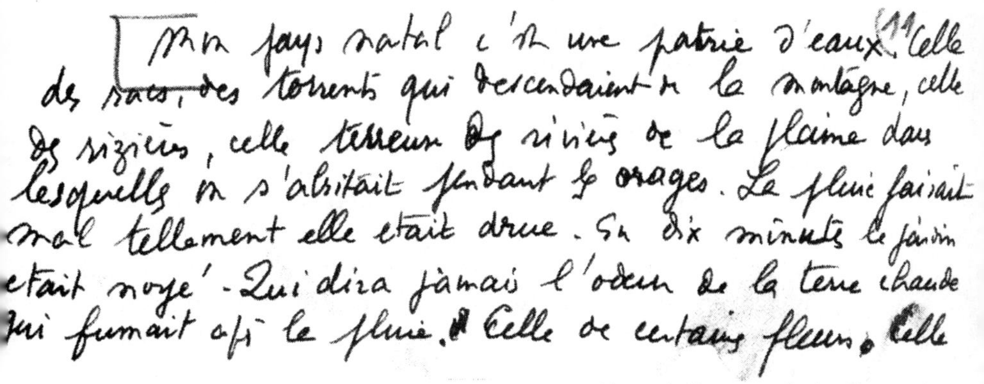

Mon pays natal c'est une patrie d'eaux. Celle des ~~sacs~~, des torrents qui descendaient de la montagne, celle des rizières, celle terreuse des rivières de la plaine dans lesquelles on s'abritait pendant les orages. La pluie faisait mal tellement elle était drue. En dix minutes le jardin était noyé. Qui dira jamais l'odeur de la terre chaude qui fumait après la pluie. Celle de certaines fleurs. Celle

Marguerite Duras, reproduction d'un extrait du brouillon manuscrit de *La Vie matérielle*, 1987

L'inconnue de la rue Catinat

entretien avec Marguerite Duras

Le Nouvel Observateur À l'origine de *L'Amant*, il y avait une image, une photographie…

Marguerite Duras Oui. Le texte de *L'Amant* s'est d'abord appelé *L'Image absolue*. Il devait courir tout au long d'un album de photographies de mes films et de moi. Cette image, cette photographie absolue non photographiée est entrée dans le livre. Elle aurait eu trait à la traversée d'un fleuve sur un bac. Cette image centrale – de même que ce bac qui, sans doute, n'existe plus, de même que ce paysage, ce pays aussi, détruits –, que personne d'autre que moi ne connaît, ne peut mourir que de moi, que de ma mort. Mais elle aura été et restera signalée, son existence, sa permanence « *rétinienne* » auront été posées là, dans ce livre-là.
Dans cet album, j'aurais parlé d'une autre photographie qui aurait pu passer – pour les autres gens – pour l'image absolue. C'est celle de ma mère et de ses trois enfants rassemblés un après-midi à Hanoi. Le livre ne part pas de cette photographie-là, effective, mais il y revient chaque fois qu'il parle de la mère et de son désespoir, ce désespoir si pur dont elle était douée – je cite le livre.
Dans le *Barrage*, je lui rendais un hommage qu'elle n'a pas vu, qu'elle n'a pas lu. Pour elle, dans le livre, j'accusais sa défaite, je la dénonçais. Qu'elle n'ait pas compris cela reste une des tristesses de ma vie. Ici, c'est différent. Il fallait mentir. Mon amant était chinois. Le dire, même dans un livre, ce n'était pas possible du vivant de ma mère. Un Chinois – amant de son enfant – même remarquablement riche, c'était l'équivalent d'une déchéance peut-être encore plus grave que celle de la ruine des barrages parce qu'elle atteignait ce qu'elle vivait comme étant un don du ciel, sa race, ici, blanche.

NO Dans *L'Amant* vous écrivez : « L'histoire de ma vie n'existe pas. Ça n'existe pas. Il n'y a jamais de centre. Pas de chemin, pas de ligne. Il y a de vastes endroits où l'on fait croire qu'il y avait quelqu'un, ce n'est pas vrai, il n'y avait personne. »

MD On croit que la vie se déroule comme une route entre deux bornes, début et fin. Comme un livre qu'on en ferait. Que la vie, c'est la chronologie. C'est faux. Tandis que l'on est à vivre un événement, on l'ignore. C'est par la mémoire, ensuite, qu'on *croit* savoir ce qu'il y a eu. Alors que ce qui en reste de visible est le superflu, l'apparence. Le reste de l'événement est gardé, farouchement, biologiquement, hors de portée. Quand on approche de la mort, c'est très frappant, vous verrez, je l'espère. Il y a des points éclairés, isolés, ou bien des passages clairs vers des régions sombres, inextricables. On se voit aller vers, mais on ne sait plus vers quoi. Peut-être est-ce lorsque les instants vécus l'ont été pleinement qu'ils laissent le moins à revoir, à penser. L'histoire de votre vie, de ma vie, elles n'existent pas, ou bien alors il s'agit de lexicologie. Le roman de ma vie, de nos vies, oui, mais pas l'histoire. C'est dans la reprise des temps par l'imaginaire que le souffle est rendu à la vie. C'est quand Leroi-Gourhan atteint la recherche personnelle à travers la recherche formelle des historiens qui l'ont précédé qu'il est le plus convaincant. Il se met à la place des hommes de Lascaux et il se demande ce qu'il aurait fait, lui, devant la rivière. Traverser, lui, il aurait traversé la rivière –, il aurait cherché les passages à gué et il aurait traversé la rivière. Et aux gués de la Vézère, il cherche. Et il trouve les premières maisons des premiers âges.

NO Après la lecture du livre, on se trouve devant l'impossibilité de le qualifier. Ce n'est pas un roman ni une autobiographie, ni même un récit au sens classique du terme. Comment a-t-il été écrit ?

MD Je l'ai écrit mesure par mesure, temps par temps, sans jamais essayer de trouver une correspondance plus ou moins profonde entre eux, les temps. J'ai laissé opérer cette correspondance à mon insu. Je l'ai laissée se faire. L'épreuve d'écrire, c'est de rejoindre chaque jour le livre qui est en train de se faire et de s'accorder une nouvelle fois à lui, de se mettre à sa disposition. S'accorder à lui, au livre.
Il n'y a de composition que musicale. Dans tous les cas, c'est ce rajustement au livre qui est d'ordre musical. Si on ne fait pas cela, on peut toujours faire les autres livres, ceux dont le sujet n'est pas l'écriture. Mais c'est des choses autres que des livres, c'est d'autres gens, une autre consommation, une autre morale, une autre société, sans liens, sans descendance ni fraternité, subie par ses sujets dans un isolement historique, fatal, et qui a déjà été vécu ailleurs, dans des instances de l'histoire de la pensée ou dans celles du pouvoir. Mais ce n'est pas l'écriture, la liberté.

NO Devant le livre à faire, y a-t-il un élément précis qui déclenche le processus de l'écriture ?

MD Je crois que ça part des mots. Peut-être. Je les vois, je les place et la phrase vient après, elle s'accroche à eux, elle les entoure, elle se fait comme elle peut. Les mots, ils ne bougent pas, ils ne bronchent pas. Il y a les mots de la phrase. Et il y a les mots du livre. Le mot « désert » scande le livre tout entier. Le mot « amant » aussi. Les mots « blanc », « blanche » aussi, le blanc des maisons de postes de brousse, le blanc des murs dans l'ombre du fleuve, des maisons de Blancs, et celui, éclatant, de la

peau de l'enfant, de la jeune fille blanche. La Chine aussi envahit le livre. Un ami me dit : ce n'est pas le Chinois dont tu parles, c'est de la Chine. C'est vrai que la Chine vient jusqu'à capter Hélène Lagonelle, son corps, qui à son tour envahit le livre. C'est à le relire que je m'en aperçois. Il y a une métonymie constante, incessante, dans *L'Amant*.
J'ai su plus tard que ce n'était pas moi maintenant qui avais alimenté le livre ni trouvé l'ordre de son déroulement, c'était en moi. Quelqu'un que je croyais ne plus connaître et que j'avais laissé faire. Pour tout vous dire, je crois qu'il n'y a pas de grand roman ni de roman « véritable » en dehors de soi. C'est moi, l'histoire.

NO Le type de narration que vous employez dans *L'Amant* fait écho sur le lecteur en suscitant son imaginaire, au lieu de l'enfermer dans la structure du récit traditionnel.

MD Je crois que c'est parce que la part singulière de soi, ici, est toujours la plus partagée. Ici, la nostalgie est partie, la plainte aussi. Les images sont toutes retirées de l'oubli. Tout est passé. La politique aussi est passée, et dans le monde et dans cette zone désenchantée de la terre. J'ai émigré en France. Mais les voyages que je préfère, c'est là, en France, les plaines du Nord, la Loire. Je n'ai jamais éprouvé le besoin de revoir l'Indochine. Mais la France que je n'ai pas connue à l'âge où je ne savais pas regarder les choses, j'ai toujours envie de la voir.

NO Pouvez-vous préciser ce que vous entendez par « écriture courante » ?

MD Quand on passe de la malfaisance de mon frère à la description du ciel équatorial, de la profondeur du mal à la profondeur

du bleu, de la fomentation du mal à celle de l'infini, c'est ça. Et cela sans qu'on le remarque, sans qu'on le voie. L'écriture courante, c'est ça, celle qui ne montre pas, qui court sur la crête des mots, celle qui n'insiste pas, qui a à peine le temps d'exister. Qui jamais ne « coupe » le lecteur, ne prend sa place. Pas de version proposée. Pas d'explication.
Dans l'écriture de *L'Amant*, il y a aussi des traces de parler populaire. On va au photographe quand on y va une fois ou deux par existence. Quand on y va plus souvent, on va chez le photographe.

NO À Vinh-Long, la mère veuve, seule avec ses trois enfants. Quel genre de famille étiez-vous ?

MD Notre famille était comme toutes les familles, mais ouvertement. Abruptement. On était ce qu'on paraissait être. On ne prenait aucune précaution pour paraître autres, c'était notre noblesse, cette sauvagerie. Pour le reste, notre éducation n'avait aucun rapport avec une éducation française ou même européenne. Quand la forêt équatoriale est face à votre chambre d'enfant, on lit différemment Baudelaire à vingt ans.
Il y a toujours dans la relation familiale une dimension haïssable. Nous, elle était à découvert. Elle se présente comme une loi de l'espèce. Dans une famille, lorsque les relations sont bonnes, amicales, charmantes, c'est que la nature a été contournée. La vocation directe, native, de la famille est une vocation animale, effrayante. On n'est pas destiné à vivre ensemble. La famille, c'est un passage en commun par la nourriture commune, l'élevage. La vie est remise à « plus tard », « Tu verras plus tard », c'est ce que disent les parents. C'est après qu'on vivra, quand on se sera séparé. Vivre, c'est oublier la loi.

NO Vous parlez de la malfaisance de votre frère aîné. Vous le présentez au lecteur tel que l'assassin de *La Nuit du chasseur*. Pouvez-vous expliquer pourquoi ?

MD Oui. Il n'éprouvait jamais aucun remords. Il n'avait jamais aucun scrupule. Il n'avait sans doute aucun imaginaire concernant la situation de l'autre après ses méfaits. J'appelle ça : la malfaisance. Il régnait sur la famille, il faisait peur. Je ne peux pas m'empêcher de le comparer tout le temps au père de *La Nuit du chasseur*, à ce personnage indécis, entre le criminel et le père.

NO Il y avait une dimension incestueuse dans son rapport avec vous ?

MD J'ai cru longtemps que non, quant à moi. Mais du fait que je décelais la sienne, c'est qu'il y en avait une en moi aussi. Je ne veux pas danser avec lui parce que je ne veux pas me rapprocher de son corps. Ça me fait horreur parce que ça me trouble. C'est mon frère qui m'a fait croire à la malfaisance native de l'homme.

NO Des trois enfants, c'est toujours vers lui qu'allait la préférence absolue de votre mère ?

MD Oui. Absolument. Elle devait savoir pourquoi il était comme ça. Elle devait savoir qu'elle lui avait adjoint un frère et une sœur et qu'il ne s'en était jamais remis. Elle devait se croire tenue de le protéger à cause de cet enfer qu'elle lui avait fait. Elle, pour lui, c'était la religion. C'était Dieu.
Quand mon père est mort, elle m'a dit que la préférence de mon père était toujours allée au petit frère, qu'« *il n'aimait pas*

son aîné ». Le père est mort. Mais il restait les deux autres enfants. Il ne s'en est jamais remis.

NO Vous écrivez ceci : « J'avais à quinze ans le visage de la jouissance et je ne connaissais pas la jouissance. Ce visage se voyait très fort. »

MD Oui, je ne la connais pas encore mais je suis prête pour cela. Puisque j'ai déjà le chapeau d'homme couleur bois de rose au large ruban noir, les souliers strassés et la ceinture de cuir qui déforme les robes de ma mère jusqu'à les faire miennes. C'est à ma mère que j'ai soutiré cet achat, un jour de désespoir.
Au moment où la photo aurait pu être prise, personne ne savait l'importance de ce passage du bac. Ça a été le déclenchement de la vie. C'est après, pour la première fois, que j'ai menti à ma mère, sur cet amour-là, c'est-à-dire sur mon propre désir.
Il y a une chose que je n'ai jamais dite. C'est quand, pour la première fois, j'ai vu la beauté que pouvait avoir une femme, ou encore : la beauté dont un corps et un visage de femme pouvaient se charger. C'était en 1926. Ça s'est passé à Saigon, à l'angle du boulevard Charner et de la rue Catinat. J'étais boulevard Charner. Une femme est arrivée dans l'autre sens, elle tournait rue Catinat. Ça a duré quelques secondes.
Elle avait une robe noire, très fluide, très légère, comme en soie satinée. La jupe arrivait au genou, retenue aux hanches. Le corps était très élevé, athlétique, très mince. Les cheveux noirs étaient lisses, coupés à la garçonne. La robe et le corps étaient indissociables, un seul objet confondu, porté par la marche d'une élégance bouleversante, nouvelle. Le haut de la jupe était du même satin que la robe, mais fait de carrés alternés d'un grège terne, ingrat, et noir. La robe était très décolletée, sans manches. La femme portait des hauts talons.

Elle n'avait aucun bijou. Elle était d'une beauté inoubliable. J'avais le sentiment d'avoir été brûlée par son passage. Je suis restée interdite.
Maintenant je sais que cette silhouette maigre et haute, c'est encore Anne-Marie Stretter. Et c'est donc déjà Betty Fernandez et Marie-Claude Carpenter.

NO Y a-t-il autre chose dont vous vouliez parler ?

MD Je voulais commencer par là. Quand on fait paraître un livre, c'est une période toujours difficile. Même quand la critique est bonne, cette période est mal vécue. Un peu comme un deuil. Elle met le livre dans une situation coupable. Et l'auteur dans la situation d'avoir à le défendre. D'en parler me fait aussi peur que lorsque j'avais à traverser une place vide après cette cure anti-alcool. Justifier qu'on écrit des livres un peu comme si c'était mal, c'est ça qui est intolérable. Je n'ai rien à justifier, on l'oublie toujours, moi comme les autres, rien.

Propos recueillis par Hervé Le Masson
Entretien paru dans *Le Nouvel Observateur*, n° 1038, 28 septembre-4 octobre 1984, p. 52

La traversée du fleuve

par Jane Sautière

Les livres dont on sait qu'ils sont plus forts que notre vie, et dont on ne pourrait pas citer trois phrases, les livres qu'on croit avoir incorporés au point qu'ils sont nous-mêmes, tombés dans notre chair et nos os, ces livres, lorsqu'on les relit, nous donnent la surprise qui n'est pas de retrouver la lecture initiale, mais de trouver ce qui appartient à une syncope première – on se réveille de sa lecture, et rien n'est plus pareil. A été nommée l'essence même de notre être, et l'on ne sait pas quoi. On dit aux amis, « lis ça, c'est une merveille », sans pouvoir dire pourquoi. On dit des mots tout en sachant qu'ils sont déjà hors du livre.

On relit, et saute aux yeux ce qui n'était pas visible. Et l'on relit encore et encore et toujours une autre révélation et tout aussitôt, la perte du savoir. Ces livres inépuisables parce qu'ils nous débordent. (Parfois, il me vient l'idée triste qu'on ne puisse pas avoir indéfiniment des histoires passionnelles avec les livres, mais ce temps-là n'est peut-être pas encore venu pour moi, je viens de lire *Je suis vivant* de Pasolini, et j'ai à nouveau senti la syncope première.)

Là, avec elle, MD (les initiales telles que marquées sur sa tombe, Marguerite Duras, Marguerite Donnadieu, les deux vont, les initiales la disent toujours bien), avec elle, MD, j'ai eu plusieurs fois les syncopes initiales dont aucune relecture ne viendra à bout. Je lui dois cela, et tant d'autres choses pratiques. Comme de savoir ce qu'est une femme qui écrit. C'est une personne qui se lève, quitte la page en cours et va voir si le four est chaud, s'il faut aller chercher du pain. Ce n'est pas triste ou encombrant. C'est la contingence. On fait l'écriture avec ça.

Lorsque j'ai lu *L'Amant*, j'étais sidérée, parce que j'ai senti mon histoire, la chose mienne, et curieusement, pas seulement parce que j'ai vécu au Cambodge à l'âge de l'héroïne. Cette proximité des sensations avait été recouverte par une autre, très vive, quelque chose que je pensais être terriblement singulier, impartageable.
Pourtant, de fait, j'ai été proche de toutes sortes de choses de ce livre, tout ce qui, ici, peut paraître exotique ne l'était pas pour la lectrice de trente-deux ans qui avait vécu de quinze à dix-huit ans dans un pays proche du Vietnam.
La chaleur qui colle à la bouche à étouffer, qu'il faut boire avec les poumons, cette chaleur contre laquelle il ne faut mener aucune rébellion, se laisser couler. Quoi qu'on fasse, vivement ou nonchalamment, il faut le faire avec elle, sinon, perdition. Des pays doux et implacables, quelque chose qui aspire irrémédiablement.
Et puis le fleuve, bien sûr, le Mékong, l'eau épaisse de tout ce qu'elle dévore. « *Dans la platitude à perte de vue, ces fleuves, ils vont vite, ils versent comme si la terre penchait*[1]. »

Je pouvais comprendre tout autant comme elle situe toujours très précisément les Blancs et les indigènes, oui, cela tout pareil à ce que j'ai connu, bien que beaucoup de temps et une guerre d'indépendance séparent ces deux époques. Le petit jeu de la couleur de la peau et de la position sociale juxtaposées, un Blanc voyou toujours mieux qu'un Chinois riche. La crainte de verser « dans l'indigène », je l'ai vue, y compris et peut-être

---

1. Sauf indication contraire, toutes les citations en italique proviennent de *L'Amant*, Éditions de Minuit, Paris, 1984 (rééd. 2006).

surtout avec certains hommes qui épousaient ou qui vivaient avec des femmes indigènes. Il me semble que ça a cédé, cette histoire, dans les années soixante-dix, dans ce qui a découlé des luttes contre la guerre du Vietnam, dans la naissance des mouvements antiracistes. Je ne pense pas que nous puissions nous figurer aujourd'hui ce que ça a été. Notre indignation ne permet pas de comprendre, elle nous en éloigne et c'est heureux.

L'infranchissable a été franchi. Sur un bac, ce qui symboliquement conduit d'une rive à l'autre du fleuve immense, une petite Blanche de quinze ans va tomber dans les bras d'un Chinois. Il n'est normalement pas possible à cet homme d'adresser la parole à une petite Blanche accostée à un bastingage. S'il peut le faire, c'est qu'il est riche. Elle est dans le déclassement de sa race, il est dans l'opulence de la sienne.
Dans la syncope initiale que *L'Amant* recèle, il y a cela, la violation de la position sociale. C'est ce qui dit le désir. Tout désir passionnel est la violation d'une position sociale.
On est dans les bras d'un homme, dans la douceur mortelle de sa peau, dans le raptus du désir, la prise de nous, l'abolissement de la morale et du jugement. Les lois et les races ignorées.
On peut faire l'apologie du désir : c'est avec cela qu'on enjambe les frontières. Mais on peut aussi savoir comme c'est terrible : c'est aussi avec cela qu'on fait les pédophiles.

C'est tout, la totalité d'une personne versée dans son désir.
Le fleuve verse, la terre penche.

Il n'est pas nécessaire que ce soit cela qui soit voulu, la violation de la position sociale, non. Il n'y a d'ailleurs rien à vouloir, tout est désir. On n'est rien, terrassé. Dieu n'est pas plus puissant et n'appelle pas plus fort à sa cause.

D'ailleurs, c'est Dieu: *« Je voudrais manger les seins d'Hélène Lagonelle, comme lui mange les seins de moi, dans la chambre de la ville chinoise où je vais chaque soir approfondir la connaissance de Dieu. »* Le désir d'Hélène Lagonelle, c'est le désir du corps si beau de cette compagne de pension, le désir d'incorporer ce corps, le désir de le faire sien (être belle comme elle, la beauté, la lui prendre). C'est aussi jouir du corps d'Hélène Lagonelle. Et c'est, encore plus près de Dieu, le désir de donner la jouissance du corps d'Hélène Lagonelle à l'Amant, lui donner le plaisir par là où elle pourrait le donner à MD et dans la symétrie parfaite *« qu'elle se donne là où moi je me donne »*, pour faire jouir l'Amant.
Se faire jouir de recevoir la jouissance du don d'Hélène Lagonelle à l'Amant.

La jouissance alors définitive, parce que là, Dieu, c'est elle, MD.
(Qu'elle se soit appelée Donnadieu, je ne sais pas qu'en faire, c'est un surlignement, et peut-être pas plus.)
Elle, qui prend possession de l'une et de l'autre tout en étant l'un et l'autre, l'une et l'autre.
Être la matière même de ce qui fait jouir, être le désir même.
C'est-à-dire, la genèse de tout ce qui est vie, chair et âme.

Cette jouissance – *« de quoi en mourir »* – bien sûr, elle n'a pas eu lieu.
Sans doute parce qu'on ne peut pas croire en Dieu, et être Dieu.
Sur soi n'avoir pas prise, mais avoir Dieu en soi qui ordonne.
Être l'ordonnance de Dieu.
Ainsi lorsqu'il faut que la musique se répande *« partout dans le paquebot noir, comme une injonction du ciel dont on ne savait pas*

à quoi elle avait trait, comme un ordre de Dieu dont on ignorait la teneur ». La musique se répand après le suicide d'un jeune homme sur le paquebot qui ramène MD en France, qui l'écarte de l'Amant. Elle aurait pu, elle aussi, se jeter par-dessus bord. Mais l'ordre de Dieu n'était pas un ordre de mort. Par la séparation et par la musique divine, MD réalise l'amour pour l'Amant. Déliée de lui, elle sait qu'elle l'aime.
Et il n'est pas tendre, Celui qui donne une consolation plus amère que la mort.

Et Dieu, qui peut tout, ôte parfois aussi toute consolation. Il rappelle à lui, selon les mots d'un funeste télégramme, le petit frère très aimé. « *Le scandale était à l'échelle de Dieu* », dit-elle. La terrible douleur qui s'abat sur elle, ce pire que la mort de Dieu, la mort de l'immortalité, dont le corps de son frère était « visité ».
L'immortalité : l'inconscience de la mort, l'impunité de jouir, l'infini du désir était là, dans le corps visité du frère aimé. Est mort tout ce qui nous fait croire que nous serons *ad libitum* générés par notre désir.

Et nous restons vivants avec la consolation terrible de l'amour qui nous rend saufs et qui est la perte de l'immortalité.

« *Regardez les sables morts des déserts, le corps mort des enfants : l'immortalité ne passe pas par là, elle s'arrête et contourne.* »

Ce livre s'ouvre sur un paysage, et ce paysage, c'est le visage de MD. Le visage *dévasté*, à la peau cassée, lacéré de rides sèches et profondes. Ce visage, le sien, c'est celui qu'elle a vu surgir brutalement après avoir été séparée de l'Amant. Elle ne l'a pas quitté, elle a été séparée de lui, dans ce mélange de passivité extrême, de soumission et d'incomparable audace qu'a été cette histoire.

Oui, à dix-huit ans, lorsqu'elle est revenue en France, elle a pris intérêt au vieillissement de son visage, intérêt comparable à celui d'une « lecture ». Dans les lignes du visage de MD, il y a, avant même leur surgissement effectif, l'alcool et la jouissance (« *L'alcool a eu la fonction que Dieu n'a pas eue* »). Ce qui advient de fatal est là, avant tout, le visage est prémonitoire. Le visage est la destinée, un *fatum* dont les rides sont des lignes de vie.

L'éternité est factice, l'immortalité est un gommage, quelque chose qui efface ce qui est écrit.
Lorsque la mère de MD est devenue vieille, elle s'est présentée seule chez le photographe, pour qu'il soit rendu compte de l'image d'une vie, comme le faisaient tous les indigènes au seuil de la mort, et toutes ces images étaient pareillement lisses, « *les visages étaient apprêtés de la même façon pour affronter l'éternité, ils étaient gommés, uniformément rajeunis* », avec un air « *noble, diraient certains, et certains autres, effacé* ».
Oui, les lignes, cassures, marques de vie effacées au seuil de la mort, il n'y a plus rien à lire, tout est accompli, le destin et le reste, ce qui a été de soi et ce qui a été de la grande ronde du commun.

Je me retourne encore une fois vers ce livre pour y relire le moment auquel je suis ombiliquement liée à lui. Car de tout ce qui me relie à ce livre, le paysage, la jouissance qui fait verser les fleuves et pencher la terre, elle, MD, tout ce qui à chaque lecture me fait trembler, est rassemblé dans un moment : « *J'ai regardé ma mère. Je l'ai mal reconnue. Et puis, dans une sorte d'effacement soudain, de chute, brutalement, je ne l'ai plus reconnue du tout. Il y a eu tout à coup, là, près de moi, une personne assise à la place de ma mère, elle n'était pas ma mère, elle avait son aspect, mais jamais elle n'avait été ma mère.* [...] *Rien ne se proposait plus pour habiter l'image. Je suis devenue folle en pleine raison.* »

Je le savais, comment on devient folle en pleine raison. J'étais enfant et malade, la fièvre m'avait laissée inconsciente un moment, elle a reflué, me rendant l'usage de mes sens. Ma mère s'était bizarrement couchée en travers du lit, à mes pieds. J'ai touché sa robe de chambre duveteuse, laineuse. Mais dans un sursaut de terreur, j'ai senti que le vêtement était vide et j'ai cru ma mère dissoute. La douceur de son vêtement n'avait plus de sens. La douceur entière n'avait plus de sens.
Il y a, dans ces hallucinations brèves dont nous n'osons parler, parce qu'elles nous mettent en rupture avec les autres – précisément parce qu'elles sont l'écrasement de l'individu dans sa singularité, dans son impossibilité d'être relié –, il y a dans ces moments, quelque chose qui se substitue à ce qui doit être et qui devient pire que la disparition même.

On sait bien que ce n'est pas une erreur d'optique, une méprise. Tout à coup la mère vivante n'est plus rien, une image sans identité. Et le leurre n'est pas d'avoir une autre mère, ou même de voir disparaître sa mère, c'est de voir sa substance vidée de sens. En lieu et place de la mère, un fantôme, un suaire agité d'une vie sans vie dont nous sommes l'enfant.

Il reste donc à écrire. C'est cela qui écrit, l'enfant de la forme vide, agitée par une illusion dévoilée. Lorsque rien ne se propose plus pour habiter l'image, il y a l'écriture. C'est sa place.

« Un livre ouvert, c'est aussi la nuit.
Je ne sais pas pourquoi, ces mots que je viens d'écrire me font pleurer[2]. »

---

2. Marguerite Duras, *Écrire*, Éditions Gallimard, 1993 ; rééd., coll. « Folio », 1995.

La photographie de famille dans *L'Amant*

par Pierre Saint-Amand

[...] Jérôme Beaujour signale que la photographie occupe un « statut très singulier » dans l'œuvre de Duras ; elle participe à ce qu'on pourrait appeler l'énigme de la visibilité de son écriture[1]. Beaujour donne l'exemple des *Yeux verts*, véritable album photographique ; mais les photographies y sont rassemblées sans ordre apparent, « leur articulation est libre, les idées flottent, se perdent, ou plutôt ont l'air d'aller s'exiler sur des visages qui, tout en leur prêtant des traits où ils pourraient reconquérir une identité nouvelle, achèvent de l'anéantir[2] ». J'aimerais montrer que *L'Amant* constitue à sa façon un album de photographies absentes. [...] Au fil des pages, en effet, on a l'impression de rencontrer de vieilles photographies, jaunies par le souvenir récalcitrant. Le commentaire de Duras vient ici et là indiquer un sens, mais souvent il durcit plutôt l'incompréhension, ranime le mystère. Dans *L'Amant*, l'énigme de la photographie est particulièrement saisissante.

Il y a d'abord l'image inaugurale du texte, celle de la traversée du Mékong, centrale pour tout le texte, une sorte de souvenir princeps. Or, malgré la puissance de la mémoire, cet événement qui amène la narratrice vers le moment initiatique de sa vie, vers la fête du désir, s'abolit dans un trou fatal. Il reste sans preuve représentatrice. Jusqu'à un certain point, Marguerite Duras ruine le prestige de l'événement, en ne lui accordant pas la dignité de la médiation photographique, ce relais de la mémoire : « *C'est au cours de ce voyage que l'image se serait détachée, qu'elle aurait été enlevée à la somme. Elle aurait pu exister, une photographie aurait pu être prise, comme une autre, ailleurs, dans d'autres circonstances. Mais elle ne l'a pas été. L'objet était trop mince pour la provoquer. Qui aurait pu penser à ça ? Elle n'aurait pu être prise que si on avait pu préjuger de l'importance de cet événement dans ma vie, cette traversée du fleuve... C'est pourquoi, cette image, et il ne pouvait pas en être autrement, elle n'existe pas. Elle a été omise. Elle a été oubliée. Elle n'a pas été détachée, enlevée à la somme. C'est à ce manque d'avoir été faite qu'elle doit sa vertu, celle de représenter un absolu, d'en être justement l'auteur*[3]. »

Il y a, au départ de *L'Amant*, cet acte manqué de l'histoire, cette vacance extraordinaire. Tout le rappel de la mémoire se situe autour de cette absence. L'album des souvenirs restera sans cette pièce capitale. Son centre est évidé. En ce sens, cette photographie manquante illustre parfaitement la négation qui constitue fondamentalement le projet autobiographique de Marguerite Duras : « *L'histoire de ma vie n'existe pas... Il n'y a pas de centre.* » (p. 14) [...]

Cette image « imaginaire » [...] prend dès lors, paradoxalement, la valeur d'un fétiche, absolu ; mais dans le sens où elle est désinvestie de sa valeur analogique, de sa capacité de dénotation. L'image de la traversée se détache de la somme par son excentricité, par son irreprésentabilité. Elle est enlevée à la somme, mais déjà sans lui appartenir, scandaleusement manquante. Il n'y a donc pas le relais mnémonique de la photographie, du « ça s'est réellement passé ». Si, dans *Les Yeux verts,* les photographies sont sans légende et flottent dans une insignifiance qui leur vaut d'être regardées pour ce qu'elles sont, dans *L'Amant* nous avons au contraire la légende sans la photographie, une véritable inversion de l'identification de l'image au discours. Le texte fait même un effort prodigieux vers l'icône absente. La narratrice se souvient de la robe portée, du chapeau à bord plat, des tresses remarquables (comme des indiennes dans des films jamais vus). Cette image-là n'aura donc pas de destin photographique. Pourtant, elle resplendit dans son appel de l'image. Elle brûle à être représentée. Elle s'agite de vouloir être visible, hypervisible. Marguerite Duras trouve le mot juste pour qualifier son caractère obsessif, elle parle de sa « *permanence rétinienne* ». Il y a d'abord l'extériorité du chapeau qui met l'héroïne « *à la disposition de tous les regards* » (p. 120), le fard et la poudre, les parures de toc (robe de soie décolletée, chaussure du soir ornée en lamé or). Le texte dit : « *On me regarde* », la narratrice dit, comme pour feindre la présence de l'image : « *Sur le bac, regardez-moi.* » L'image resplendit dans le souvenir : « *La petite au chapeau de feutre est dans la lumière limoneuse du fleuve. Le chapeau d'homme colore toute la scène.* » (p. 30) Elle est l'objet du regard, le Regard lui-même. Regardez-moi ! On n'est pas surpris de voir que la scène de la traversée soit cette parenthèse glorieuse, qu'elle soit donnée dans l'éclat obscène du spectacle et qu'elle se termine dans l'auto noire, où va s'ouvrir la nuit folle du désir : « *Une détresse* [...] *se produit tout à coup* [...], *la lumière sur le fleuve qui se ternit, mais à peine. Une surdité très légère aussi, un brouillard, partout.* » (p. 44)

Ainsi, ladite photographie non prise insiste dans le roman. Le souvenir cherche la médiation photographique, comme un témoignage obsédé. Pour dire vraiment, « ça a été ». Comme si la mémoire avait besoin de l'image photographique pour ne pas révéler son manque. La photographie est l'alibi de l'anémie de la mémoire. Le passé a besoin de preuves. « *J'ai retrouvé*, écrit la narratrice, *une photographie de mon fils à vingt ans. Il est maigre, tellement... Il se plaît ainsi, pauvre, avec cette mine de pauvre, cette dégaine de jeune maigre. C'est cette photographie qui est au plus près de celle qui n'a pas été faite de la jeune fille du bac.* » (p. 21)

Tout se passe comme si, avant de passer dans l'écriture (dans ce moment qui l'ouvre dans la passion d'avant les mots), le corps de la jeune héroïne avait besoin de cette stase imaginaire. Cette photographie qui aurait dû exister dit en tout cas l'irreprésentabilité de l'événement lui-même, son altérité radicale. C'est le viol du regard, la surprise du corps et de la conscience, le dévoilement impossible de l'événement que la photographie est incapable de représenter, qu'elle ne peut pas *objectiver*[4]. C'est aussi cette catastrophe imaginale qui dit tout le poids de la nostalgie, la blessure du souvenir.

Alain Buisine voit dans cet appel du langage vers la photographie (mais dans l'autre sens, les choses ne vont pas mieux) une condition essentiellement négative. Il y aurait comme une incompatibilité, une inadéquation sémiologique entre langage et photographie (linéarité du discours et simultanéité de l'appréhension du cliché) : « L'écriture est condamnée, écrit-il, à toujours manquer la photographie qu'elle vise, à faire de ce ratage la condition *sine qua non*, la principale modalité de son rapport à l'image photographique[5]. » Ailleurs, il dira que c'est la nature fondamentalement oublieuse de la photographie, qu'elle soit déjà la frappe fatale de l'absence, le deuil de l'événement qui fait sa productivité narrative, mais en même temps son inutilité dans le récit. Le récit photographique, curieusement, n'aurait pas besoin du médium même qu'il convoque et vers lequel va son dynamisme : « Inutile, dès lors, qu'un récit photographique soit illustré (il faudrait dire même encombré) de photographies, puisqu'elles ne constituent que les traces d'une disparition, l'empreinte d'une perte, le reste d'un retrait[6]. » Le récit photographique rencontrerait son destin scriptural mallarméen comme un album absent de toutes photos. L'album irreprésentable met étrangement le texte « en abyme ».

L'Amant, donc, évacue le supplément photographique. La plénitude sentimentale associée à la photographie est transférée en travail affectif (nostalgique) par l'absence du référent iconique. L'écriture apparaît seule comme réapparition, comme répétition de ce qui est absent, de ce qui a disparu. Le texte autobiographique de Duras hésite entre cette présence et cette absence. Le récit et la photographie entrent dans un jeu interminable de *fort-da*. Pour reprendre ici Jacques Derrida, on pourrait dire que *L'Amant* retrouve la problématique autobiographique comme « l'aller-revenir d'un fort-da », comme disparition-réapparition du souvenir[7].

L'album du mensonge

Ce que la photographie soutient dans *L'Amant*, c'est un véritable roman familial, avec ses mythes et ses passions. Dans le cas de Marguerite Duras, ce n'est pas la sentimentalité heureuse que déclenche la photographie mais au contraire le trouble obscur d'une famille désunie.

La narratrice raconte l'intention arbitraire de la mère de faire prendre la famille en photo. « *De temps en temps, ma mère décrète : demain on va chez le photographe. Elle se plaint du prix mais elle fait quand même les frais de photographies de famille.* » (p. 115) C'est à la confirmation de ce que Pierre Bourdieu appelle « un art moyen[8] » que participe la mère de Marguerite Duras. Il est question de reproduire certains rites domestiques, d'obéir au culte de l'intégration familiale. Mais la romancière révoque tout de suite cette intention. Elle dénonce l'irresponsabilité du geste, le mensonge de la photographie de famille, on pourrait dire, sa non-objectivité : « *On ne se regarde pas, mais on regarde les photographies.* » (p. 115) « *Une fois regardées, les photographies sont rangées avec le linge dans les armoires.* » (p. 115) Ce qui est vécu, dans le rappel de la mémoire, dans l'après-coup, ce n'est pas l'unité menteuse, mais la séparation, la fracture. Les photographies de famille paraissent comme le simulacre de ce qui n'a jamais eu lieu ; elles sont des substituts trompeurs. Il s'agit de déchets, de faux. Alors qu'il n'y a plus de famille, dans la séparation active, les rites éteints, « *il ne reste à maman que les photographies à montrer* » (p. 117). C'est dans cette mesure aussi qu'elles lui sont en quelque sorte confisquées pour venir transir *autrement* dans l'écriture de la fille.

Il y a le même décalage entre l'intention et le message dans la photographie que la narratrice désigne comme la photographie du désespoir, celle de la maison de Hanoi (p. 41). La mère y domine, et tous les éléments autour d'elle viennent conjuguer la même impression, révèlent le mal absolu de la mère, son « *découragement à vivre* » (p. 22). C'est ce désespoir, ponctué dans le quotidien, que la photographie révèle et capte dans sa certitude et sa brutalité. Pour la petite fille, c'est la tristesse éternelle que la photographie saisit, tristesse qui paraît dans l'intimité indiscrète, dans l'inattendu du moment. Il y a quelque chose de désassurant dans ces photographies de famille. Dans la photographie du désespoir, le lieu lui-même, la maison de Hanoi, est hanté, envahi par l'étrangeté, par le souvenir de la mort. Chez Marguerite Duras, le familier, le familial devient le lieu par excellence de l'étrange, de la non-coïncidence. [...]

Le projet photobiographique de Marguerite Duras est en cela déjà iconoclaste. Il fait éclater en morceaux l'idéal de transparence de la photographie de famille et de la photographie tout court. C'est la prétention de vérité de la photographie, sa valeur de transmission et de représentation qui est tout de suite ruinée. Elle insiste à rappeler au contraire la part de ce qui n'est pas photographiable, montrable. Ce n'est pas l'affect rassurant qui pointe à l'horizon de l'image nostalgique, indiquant une qualité de la relation familiale, mais plutôt l'affect ambivalent que la photographie de famille cherche à supprimer. La souffrance, le lien négatif ne devraient pas

« figurer » dans l'album de tendresse. La figuration photographique familiale interdit le dissentiment. Elle ne veut pas avouer la communauté impossible. André Rouillé arrive à cette juste constatation : « Quand les conflits transparaissent dans les photographies de famille, c'est en creux, écrit-il. On les devine par leurs effets sur les expressions et les attitudes des modèles, bien que ces signes soient trop ambigus et furtifs pour autoriser des conclusions assurées. De façon plus radicale, la force d'un sentiment éprouvé à l'encontre d'une personne peut conduire à la mutilation de ses images par biffage ou par découpage, ou à leur arrachage de l'album. Quels drames ont pu motiver ces sortes de meurtres rituels ? La réponse appartient à cette part de l'histoire de famille que l'on tait, que l'on n'évoque qu'à mots couverts, et qui ne fait qu'affleurer en photographie[9]. » Marguerite Duras évite, elle, de tomber dans le recueillement stéréotypé, dans la célébration codée et contraignante. La photographie s'accompagne chez elle d'une marque fatale. Elle est profondément destructrice. Marguerite Duras montre comment l'image technique est incapable de rendre la puissance des affects familiaux : l'ambivalence, la haine, le trauma de la naissance et de la mort. Dans *L'Amant*, la photographie de famille devient un fantasme d'origine (de l'écriture), trace d'un roman familial évacué comme lieu commun. Elle est un palimpseste banal et que le récit assigne à la fois comme leurre et comme lacune.

Je m'arrêterai enfin sur une dernière photographie, celle que la narratrice évoque à la fin du roman. Il s'agit d'une photographie, rare, de la mère. Étonnante description où la singularité de la mère rejoint pourtant des images vues sur d'autres photographies. Ce qui se présente dans la brutalité répétitive du geste, ce que le déclic de l'appareil croyait surprendre comme une habitude, comme une façon rassurante de travailler le souvenir devient chez Marguerite Duras une évocation mortuaire. La mère est évoquée comme un fantôme gracieux : « *Quand elle était vieille, les cheveux blancs, elle est allée aussi chez le photographe... Les indigènes aisés allaient eux aussi au photographe, une fois par existence, quand ils voyaient que la mort approchait... Les visages étaient apprêtés de la même façon pour affronter l'éternité... Et cet air qu'avait ma mère dans la photographie de la robe rouge était le leur, c'était celui-là, noble, diraient certains, et certains autres, effacé.* » (p. 118-119)

Il s'agit, dans *L'Amant*, de l'image la plus évocatrice de la mort, la plus poignante ; elle est anticipatrice du deuil à venir. La mère apparaît comme embaumée, momifiée, cadavérisée par l'acte photographique qui visait à fixer une dernière fois la vocation au monde des apparences. Elle se composait le dernier visage de la vie. Elle est éternisée par le temps photographique qui marque aussi son décès. Elle trouve ici sa dimension ancestrale. Cette photographie prise, la mère peut vraiment mourir. La photographie est devenue fatidique. Elle a obéi à l'injonction qui la fonde et qui est de fuir la pose désireuse d'éterniser la vie.

On assiste, dans *L'Éden cinéma*, à une même mise à mort rituelle de la mère, cette fois-ci, par exténuation des paroles, des désirs et des énergies dont elle se trouve la destination. À la fin de la pièce, elle doit quitter le spectacle qui l'a accueillie. Elle a fait son temps. Elle a accompli son régime d'étrangeté. Elle met un point final à sa séparation initiale. Marguerite Duras la fait entrer dans un coma textuel qui se termine par son expulsion brutale et victimaire (elle est victime de l'administration coloniale, de la perdition abjecte de ses enfants, de sa pauvreté).

Il ne faut chercher dans ces évocations successives aucun pathos. L'écriture dit le passé dans une espèce de dépossession remarquable. [...] On pourrait dire que l'affect même qui fonde le rapport culturel à la photographie, la nostalgie, ce qui crée la sentimentalité associée à la photographie de famille, et qui détermine la photographie comme lien passif au passé, c'est ce que Marguerite Duras enlève violemment au lecteur. Voilà ce qu'elle soustrait à notre sentimentalité conformiste. Voici le cliché poli et spontané dont elle nous débarrasse. S'il y a une vie familiale à représenter dans *L'Amant*, il ne faut pas aller la chercher du côté des affects de série, mais plutôt dans la brutalité du sentiment, dans le risque de l'ambivalence, de la mise en image inquiétante. En ce sens, *L'Amant* réussit littéralement l'expérience romanesque du *négatif* tel que l'entend Duras, c'est-à-dire comme approche de l'opacité, comme fixation de l'obscurité, comme inversion délibérée de la transparence[10]. La fin du roman tire vers elle tous les fils négatifs, et c'est dans le « *paquebot noir*[11] » (p. 138) qui la fait quitter le sol maudit, et où la folie se lève dans la nuit, que le récit s'engouffre dans la mer infinie. [...]

Extrait de « La photographie de famille dans *L'Amant* », Marguerite Duras, Colloque de Cerisy, Éditions Écriture, Paris, 1994

1. Jérôme Beaujour, « L'oubli de la photographie », *Magazine littéraire*, n° 278, 1990, p. 49.
2. *Ibid.*
3. *L'Amant*, Éditions de Minuit, Paris, 1984, p. 16-17. Tous les renvois sont désormais faits dans le texte.
4. Cf. Jean Baudrillard, *La Transparence du mal*, Éditions Galilée, Paris, 1990, p. 157.
5. Alain Buisine, « Leurres et illusions du portrait de famille », *La Recherche photographique*, n° 8, 1990, p. 58.
6. Alain Buisine, « Tel Orphée... », *Revue des sciences humaines*, n° 210, 1988, p. 129.
7. Jacques Derrida, *La Carte postale*, Éditions Aubier-Flammarion, Paris, p. 344.
8. Pierre Bourdieu, *Un art moyen*, Éditions de Minuit, 1965.
9. André Rouillé, « Une photographie hasardeuse », *La Recherche photographique*, n° 8, 1990, p. 4.
10. « Chacun de mes romans est un négatif... », cité par Christiane Blot-Labarrère, *Marguerite Duras*, Le Seuil, coll. « Les Contemporains », Paris, 1992, p. 249.
11. On a là l'équivalent sombre et vieilli de la scène du bac en même temps que le trajet de l'écriture.

Marguerite Duras

Pseudonyme de Marguerite Donnadieu, née le 4 avril 1914 à Gia-Dinh près de Saigon (Cochinchine française), morte à Paris le 3 mars 1996.

Bibliographie

Recueils

Romans, cinéma, théâtre. Un parcours. 1943-1993 : *La Vie tranquille / Un barrage contre le Pacifique / Le Boa / Madame Dodin / Les Chantiers / Le Square / Hiroshima mon amour* (réalisation Alain Resnais, 1959) / *Dix heures et demie du soir en été / Le Ravissement de Lol V. Stein / Le Vice-consul / Les Eaux et forêts / La Musica / Des journées entières dans les arbres / India Song / Le Navire Night / Césarée / Les Mains négatives / La Douleur / L'Amant de la Chine du Nord*, Éditions Gallimard, coll. « Quarto », Paris, 1997.

Théâtre I : *Les Eaux et forêts / Le Square / La Musica*, Éditions Gallimard, 1965.
Théâtre II : *Suzanna Andler / Des journées entières dans les arbres / Yes, peut-être / Le Shaga / Un homme est venu me voir*, Éditions Gallimard, 1968.
Théâtre III : *La Bête dans la jungle*, d'après Henry James, adaptation James Lord et M. Duras / *Les Papiers d'Aspern*, d'après H. James, adaptation M. Duras et Robert Antelme / *La Danse de mort*, d'après August Strindberg, adaptation M. Duras, Éditions Gallimard, 1984.
Théâtre IV : *Vera Baxter ou les Plages de l'Atlantique / L'Éden cinéma / Le Théâtre de L'Amante anglaise / Home* de David Storey, adaptation M. Duras / *La Mouette* d'Anton Tchekhov, adaptation M. Duras, Éditions Gallimard, 1999.

Le Navire Night, suivi de *Césarée / Les Mains négatives / Aurélia Steiner, Aurélia Steiner, Aurélia Steiner*, Mercure de France, 1979 ; rééd. Éditions Gallimard, coll. « Folio », n° 2009, 1989.

Éditions séparées

Romans, récits

Les Impudents, Éditions Plon, Paris, 1943 ; Éditions Gallimard, coll. « Folio », n° 2325, 1992.
Le Marin de Gibraltar, Éditions Gallimard, 1952 ; rééd. coll. « Folio », n° 943, 1977.
Les Petits Chevaux de Tarquinia, Éditions Gallimard, 1953 ; rééd. coll. « Folio », n° 187, 1973.
Moderato cantabile, Éditions de Minuit, Paris, 1958 ; rééd. coll. « Double », n° 2, 1980.
Marguerite Duras, textes de Maurice Blanchot, M. Duras, Jacques Lacan, Éditions Albatros, Paris, 1976.
L'Amante anglaise, Éditions Gallimard, 1967 ; rééd. coll. « L'Imaginaire », n° 168, 1986.
Détruire dit-elle, Éditions de Minuit, 1969 ; rééd. coll. « Double », n° 46, 2007.
Abahn Sabana David, Éditions Gallimard, 1970 ; rééd. coll. « L'Imaginaire », n° 418, 2000.
L'Amour, Éditions Gallimard, 1971 ; rééd. coll. « Folio », n° 2418, 1992.

Ah ! Ernesto, illustrations Bernard Bonhomme, Éditions Harlin Quist/Jean-Pierre Delarge, Paris, 1972.
L'Après-midi de monsieur Andesmas, Éditions Gallimard, 1962; rééd. coll. « L'Imaginaire », n° 49, 1979.
L'Été 80, chroniques, Éditions de Minuit, 1980 ; *La Jeune Fille et l'Enfant*, adaptation Yann Andréa, lue par M. Duras, cassette, Éditions Des Femmes, Paris, 1981 (cd, 2004).
L'Homme assis dans le couloir, Éditions de Minuit, 1980.
Les Yeux verts, Cahiers du cinéma, 1980; rééd. coll. « Petite Bibliothèque des Cahiers du cinéma », 1996.
La Maladie de la mort, Éditions de Minuit, 1983.
Outside. Papiers d'un jour, Éditions Albin Michel, 1981; Éditions P.O.L, Paris, 1984; Éditions Gallimard, coll. « Folio », n° 2755, 1995.
L'Amant, Éditions de Minuit, 1984.
Les Yeux bleus cheveux noirs, Éditions de Minuit, 1986.
La Pute de la côte normande, Éditions de Minuit, 1986.
Emily L., Éditions de Minuit, 1987.
Écrire, Éditions Gallimard; rééd. coll. « Folio », n° 2754, 1995.
Le Monde extérieur. Outside 2, Éditions P.O.L, 1993.
La Mer écrite, photographies Hélène Bamberger, Éditions Marval, Paris, 1996.
La Pluie d'été, Éditions P.O.L, 1990; Éditions Gallimard, coll. « Folio », n° 2568, 1994.
Yann Andréa Steiner, Éditions P.O.L, 1992; Éditions Gallimard, coll. « Folio », n° 3503, 2001.
C'est tout, Éditions P.O.L, 1995 (rééd. 1999).
Cahiers de la guerre et autres textes, P.O.L/IMEC, 2006.

Théâtre

Les Viaducs de la Seine-et-Oise, Éditions Gallimard, 1960.
Savannah Bay, Éditions de Minuit, 1982; 2e éd. augmentée, 1983; rééd. coll. « Double », n° 47, 2007.
La Musica deuxième, Éditions Gallimard, 1985.

Scénarii et dialogues

Une aussi longue absence, en collaboration avec Gérard Jarlot, scénario et dialogues pour le film d'Henri Colpi, Éditions Gallimard, 1961.
Nathalie Granger, suivi de *La Femme du Gange*, scénario et dialogues, Éditions Gallimard, 1973.
Le Camion, Éditions de Minuit, 1977.
India Song, suivi de *Son nom de Venise dans Calcutta désert*, in *Avant-scène cinéma*, n° 225, 1979.
Agatha, Éditions de Minuit, 1981.
L'Homme atlantique, Éditions de Minuit, 1982.

Entretiens

Les Parleuses, avec Xavière Gauthier, Éditions de Minuit, 1974.
Les Lieux de Marguerite Duras, avec Michelle Porte, Éditions de Minuit, 1978.
La Vie matérielle. Marguerite Duras parle à Jérôme Beaujour, Éditions P.O.L, 1987; Éditions Gallimard, coll. « Folio », n° 2623, 1994.

La Couleur des mots, avec Dominique Noguez autour de huit films de M. Duras, Éditions Benoît Jacob, 2001.
Le Bureau de poste de la rue Dupin et autres entretiens, avec François Mitterrand, Mazarine Pingeot éd., Éditions Gallimard, 2006.

Filmographie

Réalisation

La Musica, coréalisé par Paul Seban, 1966 / *Détruire dit-elle*, 1969 / *Jaune le soleil*, 1971 / *Nathalie Granger*, 1972 / *La Femme du Gange*, 1973 / *India Song*, 1975 / *Baxter, Vera Baxter*, 1976 / *Son nom de Venise dans Calcutta désert*, 1976 / *Des journées entières dans les arbres*, 1976 / *Le Camion*, 1977 / *Le Navire Night*, 1978 / *Césarée*, 1979 / *Les Mains négatives*, 1979 / *Aurélia Steiner (Melbourne)*, 1979 / *Aurélia Steiner (Vancouver)*, 1979 / *Agatha et les lectures illimitées*, 1981 / *Dialogue de Rome*, 1982 / *L'Homme atlantique*, 1981 / *Les Enfants*, en collaboration avec Jean Mascolo et Jean-Marc Turine, 1984.

Scénarii et/ou dialogues

Hiroshima mon amour, réal. Alain Resnais, 1959 / *Une aussi longue absence*, scénario en collaboration avec G. Jarlot, réal. Henri Colpi, 1961 / *Sans merveille*, scénario en collaboration avec G. Jarlot, réal. Michel Mitrani, téléfilm, 1964 / *Nuit noire Calcutta*, réal. Marin Karmitz, court métrage, 1964 / *Les Rideaux blancs*, réal. Georges Franju, court métrage, 1965 / *La Voleuse*, réal. Jean Chapot, 1966.

Adaptations cinématographiques d'œuvres de Marguerite Duras

Barrage contre le Pacifique, réal. René Clément, 1958 / *Moderato cantabile*, réal. Peter Brook, 1960 / *Dix heures et demie du soir en été*, réal. Jules Dassin, 1967 / *Le Marin de Gilbraltar*, réal. Tony Richardson, 1967 / *En rachachant*, d'après *Ah ! Ernesto*, réal. Danièle Huillet et Jean-Marie Straub, court métrage, 1982 / *La Maladie de la mort*, réal. Peter Handke, 1985 / *L'Amant*, réal. Jean-Jacques Annaud, 1992 / *L'Après-midi de Monsieur Andesmas*, réal. Michelle Porte, 2004.

Jane Sautière

Née en 1952 à Téhéran. Elle vit et travaille à Paris. Elle a écrit *Zones d'ombres* avec Jean-Marie Dutey (Éditions Gallimard, coll. « Série Noire », 1998), *Fragmentation d'un lieu commun* (Éditions Verticales, coll. « Minimales », 2003) et *Nullipare* (à paraître aux Éditions Verticales, 2008).

WAJDI
MOUAWAD

Incendies de Wajdi Mouawad, mise en scène Stanislas Nordey, 2007
Photo Brigitte Enguerand

Le sexe de l'homme

Un homme est cloué à la table blanche de la douleur. Projeté là par la fureur du monde, qui prend toute son acuité et sa concentration au fond de la lame de rasoir qui lui ouvre le ventre. Le bourreau le regarde. Il lui dit : « Il n'y a pas d'échappatoire, je cogne à plein marteau sur ta fragile conscience et ton âme n'existe plus. » Celui qui torture regarde celui qui souffre, et, dans ce regard, dans le sens même de ce regard, se définit toute la notion de *l'hommerie*, lorsque l'homme devient un *déshommeur* pour l'homme, lorsque l'intelligence féroce est au service de l'inhumain. Celui qui subit rêve au cœur de sa souffrance d'un ciel dégagé. Mais de quel ciel ?

Dans le ciel, pas d'oiseaux. Que l'existence simple et massive de la lumière. Le temps passe toujours, mais son passage a pris une tournure différente : il n'est plus cette ligne droite et plane qui faisait tenir, comme une infinité de perles sur le fil du collier, toutes les réalités bien ciselées de sa vie : maison, travail, amis, télévision, jeux, soucis... Au contraire, il est à présent ce soulèvement furieux d'une tempête nocturne aux confins de glace d'un océan ravagé. Des vagues en lames de rasoir. Le chaos.
Le temps montre son véritable visage. Il est ce cheval gigantesque et noir dont l'œil, ouvert par la colère, vous regarde de haut. D'horizontal, il est devenu, par la grâce d'une compréhension nouvelle, vertical ; plus il passe, plus le vertige est affolant, d'autant plus qu'il semble prendre appui tout entier sur le savoir-faire du bourreau, ce bourreau devenu sa mère, sa mère qui l'a mis au monde de la douleur, sa mère qui, dévisagée, disparue définitivement au cœur de ce bourreau, lui fracasse à présent les os des genoux. Le temps se réclame soudainement d'une vie tragique et non plus passagère, un temps à contretemps de tout ce qu'il avait connu jusque-là.

« Je suis sûrement un mauvais homme », pense-t-il, les yeux fendus par la délicatesse impitoyable d'une lame de rasoir. Le globe fend. L'œil éclate. Le bourreau dit quelque chose, mais il y a comme une fuite en avant dans une souffrance inattendue qui empêche le dormeur éveillé de répondre. Car il n'entend plus que le frottement des lumières sur son angoisse. Pourtant, et c'est soudain, il lui remonte du fond de la gorge le goût chaleureux du chocolat de son enfance. Tant de bonheur soudain. Mais les deux jours passés lui ont appris à se méfier de ces petites extases ponctuelles, ces réminiscences inattendues de la souffrance. La souffrance qui devient, par le miracle des sensations, jouissance pour une seconde. Une jouissance évanescente qui laisse inévitablement place à une foudroyance qu'il n'aurait jamais pu soupçonner.

« Si seulement le bourreau pouvait se tromper et aller trop loin, pour que je m'évanouisse, que l'oubli me sauve. » Mais le temps tient son esprit prisonnier. Allongé de tout son long sur la table froide, il est le livre ouvert dans lequel le bourreau inscrit le texte de l'inhumanité. Il inscrit la frayeur du monde, et sa fin ; le bourreau avale ce qui reste de dignité au fond de ce corps décharné. L'esprit voit la mort en face et lui dit : « Libère-moi. » La mort l'embrasse. Et tout à coup, le repos.

L'homme est soudainement ivre de lumière devant la pureté du ciel. Pas de nuages, pas de nuages. Le ciel comme cerveau. Il n'y a plus de distance, plus de sens même à l'horizon qui a disparu, noyé par la grande coupole de cet univers vers lequel l'homme tombe, tant son étourdissement est grand. Une vie souterraine en plein ciel. Des perspectives différentes où le monde se révèle être un monde de combustion. Car, à cet instant précis, lui, le torturé, le dénaturé, le vaincu, est saisi de radiations lunaires qui le projettent tout entier vers un destin inattendu mais désormais inévitable. Il veut fermer les yeux mais, au lieu de cela, il les ouvre pour se donner entièrement à la joie de la mort et de l'oubli. « Je rentre enfin chez moi », pense-t-il en expirant sous les doigts de son bourreau.

Il part mais il fait partie d'une autre époque. Celle où le bourreau appliquait son travail sur le corps du condamné. Il existe maintenant une torture qui prend sa source au cœur du XXe siècle et qui s'applique à garder la victime vivante, afin que la douleur devienne une langue acide qui puisse faire fondre, lentement mais sûrement, tous les interstices qui existent entre les fines lamelles de l'espoir. Une torture simple, qui permet au regard du bourreau de toucher au plus profond de la dignité de la victime. Sans cris, sans douleur, avec humour même. Sans effusion de sang ou de cris. Car ici, pas de doigts arrachés, pas de corps mutilés, pas de jeu avec la limite fine entre douleur et évanouissement. Non. Ici, il y a horreur.

Un homme est couché. Allongé. Pieds et poings liés. Face à lui, une vingtaine de personnes assises qui assisteront à la torture. Une fringale. À côté du lit où l'homme est allongé avec force, une femme est debout. Pieds et poings liés. C'est sa femme. La mère de ses enfants, les enfants qui regardent, assis de l'autre côté du lit, face à la mère. Ils regardent avec un tissu qui leur bouffe la bouche. Il ne faut pas crier, cela pourrait déranger. L'homme est nu. Ici, il s'agit de douleurs vives, pour la vie, pour le souhait du tombeau. Suicide assuré pour les survivants.

La porte s'ouvre, le bourreau entre. La vingtaine de personnes tressaillent de plaisir. Le bourreau est une femme. Accompagnée par un homme. Muni d'une fine lame tranchante. Le bourreau se place au pied du lit, l'homme derrière la femme de la victime. Le bourreau regarde l'homme qui tremble et lui dit : « Si tu éjacules, on tranche le cou de ta femme. » Le bourreau se déshabille. Se couche sur le lit, sur la victime. L'embrasse, embrasse son sexe, et l'emmène, petit à petit, vers une jouissance fatale. Car, à l'instant où l'extase est atteinte, le sang gicle sous la lame qui fend le cou de la femme, et sang et sperme sont réunis sous le regard de l'enfance ravagée. L'homme reste en vie, car il lui faudra vivre avec l'idée absolue que, durant ce court moment de jouissance dans la bouche de son bourreau, il aura vécu le plaisir de la mort de sa femme sous le regard de ses enfants. La haine de son propre sexe. Le sexe de l'homme. La fin du monde.

Wajdi Mouawad

Né au Liban en 1968.

Théâtre

Alphonse (1993), Léméac Éditeur, Montréal, 1996.
Willy Protagoras enfermé dans les toilettes (1993), Éditions Actes Sud/Léméac Éditeur, Arles/Montréal, 2004.
Les Mains d'Edwige au moment de la naissance (1995), Léméac Éditeur, 1999.
Le Songe (inspiré du *Songe d'une nuit d'été* de William Shakespeare, 1996), in *38 E*, Dramaturges Éditeurs, Montréal, 1996.
Couteau (1997), in *Mœbius*, n° 75 : « Contes urbains », Montréal, hiver 1997.
Littoral (1997), Éditions Actes Sud/Léméac Éditeur, 1999.
Rêves (1999), Éditions Actes Sud-Papiers, 2002.
Pacamambo (2000), Éditions Actes Sud/Heyoka, 2000; rééd. Actes Sud Junior, coll. « Poche théâtre », février 2007.
Incendies (2003), Éditions Actes Sud/Léméac Éditeur, 2003.
Un obus dans le cœur (2005), Actes Sud Junior/Léméac, coll. « D'une seule voix », 2007.
Forêts (2005-2006), Éditions Actes Sud/Léméac Éditeur, 2006.
Assoiffés (2006), Éditions Actes Sud/Léméac Éditeur, 2007.
Le soleil ni la mort ne peuvent se regarder en face (2008), Éditions Actes Sud/Léméac Éditeur, 2008.
Seuls (2008), à paraître aux Éditions Actes Sud-Papiers, novembre 2008.

Roman

Visage retrouvé, Léméac Éditeur, 2002.

Entretiens

Je suis le méchant !, entretiens avec André Brassard, Leméac Éditeur, 2004.
Architecture d'un marcheur, entretiens avec Jean-François Côté, Leméac Éditeur, 2005.

Inédits

Déluge, 1985.
Partie de cache-cache entre 2 Tchécoslovaques au début du siècle, 1992.
La mort est un cheval, 2002.

Écritures radiophoniques

Loin des chaises / Wilfrid / William M. / Le Chevalier / Dans la cathédrale, réalisation François Ismert, Radio Canada.
Les trains hurlent quand on tue, réalisation Claude Godin, Radio Canada.
Les Étrangers du bord du monde, réalisation Danielle Bilodeau, en collaboration avec Jean-François Caron et Lise Vaillancourt.

Cinéma

Littoral, scénario en collaboration avec Pascal Sanchez, réalisation W. Mouawad, EGM Productions, 2004.

Mises en scène de ses textes par l'auteur (Canada et Europe)

Journée de noces chez les Cro-Magnon, Théâtre d'Aujourd'hui, Montréal, 1994.

Alphonse, lecture publique, CEAD, Montréal, 6 avril 1993 ; L'Arrière Scène, Belœil, 1994.

Willy Protagoras enfermé dans les toilettes, Théâtre Ô Parleur, Montréal, 1998.

Les Mains d'Edwige au moment de la naissance, lecture publique, CEAD, 10 décembre 1995 ; Théâtre d'Aujourd'hui, 1999.

Le Songe, Théâtre Urbi et Orbi/Théâtre d'Aujourd'hui, Montréal, septembre 1996.

Couteau, Théâtre Urbi et Orbi, 1997.

Littoral, Théâtre Ô Parleur en collaboration avec le Festival de théâtre des Amériques, Montréal, 1997.

Rêves, coproduction du Théâtre Ô Parleur, Festival de théâtre des Amériques et du Théâtre de Quat'sous, Montréal, 1999.

Pacamambo, L'Arrière Scène/TJP, Belœil/Strasbourg, 2000.

Incendies, L'Hexagone-Scène nationale de Meylan/Théâtre Ô Parleur, 2003.

John, Théâtre de Poche, Bruxelles, 2005.

Lettre d'amour d'un jeune garçon (qui dans d'autres circonstances aurait été poète, mais qui fut poseur de bombes), à sa mère morte depuis peu, Théâtre À corps perdus, Montréal, 2005.

Un obus dans le cœur, Théâtre de Sartrouville-CDN, Festival Odyssées 78, 2005.

Silence d'usine : paroles d'ouvriers, Francophonies en Limousin, Limoges, 2005.

Forêts, Espace Malraux-Scène nationale de Chambéry et de la Savoie/Espace GO, Montréal, 2006.

Assoiffés, Théâtre Le Clou-Scène nationale d'Albi, 2006.

Seuls, Espace Malraux-Scène nationale de Chambéry et de la Savoie, 2008.

Le soleil ni la mort ne peuvent se regarder en face, coproduction du Théâtre national de Bordeaux en Aquitaine, 2008.

MARTIN CRIMP

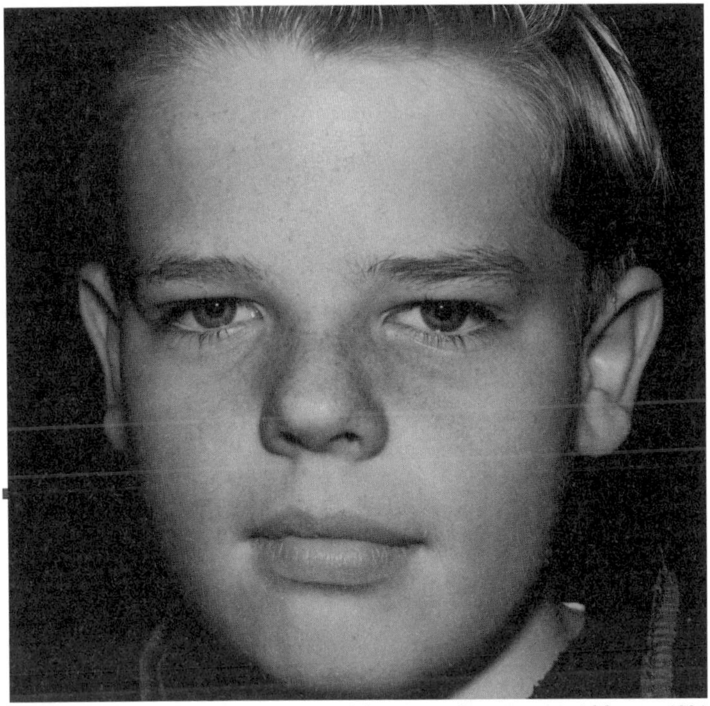

Philippe Bazin, *Sans titre*, série *Adolescents*, 1994
Collection Frac Île-de-France

Avis aux femmes d'Irak

La protection des enfants est une priorité.

Même un petit enfant sur une bicyclette devrait porter un casque. Et un bébé nouveau-né dans un avion devrait être attaché à sa mère.

Un enfant qui fait du roller devrait porter des genouillères.

Et des protège-coudes.

Un enfant qui fait du roller devrait porter des genouillères et des protège-coudes, ainsi qu'un casque.

Achetez un de ces trucs en plastique pour que les jeunes enfants cessent d'ouvrir les tiroirs de la cuisine : il y a des couteaux dedans.

Ne donnez pas aux enfants des petits jouets mécaniques : ils risquent d'avaler des pièces. C'est tentant, mais ne le faites pas.

Vérifiez les yeux des ours en peluche. N'achetez pas un ours en peluche si ses yeux sont mal cousus. Vérifiez le couinement de l'ours en peluche. Si vous pensez que le couinement risque d'effrayer votre enfant, ne l'achetez pas.

Si vous avez un chien, muselez-le – et si vous avez un chat, prenez garde à ce qu'il n'aille pas s'asseoir sur le visage de votre bébé.

Si vous avez un décrottoir devant la porte de votre maison, mettez du caoutchouc autour de la lame.

Votre maison est un champ de bataille potentiel pour un enfant : les coins de tables, les friteuses et les escaliers, particulièrement les escaliers, sont tous des sources potentielles de blessures.

Votre maison est un champ de mines.

Votre maison est un champ de mines – pensez simplement aux médicaments dans le placard à pharmacie – ou aux surfaces dures de la salle de bain – la baignoire – l'évier émaillé – ce sont des surfaces très dures. Évitez les sols glissants.

Évitez les sols glissants et au premier signe de fièvre persistante, appelez un médecin, appelez immédiatement un médecin.

Le médecin viendra immédiatement au premier signe de fièvre persistante. Elle aura les médicaments les plus récents et les derniers moyens techniques. Si nécessaire elle intubera. N'ayez pas peur d'appeler votre médecin : elle attend votre appel, elle a passé toute sa vie à l'attendre.

Ce n'est pas une bonne idée de donner à votre enfant des pyjamas longs : il peut se prendre les pieds dedans.

Attention aux zips.

Évitez les zips, en particulier ceux en métal.

Donnez à votre enfant des produits frais. Un enfant doit manger des fruits et les fruits ne doivent pas contenir de pesticides. Le fruit doit être cultivé avec soin. Les gens qui cultivent les fruits et la terre elle-même doivent être traités avec un respect scrupuleux si vous voulez que votre enfant se porte bien.

Toutefois méfiez-vous des allergies.

Méfiez-vous des zips, méfiez-vous des allergies, faites des tests pour les allergies tous les trois jours, faites un test pour les allergies à la nourriture tous les trois jours ou plus souvent en été quand il faut aussi éviter le pollen.

Quand vous roulez dans la campagne pour voir les vergers de la campagne, asseyez votre enfant à l'arrière et attachez-le. Attachez votre enfant bien serré à l'arrière et si vous devez utiliser votre portable, arrêtez la voiture.

N'achetez pas de voiture sans airbags à l'arrière. N'achetez pas de voiture sans pare-chocs latéraux. Ne laissez pas votre enfant jouer sous une voiture, ou à côté, parce qu'une voiture est un champ de mines.

Tout comme une maison.

Une voiture, tout comme une maison, tout comme un verger, tout comme un zip, est un champ de mines pour un enfant.

Si vous avez une boîte à outils, fermez-la à clé. Enfermez les outils à l'intérieur. Ne laissez pas un enfant prendre des ciseaux, même des petits ciseaux d'enfant. Même un crayon gras qui sert à marquer le bois est dangereux.

Ne laissez pas les enfants écrire ou dessiner avec un crayon dangereux. Attention aux capuchons des stylos-feutres.

Assurez-vous en cas d'absorption de capuchons qu'ils n'obstruent pas les voies respiratoires. S'il arrivait vraiment un accident, appelez tout de suite un médecin. Le médecin supprimera tout de suite l'obstruction.

Expliquez la sécurité routière dès le plus jeune âge. Expliquez que la circulation se fait dans les deux sens. Expliquez ce que signifie un bonhomme rouge. Apprenez dès le plus jeune âge à votre enfant ce que signifie le mot « orange ». Expliquez combien l'eau est dangereuse. Expliquez qu'on peut se noyer dans deux doigts d'eau.

Surveillez toute baignade. Assurez-vous que votre enfant porte des lunettes de protection à cause des produits chimiques dans l'eau. Vous pouvez installer une piscine gonflable dans votre jardin mais n'oubliez pas que votre jardin est une zone de conflit potentiel.

Comme votre maison.

Comme votre maison, comme votre voiture, comme le livre à colorier de votre enfant, votre jardin est une zone de conflit potentiel.

Bien fermer les remises

Fermez les remises. Mettez les produits chimiques pour le jardin hors de portée. Sécurisez les tuyaux. Si vous avez une serre qui contient des semis, ne laissez pas l'enfant y entrer. Quand votre enfant est dans le bassin, en train de crier dans le bassin, surveillez-le tout le temps et ne le laissez pas brûler.

Ne laissez pas brûler votre enfant. Même par temps de brume il risquerait encore de brûler.

Même dans l'eau. Même à l'ombre d'un arbre.

Même dans l'eau un enfant peut brûler. Même au printemps c'est encore possible. Le temps pour vous de couper l'herbe et tailler les bordures un enfant pourrait brûler, à cause des rayons très forts. Évitez la lumière du soleil et sous un soleil de plomb et des rayons violents enduisez-le de crème.

Utilisez une bonne crème. Utilisez une bonne marque. Utilisez une crème fiable. Si vous utilisez une bonne marque de crème fiable votre enfant ne brûlera pas.

Votre enfant ne brûlera pas si vous êtes généreux avec une crème fiable.

Si vous voulez des conseils sur le choix des marques de crème fiable, parlez-en à votre pharmacien.

Texte français Hubert Colas

Jürgen Nefzger
Marne-la-Vallée, Commune de Serris de la série :
Aux portes du Royaume, juin 1999

Collection Frac Île-de-France

Bill Owens
Dinner in Pool, 1980

Collection Frac Île-de-France

Martin Crimp

Stanislas Amand
Le Ballon, 1997

Collection Frac Île-de-France

Michel François, *Sans titre (Sarah)*, 1998

Collection Frac Île-de-France

Martin Crimp

Florence Paradeis
Chronique, 2003

Collection Frac Île-de-France

Ciel bleu ciel

par Martin Crimp

Il faut trois acteurs : 1 *(une femme),* 2 *et* 3.
Temps : neutre
Lieu : neutre
(/) indique l'endroit où une réplique en chevauche une autre.

2 Elle se marie très jeune, non.

3 Elle quoi ?

2 Se marie, se marie très jeune, et se rend compte tout de suite –

3 Oh ? Que c'est une erreur ?

2 Se rend compte tout de suite – oui – que c'est une erreur.

3 Elle ne l'aime pas.

2 Oh si, elle l'aime, pas de doute elle l'aime, mais c'est une erreur quand même.

3 Qu'elle l'aime ça rend les choses pires.

2 Ça rend les choses bien bien pires. Qu'elle l'aime ça rend les choses bien bien pires. Que peut-elle dire ? Elle ne peut pas dire : « Je ne t'aime pas » – ça ne serait pas vrai. Et en même temps que voit-elle ?

3 Toute sa vie ?

2 Elle voit – c'est ça – toute sa vie s'étaler devant elle comme un… hmm…

3 Cadavre ?

1 Cadavre ? non – non – quoi ? – non – elle n'est pas dans cet état d'esprit-là – plus comme une autoroute la nuit – un ruban de goudron étalé devant elle avec des réflecteurs à

chaque kilomètre – kilomètre après kilomètre après kilomètre. (*Pause.*) Elle ne sait pas bien ce qu'elle doit faire.

3 Oh ?

1 Non – elle ne sait pas du tout ce qu'elle doit faire.

2 Le quitter.

1 Bon bien sûr – oui – le quitter – lui parler très tendrement au bord de – eh bien disons de la rivière – lui parler au bord de la rivière là où l'eau fait des remous autour des piles de pont en pierre de taille. Lui parler : expliquer patiemment qu'elle a fait une erreur – qu'elle l'aime, mais qu'elle a fait une erreur.

2 Elle lui caressera la joue.

1 C'est ça : lui caressera la joue, lui demandera de ne pas pleurer, expliquera que c'est mieux ainsi, lui caressera la joue, lui prendra la main, le consolera –

3 Du mieux qu'elle pourra.

1 Le consolera – évidemment du mieux qu'elle pourra – puis s'en ira. Fera ses valises et partira. Prendra seulement les quelques livres auxquels elle tient, parce que de quoi d'autre a-t-elle besoin ? – tout ce dont elle a besoin ce sont ces quelques livres et d'être libre – mettre ces livres dans ses valises et partir.

2 Donc elle met les livres dans ses valises et part.

1 Pardon ?

2 Elle met les livres dans ses valises et part.

1 Ha.

3 Qu'est-ce qu'il y a de drôle ?

1 Elle met les livres dans ses valises et part ? Non.

2 Elle tombe enceinte.

1 Elle met rien du tout dans ses valises. Elle dit rien du tout.

Pas au bord de la rivière, nulle part en fait. Elle tombe – et c'est exactement ce qui se passe – tombe enceinte – tombe enceinte très jeune et garde le bébé. Regarde : le voilà.

2 Le voilà qui pleure.

3 Impossible de l'aimer.

1 Impossible de quoi ?

3 De l'aimer – impossible d'aimer le bébé – ça la déprime.

1 Ça quoi ?

3 Déprime – ça la déprime – une déprime à cause de tous ces cris – toutes ces tétées – toutes ces fois où il lui mord le mamelon.

1 Oh non. Elle l'aime. Elle aime cet enfant. Elle aime sa façon de téter – même sa façon de mordre. Aime ses cheveux, aime ses yeux.

2 Qu'elle l'aime ça rend les choses pires.

3 Oh ? Ça rend quelles choses pires ? Leur mariage ?

2 Qu'elle aime le bébé ça rend leur mariage pire.

1 Qu'elle aime le bébé ça *cimente* leur mariage.

2 Ça quoi ?

3 Le cimente.

1 Ça cimente leur mariage. Oui. Oh oui. Quel tableau tous les trois.

2 Quel genre de tableau ?

1 Le tableau du bonheur.

2 Quel genre de tableau du bonheur ?

1 Qu'est-ce que tu veux dire quel genre de tableau du bonheur ?

2 Ça ressemble à quoi un tableau du bonheur ?

1 Ça leur ressemble.

3 Oh ?

1 Ça ressemble à ça : tous les trois – oui – avec leurs bonnets d'hiver. Ça ressemble à ça : tous les trois dans le magasin d'animaux domestiques en train de choisir un animal domestique. Ça ressemble à ce quoi ils ressemblent quand ils sont dans le magasin de jouets en train de choisir un jouet : voilà des tableaux, des tableaux du bonheur : voilà à quoi ça ressemble un tableau du bonheur.

2 Donc elle ne sait pas.

1 Sait pas quoi ? Qu'y a-t-il à savoir ? Elle sait quelles sont les bonnes écoles, elle sait quelles émissions de télé sont ou ne sont pas acceptables, elle sait qu'il est important de manger des fruits, elle sait à quelle heure du jour le merle fait son petit tour dans le jardin et quand le merle fait son petit tour dans le jardin elle dit : « Oh regarde : voilà le merle qui fait son petit tour dans le jardin. »

2 Donc elle ne sait pas.

1 Bien sûr qu'elle sait – sait pas quoi ?

2 Ce qu'il manigance.

3 Oh ? Il manigance des choses ?

2 Bien sûr qu'il manigance / des choses.

1 Bien sûr qu'elle sait – bien sûr qu'il manigance des choses – elle n'est pas idiote – elle sait ce que ça signifie quand il a le regard fuyant comme ça.

3 Oh ? Sous son bonnet d'hiver ?

1 Elle sait qu'il manigance des choses – oui, sous ce bonnet – même dans le magasin de jouets en train de choisir un jouet il a le regard fuyant. Elle sait ce qui se passe dans sa tête.

2 Donc elle met ses livres dans sa valise, prend l'enfant et part.

1 Fait quoi ?

2 Met ses livres dans sa valise – prend l'enfant – part.

1 Quels livres ? (*Pause.*) Quels livres ?

2 Les livres.

3 Les livres qu'elle avait au début.

1 Elle avait des livres au début alors ?

3 Bien sûr qu'elle avait des livres au début : des livres d'étudiante.

1 (*Sourit.*) Oh *ceux-là* : des livres d'étudiante.

3 C'est ça : les livres qu'elle avait au début : ses livres d'étudiante.

1 (*Sourit.*) *Ces* livres-*là* – les difficiles – ceux qu'elle avait au début – ceux sur lesquels elle écrivait son nom au début – les livres qui la faisaient se sentir vivante au début.

3 Oui : où sont-ils maintenant ?

2 Bonne question.

3 Qu'est-ce qu'il leur est arrivé à ces livres ?

2 Bonne question.

3 Ce qui est arrivé aux livres ? Eh bien les livres sont probablement... hmm... quelque part dans un sac en plastique.

3 Oh ?

1 Oui, dans un... hmm, dans un sac en plastique ou un truc comme ça. Pourquoi ?

2 Donc les livres ne font pas partie du tableau.

1 Quel tableau ?

2 Le tableau dont nous parlions : le tableau du bonheur.

1 (*Sourit.*) Oh *ce* tableau-*là* : le tableau du bonheur. Tu veux dire le tableau du bateau : tous les deux sur le bateau.

3 Le bateau ? Non. Pas tous les deux sur le bateau, tous les trois dans le magasin d'animaux domestiques, tous les trois

en train d'acheter un animal domestique. Quel bateau? (*Pause.*) Quel bateau?

1 (*Intérieurement.*) Ha.

3 Qu'est-ce qu'il y a de drôle?

1 (*Intérieurement.*) Cet animal domestique – cet animal domestique est si drôle – sa façon de faire la différence entre ce qui est bien et ce qui est mal – sa façon de s'enterrer quand il a bien agi et quand il a mal agi de revenir à la surface – de revenir à la surface – de sourire à tout le monde – de nous montrer ses dents jaunes. Et ce drôle de nom. Quelle drôle de façon d'appeler son enfant pour un animal domestique. Quel genre de nom est-ce?

2 Tu veux dire d'appeler son animal domestique pour un enfant.

1 J'ai dit d'appeler son animal domestique pour un enfant.

2 Tu as dit d'appeler son enfant pour un animal domestique.

1 Tu penses que je ne sais pas ce que j'ai dit?

3 Bon on ne va pas se disputer.

1 On ne va pas se disputer parce que ce que j'ai dit c'est d'appeler son animal domestique – quelle drôle de façon d'appeler son animal domestique / pour un enfant.

2 Donc ce que tu es en train de dire c'est qu'elle est encore là?

1 Encore où?

2 Elle n'a pas quitté la maison?

1 Quitté ? Non. Pourquoi ? À cause des choses qu'il manigance ? Pourquoi ? Non. Pourquoi le ferait-elle ? Regarde les sols. Regarde les murs. Regarde la façon dont la table se rallonge et se rallonge. Les soirs d'été elle se rallonge et se rallonge elle se continue de l'autre côté de la porte-fenêtre jusque sous le cèdre bleu de l'Atlas. Des lampions sont accrochés

dans les branches et tout le monde rit : les médecins et les infirmières, les bouchers et les musiciens qui sont devenus leurs amis : des amis du travail, des amis du bateau, des amis de l'école – des parents – des commerçants des artisans doués de talents exceptionnellement rares – ceux-là mêmes qui en fait ont conçu puis construit et poli avec leurs propres mains cette table qui n'en finit pas de se rallonger à laquelle tout le monde s'assied sous l'arbre bleu et rit haut et fort et de bon cœur – j'insiste sur de bon cœur – à propos de toutes ces choses qui font que la vie vaut la peine d'être vécue. Bien sûr qu'elle est encore là.

3 Bien sûr que oui.

1 Partir ? Pourquoi le ferait-elle ?

2 Quelles sont ces choses ?

1 Elle n'a aucune intention, merci beaucoup, de partir.

2 Quelles sont ces choses ?

1 De quelles choses parles-tu ?

2 Argent ? Propriété ? Famille ? – Ces choses qui font que la vie vaut la peine d'être vécue.

1 (*Sourit.*) Oh *ces* choses-*là*. Répète voir.

2 Argent ? Propriété ? Famille ? Qu'est-ce que c'est ?

3 Oui, qu'est-ce qui fait rire les invités de si bon cœur ?

1 Pourquoi ne riraient-ils pas ?

3 Pardon ?

1 Pourquoi ses invités ne riraient-ils pas ? Pourquoi ses invités ne s'amuseraient-ils pas sous cet arbre ? N'ont-ils pas travaillé ? N'ont-ils pas lutté pour rallonger cette table ? Ne se sont-ils pas hurlé dessus en privé ? Ne se sont-ils pas tapés dessus ? Ne se sont-ils pas écorché la peau pour ouvrir cette, disons, cette bouteille de vin ?

3 Oh ?

2 Bien sûr que si.

1 Bien sûr que si.

2 Utilisé le mot pute.

1 Utilisé le mot porc. Utiliser l'expression – hmm... c'est quoi déjà cette expression ?

3 « Redis-moi ça une putain de fois et je te casse ton putain de cou » ?

1 Utilisé l'expression – exactement – « Redis-moi ça une putain de fois et je te casse ton putain de cou » pour essayer, disons, d'accrocher ces minuscules lampions dans l'arbre.

2 Tu veux dire qu'ils ont le droit de rire.

1 Plus que le droit : ils en ont le devoir – tout comme quand ils lèvent leur verre ils ont le devoir de se regarder dans les yeux.

3 Je pensais que son regard était fuyant.

2 Il ne l'est plus.

1 C'est ça : il ne l'est plus. Désormais il répond d'un regard fixe. Après ces – hmm... combien déjà...

(*Elle compte en silence, sur ses doigts.*)

... onze – après ces onze ans de mariage son regard gris vient se plonger dans le sien.

2 Tout comme son regard gris à elle –

1 Exactement.

2 – vient se plonger –

1 Exactement – comment savais-tu ça – dans le sien.

3 « Qu'est-ce que tu veux, mon ange ? »

(1 *se remet à compter sur ses doigts.*)

1 (*Intérieurement.*) Ou peut-être dix ans ?

3 « Qu'est-ce que tu veux, mon ange ? »

1 (*Arrête de compter et lève les yeux.*) Qu'est-ce que tu dis ? Pardon ?

2 Elle lui demande ce qu'il veut.

1 À qui ?

2 À Bobby ?

1 Quel Bobby ?

3 Bobby son fils.

1 (*Sourit.*) Oh *Bobby* – *Ce* Bobby-*là* – son fils Bobby. Pourquoi ? Que veut-il ? Il n'arrive pas à dormir ? Qu'est-ce qui ne va pas ?

2 Peut-être qu'il a envie de fruits.

1 Peut-être qu'il a envie, oui, d'une de ces prunes. Ou peut-être qu'il a juste envie d'une minuscule gorgée de vin ? Non ? Qu'est-ce qu'il dit ?

3 Il dit qu'il entend un bruit.

1 Quel bruit ? Ce sont juste les invités qui rient à propos de toutes ces choses qui font que la vie mérite d'être vécue.

3 Il dit que ce ne sont pas les invités.

1 Pas les invités ? Dans ce cas je vais te dire qui c'est : ce doit être Bobby.

3 Il dit non pas Bobby.

1 Parce que Bobby est un animal nocturne. Tu sais ce que ça veut dire nocturne. Nocturne veut dire que quand toi, Bobby, tu dors, c'est le moment où lui – Bobby – commence à creuser son tunnel.

3 Il dit non pas Bobby.

1 Parce que qu'est-ce qu'on t'a dit ? – on t'a dit : ne garde pas Bobby dans ta chambre – Bobby est très gentil mais Bobby est un animal nocturne – ce qui signifie que quand toi, Bobby, tu dors, lui – le Bobby que tu as insisté et insisté pour garder dans ta chambre – il commence à nettoyer son nid.

2 Il dit non pas Bobby : c'est une voix.

3 Une voix ? Dans la chambre ?

2 Dans sa tête : il dit que c'est une voix dans sa tête.

1 (*Sourit.*) Eh bien nous en avons tous, mon ange, nous en avons tous des voix dans la tête : ce sont nos pensées. C'est quand Maman parle à Maman : c'est quand Maman dit : « Où est-ce que j'ai bien pu mettre mes épingles à cheveux, Maman ? » et Maman répond : « Eh bien Maman, je ne suis pas sûre : tu as essayé la salle de bain ? » Ou bien il se peut que Maman dise à Maman : « Pourquoi quand je souris on dirait toujours que je souris malgré moi ? Pourquoi ai-je arrêté de me sentir en vie, Maman, comme je me sentais en vie au début ? » Ou : « Pourquoi – Maman – mes cheveux ont-ils commencé à prendre la couleur de la cendre de cigarette ? » Alors, dans ces moments-là, Maman doit être très sévère avec Maman. Maman doit répondre des choses à Maman comme : « Reprends-toi, Maman, et grandis » ou des choses comme : « Dix ou onze ans de mariage n'empêchent pas une femme d'être désirable – »

3 Tant s'en faut.

1 Tant s'en faut – oui – « pas plus que ne le font quelques cheveux gris ». Ceux-ci sont nos pensées.

2 Il dit non pas des pensées. Il sait ce que sont les pensées, mais c'est une voix. Il dit que la voix ne l'aime pas. Il veut que tu viennes.

1 Bien sûr que la voix l'aime. Que veut-il dire ?

2 Il veut que tu viennes. Il veut que tu t'asseyes à côté de lui.

1 Bien sûr que la voix l'aime. Tout le monde l'aime. Que dit-elle exactement cette voix, mon ange ?

3 Bonne question.

1 Eh bien ? (*Pause.*) Eh bien ?

2 Il dit la voix être trop ténue pour être audible.

1 Alors comment sait-il qu'elle ne l'aime pas ?

3 Bonne question.

1 Tout le monde l'aime. Tout le monde l'a toujours aimé. Maman – Papa – les gens dans les magasins – les gens dans la rue – les gens dans les marchés ont toujours offert à Jimmy, disons, une banane – se sont penchés pour accrocher des cerises / à ses oreilles.

2 Offert à Bobby.

1 Quoi ?

2 Ont toujours offert à Bobby, disons une banane – se sont penchés pour accrocher des cerises / à ses oreilles.

1 J'ai dit Bobby.

3 Tu as dit Jimmy.

1 Bon quoi que j'aie dit ET JE SUIS SÛRE ET CERTAINE QUE J'AI DIT BOBBY les gens l'ont toujours aimé : lui ont toujours offert des fruits, lui ont toujours offert de l'amour, lui ont toujours bien enfoncé son bonnet d'hiver pour que sa tête soit / bien au chaud.

2 Il veut que tu t'asseyes à côté de lui. Il veut que tu / chantes.

1 Lui ont acheté des animaux domestiques, lui ont fabriqué des bonshommes de neige, lui ont fait ses puzzles jusqu'à tard le soir pour que le matin il descende l'escalier en colimaçon pour trouver le ciel, le ciel bleu ciel tout complété, lui ont enlevé la croûte de ses sandwichs pour récupérer / le fromage.

2 Il veut que tu lui chantes / le petit air.

1 Lui ont coupé les ongles – il veut que je quoi ?

2 Que tu lui chantes.

3 Que tu lui chantes le petit air.

Pause.

1 (*Froide.*) Oh ?

3 Oui.

1 Que je lui chante le petit air.

3 Oui.

1 Qu'est-ce qu'il veut dire ?

2 Bonne question.

3 Pour la couvrir ?

1 Pardon ?

3 Est-ce pour la couvrir ?

2 Oui – bonne réponse : peut-être pour couvrir la voix ?

1 Quelle voix ?

3 (*Moqueur.*) « Quelle voix ? »

1 (*Sourit.*) Oh *celle-là* – la *voix* – eh bien oui c'est peut-être bien pour « couvrir la voix » mais écoutez –

3 Oh ?

1 Cet air, ce petit air, c'est... eh bien... hmm... c'est l'air de Papa et Maman.

3 Oh ?

1 C'est – oui, c'est leur petit air à eux.

3 Oh ?

1 Et arrête de dire Oh comme ça parce que c'est et tu le sais très bien leur petit air à eux.

3 Oh ?

2 Leur petit air à eux ?

1 Oui c'est le petit air de Papa et Maman et je ne veux plus jamais t'entendre en parler.

3 Plus jamais ?

1 C'est ça.

2 C'est qui qui le dit ?

3 C'est qui qui le dit ? C'est Maman qui le dit.

1 C'est bien compris : je ne veux plus jamais t'entendre en parler.

2 Devant les invités.

1 Devant les invités. Devant qui que ce soit. Ni ce soir ni plus jamais.

2 C'est qui qui le dit ?

1 Pardon ?

2 C'est qui qui le dit : ni ce soir ni plus jamais.

3 C'est qui qui le dit ? C'est Maman qui le dit.

1 C'est qui qui dit ça ?

3 C'est Maman qui le dit.

1 (*Sourit.*) C'est pas Maman qui le dit, mon ange, c'est pas Maman qui le dit : c'est la voix qui le dit.

Texte français Élisabeth Angel-Perez

Suite à un travail de mise en espace sur les textes *Face au mur* (*Face to the Wall*) et *Tout va mieux* (*Fewer Emergencies*), Hubert Colas commande à Martin Crimp un troisième texte, *Ciel bleu ciel* (*Whole Blue Sky*), pour former une trilogie. Sous le titre, *Fewer Emergencies*, elle est montée au Royal Court à Londres, par James McDonald, en septembre 2005. Sous le titre *Face au mur*, Hubert Colas crée la trilogie en France (Théâtre du Gymnase, Marseille, février 2006), dans l'ordre suivant : *Ciel bleu ciel*, *Face au mur* et *Tout va mieux*. Le spectacle est présenté au Théâtre National de la Colline du 29 octobre au 27 novembre 2008.

Martin Crimp

Né le 14 février 1956 à Dartford dans le Kent.

Théâtre à L'Arche Éditeur, Paris

Claire en affaires (1988), texte français Jean-Pierre Vincent et Frédérique Plain, suivi de *C'était probablement les Bahamas* (1986), texte français Danielle Merahi, 2006.
Getting Attention (1992), texte français Séverine Magois, 2006.
Le Traitement (1993, prix John Whiting Award), texte français Élisabeth Angel-Perez, Maison Antoine Vitez, 2001 ; suivi de *Atteintes à sa vie* (1997), texte français Christophe Pellet avec la collaboration de Michèle Pellet, 2002.
La Campagne (2000), texte français Philippe Djian, 2002.
Avis aux femmes d'Irak (2003), texte français Hubert Colas, in *LEXI/textes*, n° 12, L'Arche Éditeur/Théâtre National de la Colline, 2008.
Tendre et cruel (2003), texte français P. Djian, 2004.
Face au mur suivi de *Tout va mieux*, texte français E. Angel-Perez, 2004.
Into the Little Hill (2006), texte français P. Djian, 2006.
Ciel bleu ciel (2005), texte français E. Angel-Perez, in *LEXI/textes*, n° 12, L'Arche Éditeur/Théâtre National de la Colline, 2008.

Textes français inédits

Pièce avec répétitions (1989), texte français Rita Sabah.
Personne ne voit la vidéo (1991), texte français D. Merahi, 2001.
Le Traitement (version québécoise), texte français Claude Poissant.
Harcèlements (*Attempts on her life*), texte français Éric Kahane, 1997.
Communiqué à l'intention des femmes irakiennes, texte français D. Merahi, s. d.
La Ville (2007), texte français P. Djian, 2007.

Textes anglais (non traduits en français)

Clang (théâtre, s.d.), inédit.
An Anatomy (nouvelle, 1978), inédit.
Early Days (roman, 1978), inédit.
Four Attempted Acts (théâtre, 1984) : *The Appreciation of Music* ; *Making Love* ; *Taking Leave* ; *Suicide*, inédits.
A Variety of Death-Defying Acts (théâtre, 1985), inédit.
Three Attempted Acts (pièce radiophonique, 1985), in *Best Radio Plays 1985*, Éditions Methuen, Londres, 1986.
A Kind of Arden (1987) / *Spanish Girls* (1987) (trilogie théatrale avec *Definitely the Bahamas*), inédits.
Stage Script : Face to the Wall (essai, 2002), Éditions Faber & Faber, 2002.

PAUL
CLAUDEL

L'Échange de Paul Claudel, mise en scène Yves Beaunesne, 2007
Photo Guy Delahaye

Quatre entretiens

avec Jean Amrouche

Douzième entretien

Jean Amrouche Il y a, dans vos premiers drames, notamment dans *Tête d'Or* et dans *La Ville*, des personnages violents, tout d'une pièce, que la condition humaine moyenne ne satisfait pas. Ils ne se demandent pas seulement : « Qu'est-ce que l'homme ? » mais surtout peut-être « que peut l'homme ? », d'où le brûlant désir de changer la vie, comme dit Rimbaud. Leur appétit de conquête et d'appropriation, leur soif de découverte les apparentent au surhomme dont Nietzsche est le héraut. Aviez-vous lu Nietzsche à l'époque et l'avez-vous lu depuis, et qu'en pensez-vous ?

Paul Claudel J'ai essayé plusieurs fois de le lire et le livre m'est toujours tombé des mains, parce que ça me choquait, non seulement dans mes idées chrétiennes, mais dans mes idées que j'appellerais philosophiques. J'ai toujours eu le dégoût des fous et des passionnés, et des excités. Alors, ce bonhomme qui, certainement, n'était pas en possession de ses idées ou de son jugement, me remplissait de dégoût. J'ai laissé toujours tomber ce livre, il était illisible pour moi.

JA Il est tout de même curieux de voir combien certains des personnages de vos premiers drames paraissent être vraiment des créatures de Nietzsche.

PC Je le regrette pour eux. (*Rire.*)

JA Cette puissance qui les habite, c'est peut-être pour cela que, parfois, vous donnez l'impression qu'ils sont tellement éloignés de vous et que, maintenant, vous avez tant de peine à essayer de vous remettre dans *Tête d'Or* ?

PC Dès ce moment-là où j'écrivais *La Ville*, je crois que Nietzsche commençait à être connu. J'ai essayé de le lire et je vous dis que je n'y suis jamais parvenu, parce que je commençais à avoir des idées philosophiques très nettes, qui se tenaient. J'avais lu Aristote, j'allais lire bientôt saint Thomas, et ce bonhomme qui ne définit jamais rien, qui est guidé par une passion presque de fou, me remplissait de dégoût.

JA Pourtant cet homme qui ne définit jamais rien, qui s'opposerait à celui que vous vouliez être et qui avait la prétention de définir et de construire un monde complet et cohérent, cette construction même à la fin de votre drame, vous la détruisez. Il suffit du souffle de la femme. C'est Lâla qui tire la conclusion et qui dit :

> « *Il est vrai que mes cheveux sont gris et que bientôt la nuit et l'or seront remplacés par la mystérieuse couleur de la neige.*
> *Mais ma beauté reste la même.*
> *Et la vieillesse qui m'atteint dissipe entre qui me suit et moi le malentendu.*
> *Crois-tu que je n'aie pas de place parmi vous ?*
> *Je suis la promesse qui ne peut être tenue, et ma grâce consiste en cela même.*
> *Je suis la douceur de ce qui est, avec le regret de ce qui n'est pas.*
> *Je suis la vérité avec le visage de l'erreur, et qui m'aime n'a point souci de démêler l'une et l'autre.*
> *Qui m'entend est guéri du repos pour toujours et de la pensée qu'il l'a trouvé.*

> *Qui voit mes yeux ne chérira plus un autre visage, et que fera-t-il si je souris ?*
> *Qui a commencé de me suivre ne saurait plus s'arrêter.*
> *Mais je sens que la mort est proche !*
> *Vienne l'automne, advienne l'instant de profond silence,*
> *Alors que la feuille morte au haut*
> *De l'arbre semble retentir si elle frémit,*
> *Et comme un mort, à l'ébranlement d'un coup de canon, s'élève, délivré, vers la surface de l'étang,*
> *C'est ainsi, m'étant recueillie, que ce bruit léger*
> *Suffira à dégager mon âme*[1]. »

Ainsi, il suffit que le visage de la beauté apparaisse, et d'une beauté autre qu'humaine, pour que toute cette construction logique, métaphysique et même théologique à laquelle se sont livrés vos personnages, s'évanouisse devant une autre réalité.

PC Je fais une réserve sur le mot « *théologique* », parce que, précisément, Lâla, pour moi, est mêlée toujours à cette idée dont je vous ai parlé qui résulte toujours de ce chapitre VIII des Proverbes. Pour moi, Lâla, c'est tout de même en même temps que la Grâce, c'est en même temps l'Église. C'est toujours ce symbole multiple que mes différentes figures de femmes sont chargées d'interpréter. Lâla ne veut pas détruire les deux mondes à la fois. Elle écarte pour un moment celui-ci, qui était un monde encombrant, et qui gênait son développement.

JA Oui, je ne crois pas du tout avoir contredit ce que vous dites. Je pense simplement ceci : c'est que Lâla découvre, parce qu'elle est la Grâce, même sans le savoir, qu'il y a une autre réalité que logique, qu'il y a un autre ordre que celui de

---

1. *La Ville* (2e version), Acte III, in *Théâtre I*, Éditions Gallimard, coll. « Bibliothèque de la Pléiade », Paris, 2002, p. 490.

la justice, qui est supérieur à celui-là et qui est précisément l'ordre de la charité.

PC C'est ça.

JA Je ne pense pas trahir votre pensée en tirant cette conclusion.

PC Non, non, c'est parfaitement exact.

JA Eh bien nous laisserons là *La Ville* dont nous avons peut-être trop parlé à votre gré, pour aborder un peu rapidement, parce que nous aurons à y revenir, un drame qui a habité votre pensée pendant près de vingt ans, et c'est celui de *La Jeune Fille Violaine*. Je voudrais seulement vous demander, pour commencer, à quelle nécessité profonde, à quelle racine en vous-même correspondait la composition de ce drame ?

PC Très difficile. C'est évidemment relié de très près à mes accointances avec mon pays natal, avec le pays de Villeneuve, d'autre part avec toutes ces histoires de familles, de villages, dans l'ambiance desquelles je vivais ; de mes lectures aussi, à l'époque. Comment toutes ces idées se sont-elles cristallisées dans ma tête et ont-elles fini par prendre la forme, non seulement d'un drame, mais de plusieurs drames superposés ? Ce sont de ces mystères de la composition sur lesquels je ne suis guère plus avancé que vous.

JA Il n'y a pas eu autour de vous un incident quelconque qui ait pu vous donner l'idée de cette rivalité entre les deux sœurs, l'une qui s'appelle Bibiane d'abord, et qui deviendra Mara dans la deuxième version et, plus tard, dans *L'Annonce faite à Marie*, et Violaine dont vous avez livré le nom tout de suite, dès la première version ?

PC C'est possible, mais c'est tellement éloigné et différent des réalités qui lui servent de germe que, vraiment, je suis moi-même incapable de décrire cette filiation.

JA Que pensez-vous maintenant de cette première version que vous n'avez pas annulée, que vous avez continué d'insérer dans l'ensemble de votre théâtre ?

PC Eh bien cette version, la version de 1892, je n'en ai jamais été satisfait à aucun moment. Si je l'ai laissé publier c'est parce que M. Royère, je crois, l'avait retrouvée je ne sais où et qu'il m'a demandé la permission de la publier. Alors, il m'a paru que cela pouvait avoir un intérêt, comment dirais-je, documentaire ; mais je ne l'ai jamais relue et je ne sais même plus du tout ce qu'il y a dedans.

JA Cette première version n'a pas été imprimée dans le recueil collectif publié en 1901, *L'Arbre* ?

PC Je ne crois pas.

JA Il y avait la première version de *Tête d'Or* et la première version de *La Ville*.

PC Ça prouve que j'en étais très peu satisfait.

JA L'édition originale daterait donc de 1927, au moment où Jean Royère l'a publiée en effet ?

PC C'est ça. Je ne me rappelle même plus où il a retrouvé le manuscrit.

JA Entre la première et la deuxième version de *La Jeune Fille Violaine* (la deuxième version, je vous rappelle que vous l'avez écrite à Fou-Tchéou et à Shanghai en 1898), ces deux versions sont séparées par des expériences très importantes, votre premier voyage en Amérique et votre premier séjour en Chine. Par conséquent...

PC Après *L'Échange*, n'est-ce pas. *L'Échange* s'intercale avant cette dernière version.

JA C'est ce que je voulais dire. Par conséquent, si vous voulez, nous allons abandonner *La Jeune Fille Violaine* et nous allons aborder quelques-unes des questions qui peuvent être posées à propos de *L'Échange*. Et je voudrais vous demander quelles ont été vos premières impressions d'Amérique, puisque *L'Échange* y a été entièrement composé en 1894 et 1893.

PC C'est une impression certainement peu agréable. J'étais comme un poisson hors de l'eau. L'Europe était beaucoup plus l'Europe, ou la France beaucoup plus la France, et l'Amérique beaucoup plus l'Amérique, à ce moment-là, qu'elles ne le sont maintenant. Les relations sont devenues maintenant beaucoup plus rapprochées ; il y a beaucoup plus de contacts entre les deux pays, tandis qu'à ce moment-là l'impression de dépaysement, à tous les points de vue, aussi bien celui de la famille où je vivais et de la complète solitude où j'étais maintenant réduit, de la nourriture, des relations, de la langue même qui n'était pas la mienne, de la religion qui était différente, l'impression a été extrêmement cruelle, surtout que j'avais très peu d'argent à ce moment-là et que la vie d'un homme qui n'a pas beaucoup d'argent en Amérique n'a rien de précisément agréable.

JA De sorte que, si je vous comprends bien, vos premières impressions d'Amérique, on les retrouverait avec assez d'exactitude dans les propos que tient Anne Vercors, à la fin de *La Jeune Fille Violaine*.

PC Je ne me rappelle plus très bien, mais en effet ça doit être ça.

JA Voici ses propos, je me permets de vous les rappeler.
« *Je n'aime pas ces gens-là* », dit Anne Vercors, des Américains.
« *Je ne les aime point, non plus* », répond Pierre de Craon qui est allé, lui aussi, en Amérique.
« *Bonne ?* (dit-il de la terre américaine) *Mais est-ce qu'on peut dire qu'une terre est bonne, qui donne son fruit sans travail ? Avec leurs machines !*
Cela est mou,
Comme une femme flétrie dans le lien de son ventre.
– On a mal conjuré l'ancien désert, la terre sent toujours son goût de punaise.
Ils n'aiment point le travail. Leurs fruits sont aqueux ; ils recueillent une richesse suspecte.
Et comme ils ne savent point travailler, ils ne savent point jouir de ce qu'ils gagnent. Rien ne devient mûr comme il faut.
Comme des vieillards décrépits, ils aiment les choses sucrées ; ils mangent des bonbons, ils boivent de la limonade.
Tout est fait à la mécanique, la garniture du corps et celle de l'esprit[2]. »

---

2. *La Jeune Fille Violaine* (2e version), Acte IV, in *Théâtre I*, *op. cit.*, p. 643-644.

Tel est le jugement un peu sommaire d'Anne Vercors et déjà il avait remarqué combien les Américains faisaient consommation d'ice-cream et de coca-cola. (*Rires.*)

PC Oui, oui, c'est une impression un peu naïve, mais, ma foi, sincère et dont j'ai gardé certainement quelque chose. Mais il y a autre chose tout de même en Amérique que ces impressions superficielles, un peu puériles. Ces impressions ne sont pas uniquement les miennes, mais celles d'autres voyageurs, comme un Stevenson ou Lenau[3], qui ont eu la même réaction vis-à-vis de l'Amérique que moi-même, cette impression de mélancolie en particulier qui règne sur tout le continent américain. Je ne sais pas si j'en ai parlé là, mais on la retrouve également dans le poème de Saint-John Perse dont je vous parlais.

JA Cette impression de mélancolie, oui, on la retrouve dans vos œuvres de cette époque et elle est exprimée surtout par Marthe à la fin de *L'Échange*.

> *« Je vous salue aussi, Océan !*
> *Je viens vous voir, grandes eaux qui de la terre avez été séparées ! Ô mélancolie !*
> *Je te salue, solitude, avec tous les navires qui sur la plaine mouvante promènent lentement leur petit feu !*
> *Je te salue, distance !*
> *Je me tiens, pieds nus, sur cette plage, sur le sable solide où la vague a sculpté des figures étranges.*
> *Je me tiens debout sur cette terre de l'Occident.*
> *Ô terre qui a été trouvée au-delà de la pluie !*
> *Comme un bien qu'un certain homme acquiert alors que sa barbe grisonne et dont il faut qu'il retire bientôt son profit.*

3. Poète autrichien (1802-1850) qui fit un séjour rapide aux États-Unis (1832-1833).

Ô terre d'exil, tes campagnes me sont ennuyeuses
et tes fleuves me paraissent insipides !
Je me souviendrai de toi, pays d'où je suis venue ! ô terre
qui produit le blé et la grappe mystique ! et l'alouette
s'élève de tes champs, glorifiant Dieu.
Ô soleil de dix heures, et coquelicots qui brillez dans les
seigles verts ! Ô maison de mon père, porte, four !
Ô doux mal ! Ô odeur des premières violettes qu'on cueille
après la neige ! Ô vieux jardin où dans l'herbe mêlée de
feuilles mortes
Les paons picorent des graines de tournesol !
Je me souviendrai de toi ici[4]. »

PC Oui, je retrouve là cette impression de nostalgie et de mélancolie qui a été mon premier voyage. Ce qui m'en a guéri, c'est qu'en rentrant en France, je me suis aperçu que déjà, comme on dit en anglais, *I did not belong*, je n'appartenais plus à ce monde-là, à l'ancien monde ; on m'avait assez facilement oublié. Alors, je suis entré carrément dans ma carrière de voyageur et je n'ai plus, ou rarement, retrouvé ces impressions de nostalgie dont Marthe se fait l'écho.

JA Vous venez de dire justement une parole fort émouvante ; vous dites : « Quand je suis revenu en France, je me suis aperçu qu'on m'avait oublié, et alors je me suis enfoncé dans ma carrière de voyageur. » Qu'entendez-vous par là : on m'avait oublié ?

PC Il y a tout un poème de *Connaissance de l'Est* qui vous renseignera à ce sujet-là, où justement est dépeint l'état, le sentiment d'un voyageur qui rentre en France et qui s'aperçoit

---

4. *L'Échange* (1re version), Acte III, in *Théâtre I*, *op. cit.*, p. 701-702.

qu'on l'a parfaitement oublié et qu'on se passe très bien de lui, qu'il y a une cassure qui s'est faite, que jamais plus il ne redeviendra l'homme ancien, ce qu'il était devenu, que dans le lien entre le passé et le présent, il y a une fissure qui s'est faite ; de sorte que quand je suis parti une seconde fois pour un exil beaucoup plus long, je n'ai plus jamais retrouvé cette impression de nostalgie ; peut-être parce que la Chine me plaisait infiniment plus et répondait beaucoup plus à mes goûts que ne faisait l'Amérique à cette époque-là.

JA Je vous remercie d'avoir ainsi répondu. Et pourtant je m'excuse et me permettrai d'insister parce que vous me répondez d'une façon un peu générale, en exprimant l'un des thèmes qui courent dans toute votre œuvre, ce thème de la séparation, ce thème d'un exil qui n'est pas simplement un exil concret, mais qui est, si j'ose dire, l'exil métaphysique qui est inhérent à notre condition d'homme. Mais, je me demandais s'il ne vous serait pas possible de – comment dirais-je – monnayer cette expression d'oubli dont vous parliez tout à l'heure.

PC Eh bien, en somme, le contrecoup de mon impression d'Amérique s'est produit quand je suis rentré en France deux ans après ; de même que l'Amérique me produisait l'effet d'un milieu étranger auquel je me trouvais réfractaire, de même ce séjour d'un an et demi, deux ans même que j'ai fait en Amérique, m'a rendu étranger à l'ancien pays où j'étais. Mes parents, mes amis ne connaissaient pas ce monde d'où je venais de sortir, et moi-même je me trouvais en désaccord avec eux. Nous ne sentions plus de la même manière ; je n'appartenais plus, somme toute, à ce milieu où j'avais vécu, de sorte que, comme je le dis dans ce poème de *Connaissance de l'Est* : « *l'exil où je suis entré me suit* ». C'est la meilleure réponse que je puisse faire à votre question.

JA Humainement, et même sur le plan des amitiés et sur le plan des liens de famille, vous vous sentiez séparé et exilé en France même ?

PC Quelque chose s'était produit d'irréparable ; c'étaient les dernières traces de l'attachement au passé. Toute ma vie, j'ai essayé de vivre en avant et de me dégager de cette mélancolie, de ce regret des choses passées en arrière qui ne mène à rien qu'à affaiblir le caractère et l'imagination. Alors, ce poème de *Connaissance de l'Est* est très important à ce point de vue, parce qu'il marque l'adieu que je fais à ce sentiment de nostalgie qu'il y a chez Pierre Loti, chez Chateaubriand, enfin tous ces gens qui vivent sur ce que j'appelle la « banquette arrière ».
Dans un wagon, il y a la banquette avant et la banquette arrière ; il y a des gens qui regardent le passé qui s'éloigne, les autres qui regardent le futur qui arrive ; eh ben, ce drame marque la séparation. À ce moment-là, j'ai changé de banquette si vous voulez ; de la banquette arrière, j'ai passé à la banquette avant.

Treizième entretien

JA Le drame de *L'Échange* même me semble avoir été défini par vous, très clairement maintenant : il s'agit, dans ce drame, d'en finir avec le passé et en même temps, peut-être aussi, de définir ce que vous avez cru comprendre de l'Amérique, de l'ordre américain que vous rejetez, que vous rejetez avec violence.

PC Dire que je le rejette avec violence… J'essaie surtout de le comprendre. Il y a des choses que je n'admets pas, mais évidemment ça m'intéresse beaucoup, n'est-ce pas ? Dans les choses qu'on rejette c'est tout de même un travail de compréhension ;

si on le rejette c'est parce que tout de même on a essayé de comprendre pourquoi il vous rejette ou il ne répond pas à vos sentiments du moment.

JA Bien sûr.

PC Mais j'ai toujours eu, dans ma carrière, soit littéraire, soit diplomatique ou positive, l'intérêt à tout ce qui arrive. Je me suis essayé de plus en plus, à mesure que je vivais, à me dégager de ce sentiment de tristesse ou de mécontentement qui ne mène à rien et qui n'est pas viril ; j'ai essayé, au contraire, de comprendre dans tous les pays qui m'étaient amenés, pour ainsi dire du fond du futur, ce qu'ils pouvaient avoir de nouveau, la leçon qu'ils me donnaient, les connaissances nouvelles qu'ils me procuraient ; ce côté-là est devenu de plus en plus important à mesure que je vivais, tandis que *L'Échange* me montre encore sensible à cette nostalgie, à ce regret du passé qui ne mènent à rien.

JA Vous avez parlé de votre exil en Amérique, et vous avez parlé aussi de l'état de pauvreté, du manque d'argent dont vous souffriez. En avez-vous souffert vraiment ?

PC Eh ben ! Mon Dieu, ça n'a rien d'agréable, quand on a vécu en famille, en somme assez largement, de se trouver dans un *boarding-house* à douze dollars par mois et de ne pas pouvoir déjeuner tous les jours, n'est-ce pas ? Ça n'a rien de spécialement agréable, surtout dans un pays comme l'Amérique. (*Rire.*)

JA La condition d'un consul de France à New York ou à Boston était-elle vraiment cette condition misérable ?

PC À ce moment-là, oui. Je gagnais, je crois, sept ou huit mille francs par an, et à vivre, même à ce moment-là, vivre avec sept ou huit mille francs en Amérique, avec le pays que c'était, ce n'était pas commode ; aussi il m'arrivait souvent de ne pas déjeuner. (*Rire.*)

JA Pensez-vous que la condition du pauvre fût plus dure aux États-Unis que dans le vieux monde ?

PC Elle est plus dure dans un pays étranger dont je parlais à peine la langue, où je ne connaissais personne, où, en plus, j'arrivais avec une formation religieuse très ardente, très ascétique, de sorte que j'avais un double exil, soit au point de vue des idées qui déjà me séparaient de mes compatriotes français et encore plus de mes amis américains, de sorte que ma solitude était à tous les points de vue extrêmement profonde.

JA La religion vous séparait de vos compatriotes français aux États-Unis ?

PC Non, en France, quand j'étais en France, parce qu'à ce moment-là surtout, le côté catholique était absolument ignoré, faisait de vous une espèce de curiosité ou de phénomène, beaucoup plus à ce moment-là que maintenant.

JA Aux États-Unis, le milieu protestant, le milieu puritain... ?

PC Le catholicisme a toujours été respecté là-bas. C'était un catholicisme très différent du mien où tout le côté extérieur du catholicisme avait disparu ; au contraire, il y a un certain côté pratique et sentimental qui ne m'inspirait pas beaucoup, de sorte qu'extérieurement, la religion catholique telle qu'on la pratiquait aux États-Unis était très éloignée de ce qui faisait ma voie en France ; je vivais beaucoup dans le chant grégorien, dans la liturgie, dans le latin. Tout ça n'existait pas en Amérique, où, au contraire, on essayait de donner à la religion un côté aussi moderne que possible.

JA Et ce caractère moderne de la religion aux États-Unis était très éloigné de la façon dont vous la viviez ?

PC La religion est toujours la religion. Je continuais à communier, mais enfin, je ne me sentais pas soutenu par une ambiance favorable. Surtout, à ce moment-là, ces choses-là m'étaient beaucoup plus sensibles que ça n'est devenu plus tard ; plus tard je me suis passé parfaitement de ce côté extérieur.

JA L'idée d'échange, le mot même apparaît, me semble-t-il, pour la première fois dans *La Ville* quand Lâla dit à Besme :

> « *Comme l'or est le signe de la marchandise, la marchandise aussi est un signe.*
> *Du besoin qui l'appelle, de l'effort qui la crée,*
> *Et ce que tu nommes échange, je le nomme communion*[5]. »

« Ce que tu nommes échange, je le nomme communion. » Il s'agit donc d'une notion très générale, d'une loi susceptible de régir les rapports humains ; mais sans doute est-il des choses qui ne peuvent pas être échangées, que nous n'avons pas le droit d'échanger, et peut-être ces choses sont-elles les plus précieuses, les seules précieuses, car elles ont une manière de valeur absolue, pour celui à qui elles sont confiées ou données, comme le montre, par exemple, la parabole des Vierges sages

5. *La Ville* (2e version), Acte II, *op. cit.*, p. 463.

et des Vierges folles. Je voudrais vous demander pourquoi cette proposition générale que j'exprime ici d'une manière abstraite et assez plate s'est imposée à vous jusqu'à devenir la matière d'un drame ?

PC La notion d'échange, telle que vous me la dites, il me semble en connaître le sens précis. Échange signifie, en général, se priver d'une certaine chose pour en obtenir une autre ; par exemple nous avons une valeur, nous la vendons pour en acheter une autre. Mais dans ce drame, je ne vois pas qu'aucun des personnages se prive de quelque chose qui lui appartient, afin d'en obtenir une autre qu'il ne possédait pas. Plutôt qu'un échange, il semble qu'il s'agit d'un concert. Des âmes très différentes par leurs points de vue, par le but qu'elles poursuivent, trouvent cependant qu'elles ont, dans leur possession, dans ce que les scolastiques appellent un *habitus*, une chose qu'elles possèdent, le moyen de concerter avec d'autres et de provoquer leur possession, leur habitude, à une richesse qu'ils ne possédaient pas, de sorte que, sans se priver de quoi que ce soit, sans se priver d'un bien qu'ils possèdent, ils acquièrent, ils mettent cependant en exploitation, si l'on peut dire, ce bien qu'ils avaient, de manière à lui faire donner des conséquences plus riches ; chacun acquiert une valeur en somme de provocation. De même que dans un concerto la valeur du violon ou de l'alto est provoquée, poussée à son plein exercice, par le dialogue de l'autre violon et du violoncelle. Et le mot échange aurait plutôt dans ce drame une valeur musicale.

JA Une valeur musicale et non pas une valeur proprement spirituelle ou métaphysique, comme celle que j'ai essayé d'expliquer tout à l'heure ?

PC Ben, ça serait dans le rapport qu'elles ont avec tout de même une valeur musicale ; il n'y a pas d'échange en ce sens que, dans le sens qu'on emploie en général pour ce mot, on se prive d'une chose pour en obtenir une autre ; là, aucun des protagonistes ne se prive de quoi que ce soit.

JA Mais j'ai l'impression que je suis obligé de vous contredire, car il me semble bien que Laine – et nous reviendrons tout à l'heure sur la psychologie, si j'ose dire, de ce personnage –, il me semble bien que Laine, lorsqu'il accepte mille dollars de Thomas Pollock Nageoire, pour abandonner sa femme que convoite Thomas Pollock Nageoire, fait vraiment abandon de quelque chose qui lui appartient et qu'il se prive définitivement de sa femme ?

PC C'est exact dans un certain sens, les mille dollars pour lui ne sont qu'une occasion, qu'un prétexte de continuer dans la ligne qui est la sienne, et pour laquelle la compagnie qu'il avait vouée pendant quelque temps à l'un des instruments, lui paraît moins intéressante que celle que lui proposent les deux autres. Les mille dollars ne sont qu'un moyen pour lui d'enrichir, si vous voulez, sa conception de la vie.
Dans cette idée, dans l'idée que vous me proposez qui est en effet un peu juste, si l'on substituait aux mille dollars, celle de Lechy Elbernon, par exemple ; en effet, Laine prend Lechy Elbernon, non seulement pour elle-même, mais parce que c'est un moyen pour lui de fausser compagnie à Marthe dont il a assez.
À ce point de vue-là, vous avez complètement raison, et de même l'occasion que lui offre Thomas Pollock, il la saisit également, toujours pour la même raison.

JA Oui, vous mettez l'accent sur le drame dans son ensemble, et implicitement vous faites intervenir un personnage essentiel qui serait soit celui de l'auteur, soit encore plus profondément celui du destin qui est le meneur de jeu, lequel tient la clé des quatre personnages.

PC C'est ça.

JA Mais, de mon point de vue, j'essayais plus exactement de me couler dans le destin de chacun des personnages, qui ne voit pas l'ensemble de la partie, mais qui ne peut voir, et à peine, que la partie qu'il joue lui-même.

PC C'est là l'erreur, parce que dans ce drame les quatre personnages sont inséparables l'un de l'autre, aucun des personnages n'a été conçu séparément, il a été conçu en fonction des autres personnages ; par lui-même il serait difficile de savoir ce qu'il est et ce qu'il vaut. Il ne vaut et il n'existe que par comparaison aux trois autres.

JA Je crois que c'est vrai non seulement de ces personnages, mais c'est vrai de tout votre art, de quelque proposition que ce soit et je dirais même de quelque note que l'on trouve dans votre œuvre.

PC C'est moins vrai par exemple dans *Tête d'Or*. Tête d'Or a son destin particulier, il a son vœu d'exister qui est, en somme, indépendant des autres personnages qu'il rencontre. Ou il est dépendant d'une manière beaucoup moins serrée, beaucoup moins implicite qu'il ne l'est dans *L'Échange*, avec les trois autres personnages. Il y a l'accentuation de la volonté concertante, si vous voulez, dans *L'Échange* qui ne se trouvait pas dans *La Ville* ou dans *Tête d'Or*.

JA Oui, cette accentuation produit d'ailleurs un resserrement extrême de l'action qui me semble se rapprocher beaucoup de la façon dont Racine, par exemple, concevait l'action tragique, c'est-à-dire que votre action est réduite à l'éclatement d'une crise ; toute la pièce tient dans une seule journée, d'ailleurs.

PC Ce que vous dites est vrai, parce qu'il y a eu un moment de ma vie, ça semble curieux, c'est très très ancien, ça remonte à mes années de lycée, où j'ai été impressionné par Marivaux, non pas par Racine, mais par Marivaux, au point de vue de la composition. Dieu sait que je n'aime pas spécialement Marivaux actuellement, mais les pièces de Marivaux m'avaient spécialement intéressé par leur construction, par leur composition, qui est encore plus serrée, je crois, que celle de Racine. Tout l'intérêt même, à mon avis, réside dans cette composition très serrée de Marivaux.

JA Oui, mais cette composition est particulièrement serrée dans *L'Échange* : nous voyons bien que, dès le début, dès ce qu'on pourrait appeler le prologue, les dés sont jetés et que Louis Laine ira fatalement à la mort ; car Louis Laine a, dans sa nature même, d'être l'homme de la fuite, par conséquent, il ne peut pas accepter d'être enfermé dans les limites étroites de l'amour de Marthe, de l'amour sacramentel de Marthe, donc il fuira Marthe à la première occasion. Mais comme Marthe ne peut pas retenir Laine, de même Lechy Elbernon ne pourra pas le retenir.

PC C'est ça.

JA Mais tandis que Marthe est vraiment la femme du sacrement, Lechy Elbernon qui est, en quelque sorte, la liberté incarnée, qui est la femme obéissant absolument et comme aveuglément à la force de son instinct, ne pourra pas accepter ce déni, elle ne pourra pas accepter l'abandon de Laine et, par conséquent, elle provoquera sa mort.

PC Seulement, ce que chacun des personnages est impuissant à l'égard de l'autre, si on les considère isolément, les quatre personnages à eux tous le peuvent, c'est-à-dire Lechy Elbernon, à elle toute seule, ne pourra pas retenir Laine, pas plus que Marthe, mais à eux quatre ils y parviennent, dans l'étroite enceinte du drame, dans ce moment dramatique des vingt-quatre heures, parce que *L'Échange* – ce qu'on n'a pas assez remarqué – observe la règle des trois unités, n'est-ce pas ?

JA Oui.

PC Alors, dans ce temps artificiel que constitue l'unité classique, les quatre personnages sont ensemble et quoi qu'ils fassent, ils ne peuvent pas éviter d'être ensemble pendant la courte durée du lever du soleil à son coucher, où ils sont réunis. Ce que leur tempérament les obligerait à faire, ils sont emprisonnés, pour ainsi dire, dans la nécessité dramatique, c'est là l'intérêt de la pièce justement. C'est une idée que j'ai développée plus tard, c'est que dans l'histoire, et spécialement aussi bien dans l'histoire réelle que dans l'histoire fictive, les personnages sont provoqués par la situation ; ce n'est pas une situation qu'il s'agit de développer au moyen de personnages, ce n'est pas des personnages qui trouvent leur illustration dans une situation, comme c'est le cas, je crois, quelquefois dans Shakespeare, c'est une situation donnée comme dans nos classiques qui provoque les personnages eux-mêmes. Alors, l'objet du dramaturge est complètement rempli, de sorte que les quatre personnages épuisent, pour ainsi dire, la situation que le dramaturge s'est proposée.

JA Vous parliez, il n'y a qu'un instant, du fait que ces quatre personnages se trouvaient absolument enfermés durant ces vingt-quatre heures.

PC Ils sont inextricables.

JA Ils sont inextricables, mais ce caractère inextricable de leur clôture ne provient-il pas plus profondément du fait que ces quatre personnages sont de vous, et qu'ils empruntent la nature du drame à l'état même du drame que vous viviez à l'époque ?

PC Mon Dieu : que je vivais à l'époque, et que j'ai continué à vivre très longtemps, et même peut-être encore aujourd'hui ; entre les différentes parties d'une âme c'est le dialogue des différentes facultés qui constituent l'individu, je viens de lire dernièrement un livre que je trouve intéressant, un livre de Henri Boucher sur le caractère de l'individu et où il insiste sur le côté indéchirable de l'individu qui se trouve composé de facultés qui, au point de vue de la logique, sont complètement différentes, mais qui, cependant, au point de vue de la personne, au point de vue de l'effet à obtenir, ne peuvent pas être séparées. L'individu concret n'est pas fait de différents compartiments qu'on peut séparer l'un de l'autre, mais c'est quelque chose d'indéchirable. Je vous citais, il y a quelque temps, je crois, l'apologue de la soupe, chez le philosophe indien Milanda : mettez ensemble de l'eau, de la viande, de la graisse, des épices, chacun de ces condiments est différent, si vous l'examinez séparément, mais une fois que la soupe est faite vous ne pouvez plus les séparer, pas plus que vous ne pouvez reconstituer les éléments d'une omelette. L'individu est complètement indéchirable, et cependant vous pouvez trouver des éléments complètement différents chez lui ; mais il n'y a aucun de ces éléments qui entre en jeu sans que les trois autres soient d'une manière plus ou moins latente, ne conspirent avec lui, pour l'effet à obtenir. Vous voyez ça dans Napoléon, par exemple, d'une manière très frappante : vous voyez différentes facultés d'apparence très contradictoires qui sont réunies ; vous avez à la fois, dans Napoléon, un bureaucrate, un homme amoureux du détail, et en même temps un romantique échevelé, un homme pourvu par une idée presque mystique qui ne lui laisse pas de repos ; et on trouverait encore dans le caractère de Napoléon bien d'autres composantes.

Quatorzième entretien

JA Les quatre personnages de *L'Échange* ne sont autre chose que quatre aspects de vous-même, que quatre aspects de leur auteur ?

PC Eh bien, je crois que c'est la même chose chez tout homme, je crois que le caractère des classiques comme par exemple Molière faisant la peinture de l'Avare qui n'est qu'un avare, ou d'un autre classique qui fait, qui cherche, qui peint le Menteur, par exemple, je trouve que ça a ses avantages à un point de vue dramatique. Je suis loin de chercher querelle à Molière, qui a cherché à réaliser une idée dramatique qui était la sienne, et qui y a réussi avec beaucoup de force. Mais au point de vue de la réalité, je trouve ça très faux, je trouve qu'un avare tout à fait caractérisé comme Harpagon, ou un hypocrite, ce qui est encore plus intéressant – parce que l'hypocrisie est un des plus beaux sujets qu'on puisse imaginer –, est tout de même mêlé de contradictions : un avare peut être très avare pour certaines choses et follement prodigue pour d'autres ; de même, un Tartuffe, un hypocrite peut être parfaitement sincère, et parfaitement même sincère d'une manière presque « paroxyste » dans un autre cas. Les deux choses peuvent cheminer presque simultanément. C'est ce qu'a vu Dostoïevski, dont il a tiré un grand parti, mais peut-être en exagérant un peu les choses, comme son tempérament excessif, russe, l'y poussait. Mais je crois que dans la réalité l'individu est une chose très riche : nous sommes un composé de facultés très différentes et quelquefois, en nous, complètement inconnues qu'un choc soudain vient nous révéler.

JA Oui, mais n'avez-vous pas éprouvé néanmoins la tentation de parvenir à l'unification de toutes ces tendances opposées ?

PC Ah ! toutes les tendances opposées sont peut-être identifiées par un but commun, qui est tellement fort que les facultés de destruction qui sont en nous sont subordonnées à ce but, à cette volonté qui s'impose à nous d'une manière presque tyrannique. Chez Napoléon, par exemple, vous avez l'ambition qui se révèle à lui ou chez le Joueur vous avez une passion qui se réveille et qui unifie toutes les autres facultés, et qui arrive même à les amputer, enfin à les détruire.

JA De sorte qu'il y aurait là un processus naturel de composition, comme dans l'art classique, qui consiste précisément à subordonner des facteurs considérés comme secondaires à un facteur maître.

PC Ce que je reproche à l'art classique, ce n'est pas qu'il les subordonne mais qu'il les supprime. L'Avare et le Tartuffe sont uniquement vus dans le rôle d'un avare et d'un tartuffe, sauf peut-être dans *L'Avare*... je n'ai pas lu la pièce depuis longtemps : est-ce que l'Avare n'est pas amoureux ? il y a quelque chose comme ça.

JA Si, précisément : l'Avare est amoureux, et l'amour qu'il éprouve a ce caractère tout particulier d'intensité, de violence, que peut revêtir un amour sénile.

PC Oui, mais enfin ça n'a pas de rapport spécialement avec son avarice proprement dite. Alors vous voyez que, même dans Molière, nous trouvons un peu ces facultés composites qui sont réunies par, disons, le rôle, parce que je considère pour moi, comme dramaturge, que le rôle est antérieur au personnage : c'est le rôle qui crée le personnage, et non pas le personnage qui crée le rôle.

JA C'est une proposition assez singulière sur laquelle j'aimerais bien que vous nous donniez quelques lumières supplémentaires.

PC Ah ben, justement *L'Échange* vous en donnera le moyen, puisque en somme ses quatre personnages sont placés devant une toile de fond, sont placés devant l'Amérique : alors l'Amérique fournit en somme le réactif commun à ces quatre personnages, qui se développent l'un par rapport à l'autre.

JA C'est le contact avec l'Amérique qui va en quelque sorte révéler Marthe à sa vraie nature...

PC C'est ça.

JA ... Et c'est le contact de Marthe qui va révéler Thomas Pollock Nageoire lui-même à sa vraie nature ?

PC Thomas Pollock est placé déjà par rapport à l'Amérique dans une position toute différente de celle de Marthe. Marthe c'est plutôt une répulsion qu'elle éprouve à l'égard de l'Amérique, elle ne peut pas s'assimiler. Thomas Pollock, au contraire, y trouve un très grand intérêt comme homme d'affaires, y trouve le moyen de développer les facultés remarquables de son génie ; de même Laine est passionné par le côté mystérieux, par l'esprit de frontière, comme on dit en Amérique, que lui offre ce pays immense et inconnu. De même, Lechy Elbernon est possédée par les démons mystérieux qui résident encore dans ce pays mal baptisé. De sorte que tous les quatre montrent une réaction différente et ces réactions se composent par rapport l'une à l'autre : de là l'intérêt que peut avoir la pièce.

JA Oui, il s'agit d'un drame intime qui se trouve en quelque sorte inséré dans un drame beaucoup plus vaste, qui est la confrontation de deux continents, la vieille Europe qui est en somme représentée par Marthe, et le continent neuf ; et non seulement de deux continents, mais de deux civilisations et de deux systèmes de valeurs.

PC Supposez un musicien, par exemple, qui va faire une symphonie sur l'Amérique, qui vit en Amérique, qui a une raison de bien la connaître, parce qu'il en souffre... parce qu'on ne connaît jamais bien une chose que quand cette chose vous fait souffrir : on connaît plus une femme quand une femme vous a fait souffrir que quand on vit simplement côte à côte

avec elle... Eh ben, supposons ce musicien qui a souffert de l'Amérique, qui par ailleurs a réussi à en mieux connaître les différents ingrédients, les différents éléments qui occasionnent cette souffrance, ce musicien sera en possession de quatre thèmes qu'il fera composer dans les mouvements de son inspiration.
L'intérêt de *L'Échange*, c'est justement qu'il y a une composition presque musicale.

JA Eh bien, je voudrais maintenant, si vous voulez bien, que vous nous donniez quelques précisions sur les quatre personnages de *L'Échange*, parce que je voudrais profiter de l'occasion qui nous est donnée de nous arrêter un peu sur le point où vous étiez arrivé de la connaissance de vous-même au moment où vous écriviez cette pièce.
Laine, l'amoureux des rêves, me paraît représenter la perpétuelle tentation de l'aventure et de la fuite, l'esprit d'adolescence et de rébellion, dont il faut venir à bout, et qu'il faut à tout prix détruire et extirper de soi. Est-ce ainsi que Laine s'imposait à vous ?

PC Détruire n'est pas le mot : rien de ce qui existe dans un être humain, qui est en somme l'image de Dieu, n'est méprisable par lui-même. Cet esprit d'aventure, cette avidité, somme toute, de la création, de l'œuvre de Dieu, n'est pas une chose mauvaise en elle-même. Il s'agit simplement de lui donner la carrière qu'elle doit trouver.
Laine est un jeune homme ; il n'a pas encore trouvé le moyen d'utiliser cette avidité, cet esprit, ce désir de connaître, de savoir, d'embrasser les choses, qui est en lui, cette faculté qui est en somme très belle et très grandiose par elle-même, et à laquelle il s'agit de trouver son emploi justifié.

Mais aucun des personnages n'est arrivé à sa maturité complète, n'est arrivé à cet ensemble de composition parfait qui fait la véritable unité. Ils sont plutôt à la recherche d'une unité qu'ils n'ont trouvée encore, aucun des quatre. La meilleure preuve en est qu'à la fin, même Marthe et même Thomas Pollock ont réussi à se connaître mieux qu'ils ne faisaient et se tendent la main. Ce n'est pas simplement ces deux mains qui se rejoignent, mais en somme les quatre mains de chacun des personnages qui forment une espèce de croix.

JA Bien sûr ce sont aussi les deux mondes qui se rejoignent, ces deux mondes opposés et hostiles. Mais cependant les mains de Laine sont les mains d'un cadavre : Laine est mort.

PC C'est-à-dire, j'ai fait un drame, n'est-ce pas, qui est limité par le temps. Il est peut-être mort, mais la chose qu'il représentait n'est pas morte : elle est toujours vivante, elle est toujours. La meilleure preuve en est qu'elle retentit dans l'esprit du spectateur qui y trouve l'expression de ses propres sentiments. Laine est mort, c'est vrai, le personnage, mon Dieu, s'est retiré, il est absorbé par la coulisse ; mais l'idée qu'il représente est toujours vivante, elle cherche, elle est à la recherche de son unité, comme dans la pièce de Pirandello *Six personnages*.

JA De sorte que j'aurais tort, que nous aurions tort d'interpréter la mort de Laine comme la représentation symbolique d'un désir de l'auteur d'éliminer de lui cette part que Laine incarnait ?

PC Non, c'est une chose trop forte, trop puissante, trop utile, trop nécessaire, pour que je veuille l'éliminer. Ce que j'élimine, conduit par la nécessité dramatique, c'est le personnage

lui-même, qui a fait son temps ; mais le rôle, c'est-à-dire la passion qu'il représente, est toujours vivant et trouvera largement son emploi.
Par exemple, dans ce poème que je citais, ce poème de sainte Thérèse, eh ben sainte Thérèse, par certains côtés aussi, représente Laine : elle est à la recherche d'une Amérique, d'un autre monde plus vaste, du monde de l'Amour, qui est encore plus intéressant que celui-ci, bien que matériellement la vie pratique ne lui donne pas satisfaction. Il n'y a que la mort qui lui permettra de l'atteindre.

JA Je ne voulais pas dire que vous aviez réussi à extirper Laine de vous, à l'expulser complètement de vous-même, car il est évident que Laine, qui est un avatar de Tête d'Or, on le retrouvera dans nombre d'autres de vos pièces. Mais je pensais seulement qu'au point où vous étiez parvenu dans votre effort d'élucidation de vous-même et dans le progrès spirituel, vous vous étiez efforcé d'ébrancher cette âme multiple, contradictoire, et de comprimer certaines de ses tendances.

PC Comme artiste, comme poète, je me propose simplement de réaliser une œuvre. Par suite de quel processus mystérieux une œuvre s'impose à vous, presque malgré votre volonté, c'est ce qu'il m'est impossible de démêler. Mais je n'aurais certainement pas l'idée de détruire quoi que ce soit. L'idée de destruction de quelque chose qui fait partie si profondément de la nature humaine, l'idée janséniste, et l'idée de certains versants de la pensée chrétienne, de procéder par une voie d'élimination et de destruction, ça n'est pas la mienne. Je suis plutôt sympathique à l'idée de saint Thomas que tout ce qui est dans la nature humaine est bon par lui-même ; ce qui est mauvais, c'est l'emploi qu'on en fait.

C'est une idée philosophique mais qui est postérieure à mon idée dramatique. Mon idée dramatique c'était ces quatre voix que j'entendais chanter ensemble et alors mon idée était de les réaliser, « qu'est-ce qu'elles vont dire », de les écouter et de coopérer avec elles. Je n'avais pas d'autre idée, j'avais l'idée de réaliser un drame, pas autre chose.

JA Bref, ce Laine amoureux des rêves est mort dans le drame, mais il n'était pas mort en vous, pas plus qu'aucun des autres personnages. Et je voudrais maintenant vous interroger sur le rôle de la figure de Marthe, qui me paraît être l'incarnation de la vieille sagesse de France, de l'Europe, et de la foi chrétienne. Car, dans tout ce drame, elle est la seule chrétienne, elle est la seule qui sache ce qu'est l'amour dans le Sacrement.

PC Oui, qui dit chrétien, dit des choses très compliquées. Dans le côté chrétien, il y a le côté aventure. Il y a, par exemple, saint François-Xavier qui s'embarque pour la conquête des âmes, qui double le cap de Bonne-Espérance, qui va mourir devant les Chinois ; eh ben, il y a aussi un côté... un désir de l'aventure chez lui.
De même, le côté pratique de Thomas Pollock. Eh ben dans le christianisme, il a son équivalent dans la louange que le Seigneur fait de l'intendant fidèle, par exemple. Dans l'esprit chrétien, les administrateurs jouent un très grand rôle ; dans la hiérarchie chrétienne, même dans les théologiens, l'administration des biens de l'Église, pas seulement des biens matériels, mais des biens spirituels, joue un très grand rôle.
Et de même, dans Lechy Elbernon, l'idée de l'imagination un peu folle, de l'imagination qui entraîne le corps, qui le fait envoler, pour ainsi dire, vous la trouvez dans saint François... De sorte que l'esprit chrétien n'est pas si facile que ça à

enfermer dans un seul produit. Évidemment, il y a Marthe, mais il ne serait pas difficile, comme je vous le prouve, de retrouver l'esprit chrétien dans les trois autres personnages, si je le voulais...

JA Oui, bien sûr. Néanmoins, dans votre pièce, c'est bien Marthe qui représente cette sagesse.

PC Du côté le plus apparent... Elle représente un des côtés de l'esprit chrétien, cet esprit de famille, cet esprit bourgeois qui est après tout le mien et dont je ne me défends pas, n'est-ce pas, cet esprit de continuité, d'application presque sévère à « la vie humble et facile », comme dit Verlaine... Verlaine aussi avait ce côté bourgeois : dans bien des cases de Verlaine on trouve ce goût de la vie de famille, de la vie bourgeoise, qui ne l'a pas emporté chez lui, mais qui existait certainement.

JA Mais je me demande si vous n'êtes pas un peu entraîné par le nom que vous avez donné à votre personnage, ce nom de Marthe, et si vous ne la confinez pas maintenant un peu trop justement dans ces « travaux ennuyeux et faciles » car elle est autre chose que cela.

PC C'est vrai.

JA Et il me semble qu'elle réunit en elle-même en quelque sorte la double figure de Marthe et de Marie. Elle est plus que Marthe, et d'ailleurs Laine le sait bien, qui la définit ainsi admirablement :

> *« Douce-amère, tu es simple et débonnaire.*
> *Tu es constante et unie, et on ne t'étonnera point avec des paroles exagérées. Telle tu fus et telle tu es encore.*

> *Ce que tu as à dire, tu le dis. Tu es comme une lampe allumée, et où tu es, il fait clair.*
> *C'est pourquoi il arrive que j'aie peur, et je voudrais me cacher de toi*[6].»

C'est donc elle qui porte la lumière et elle est la figure de ce terrible soleil intérieur auquel les personnages seront tous affrontés à la fin de la pièce.

PC Oui, et je n'ai rien à dire à cette interprétation: elle est vraie.

Quinzième entretien

JA Vous avez marqué, durant notre dernière conversation, que les personnages d'un drame comme *L'Échange* sont interdépendants les uns des autres, que l'unité du drame est d'un ordre comparable à celle d'une composition musicale, et qu'entre les protagonistes il y a des correspondances, des connexions intimes…

PC Même dans le caractère de Marthe il y a des amorces par lesquelles elle rejoint les autres. Par exemple pourquoi cette femme, née pour la vie bourgeoise, pour la vie provinciale, pour une économie très étroite, tout à coup s'éprend-elle de ce sacripant, de ce vaurien, et va-t-elle fuir de l'autre côté de l'océan pour aboutir finalement à mettre sa main dans celle de Thomas Pollock? Ça prouve qu'il y a des amorces d'autre chose, de même que dans certains de mes personnages, par exemple entre Turelure et Sygne, si étrange que ça paraisse, il y

6. *L'Échange* (1re version), Acte II, *op. cit.*, p. 686.

a tout de même des points par lesquels ils se ressemblent, par lesquels ils s'attirent ou se repoussent...

JA Voici ce qu'en dit Marthe en quelques mots :

> « *Je n'aime pas ces gens d'ici.* [...]
> *Mais je n'aime pas cet homme, quand il vous regarde ainsi fixement, la main dans sa poche comme s'il comptait dedans ce que vous valez*[7]. »

Celui qui compte perpétuellement ce que vaut telle et telle chose et qui cherche à l'évaluer en dollars, c'est précisément celui que Marthe, de par sa nature même, qui est don, c'est celui que Marthe ne peut que haïr et qu'elle ne peut que craindre ; et cependant, à la fin de la pièce, elle lui donnera sa main, enfin elle mettra sa main dans la sienne...

PC Ils ont un point commun, c'est le goût des valeurs positives, des choses telles qu'elles existent, le sentiment profond que ce qui existe est toujours infiniment supérieur à ce qui peut être rêvé. Vous trouvez ça dans ce goût de Napoléon chez qui il conspire avec une imagination en même temps déréglée, mais la réalité, ils en ont une perception tellement forte de l'usage qu'on peut en tirer, que ça leur paraît préférable à ce côté de rêve que représentent les deux autres personnages.

JA Oui, mais avec cette différence, à l'avantage de Marthe, qu'elle a, elle, le sens que les choses existent, et que parce qu'elles existent, dans une large mesure, elles sont sacrées, alors que Thomas Pollock Nageoire ne le sait pas, et c'est le contact de Marthe qui le lui révélera.

---

7. *L'Échange* (1re version), Acte III, *op. cit.*, p. 661.

PC Est-ce bien sûr qu'il ne le sache pas ? Parce qu'on n'a peut-être pas remarqué, dans un des passages de Louis Laine, cette espèce de parabole[8] où il rencontre un bonhomme qui veut lui vendre la grâce de Dieu. Et alors Thomas Pollock dit : comment, vous avez refusé, mais moi je n'aurais pas refusé. Tout ce qui existe, tout ce qui a une valeur, je suis là pour l'acheter…

JA Oui, bien sûr…

PC Ça prouve qu'il ne refuse rien. Il cherche à toute chose la valeur qu'elle a. Alors ça, c'est un sentiment par lequel il peut s'accorder avec Marthe. Tout ce qui existe a une valeur, et de même la personne humaine a une valeur. Thomas Pollock traduit ça d'une manière naïve et barbare, par une évaluation en dollars, mais même dans l'Évangile, vous voyez souvent des évaluations matérielles de ce genre-là, n'est-ce pas ? Thomas Pollock est un naïf, dans le fond, c'est un simple, n'est-ce pas ? Ça ne veut pas dire qu'il n'apprécie pas. La meilleure preuve : il apprécie Marthe, et il trouve en elle ce goût des réalités par elles-mêmes, cette espèce de simplicité et de clarté d'esprit qui les placent devant les objets matériels, dans les choses qu'ils désirent acquérir, dans une espèce d'état paradisiaque… Le paradis terrestre.

JA Oui, Marthe est essentiellement ce que Thomas Pollock n'a jamais rencontré dans les femmes américaines. Il n'a rencontré que des Lechy Elbernon, que l'on achète comme on achète un cheval de luxe et que l'on entretient de même…

PC Oh, il ne faut pas réduire les femmes américaines à ça !

8. *L'Échange* (1re version), Acte I, *op. cit.*, p. 683-684.

JA Mais c'est Thomas Pollock qui dit :

« Car comme tout
A
Un poids et une mesure, tout vaut
Tant.
Toute chose qui peut être possédée et cédée à un autre pour son prix. Tant de dollars.
[...]
Dans la vertu de l'argent, on peut tout avoir[9]*... »*

PC Eh ben ne croyez pas que je blâme ces choses-là... C'est une manière simplement sauvage et barbare de dire des choses qui sont vraies, n'est-ce pas ? Il est parfaitement exact que tout vaut, et tout vaut tant par rapport à la situation où nous sommes, et à l'usage que nous pouvons en faire. C'est une évaluation grossière, une évaluation simpliste, mais une chose qui a sa valeur. Par exemple, Thomas Pollock aurait horreur de gaspiller les choses, comme j'entendais raconter de d'Annunzio qui nourrissait ses lévriers avec des côtelettes de premier choix, arrosées de bon cognac. Ça, c'est une chose dont certainement Thomas Pollock aurait horreur, aussi bien que Marthe. Mais quand il dit que tout vaut tant, ça revient à dire en somme : le prix que chaque chose a par elle-même, ce prix, il est certainement inestimable, mais grâce à l'usage que nous pouvons en faire, il peut cependant être évalué d'une certaine manière, et valoir la peine de nous déranger pour l'acquérir. La meilleure preuve, c'est que saint Pierre appelle le peuple chrétien un peuple d'acquisition. Eh bien, Thomas Pollock représente ce désir d'acquisition, qui est un des côtés du tempérament chrétien justement.

9. *L'Échange* (1re version), Acte I, *op. cit.*, p. 678.

JA Oui, sans doute, un des côtés du tempérament chrétien, tout ce qui relève de l'administration des biens temporels, tout ce qui relève de ce qui doit être rendu à César. Mais précisément, il y a bien la chose sans prix, il y a l'huile de la lampe, et c'est Marthe...

PC Elle n'est pas sans prix, puisque dans la parabole le Seigneur dit : allez et achetez cette huile aux marchands. Alors, vous voyez qu'elle n'est pas sans prix, elle a au contraire un prix déterminé.

JA Mais une fois qu'on l'a achetée, on n'a plus le droit de s'en séparer...

PC Si, on a non seulement le droit, mais le devoir de la donner à d'autres, qui peuvent en avoir besoin. Seulement là, nous sommes placés dans une atmosphère différente, avec les Vierges sages, parce que nous sommes arrivés, somme toute, à la fin du monde, et il est trop tard pour aller l'acheter. Cela représente l'état des âmes au dernier moment, où il est impossible d'aller l'acheter. Alors, la recommandation d'aller chez les marchands pour l'acheter est un peu ironique. Il est trop tard.

JA Ne pensez-vous pas précisément que pour le chrétien l'heure sonne toujours, et que nous sommes toujours à la première et à la dernière heure ?

PC Je crois que nous sommes un peu trop loin, si vous voulez... (*Rire.*)

JA Bien sûr. Je voulais simplement marquer que Thomas Pollock devine qu'il y a dans Marthe un mystère, et que Marthe peut précisément lui révéler quelque chose d'essentiel de sa vie même, que dans le monde de purs échanges matériels dans lequel il vit il n'a pas eu encore l'occasion d'éprouver, et d'ailleurs...

PC Pas complètement, puisqu'il y avait ce passage de la grâce de Dieu qui est significatif tout de même, mais en gros ce que vous dites est parfaitement vrai.

JA Quant à Lechy Elbernon, dont vous ne voulez pas, et je comprends bien, qu'elle soit ravalée et qu'elle soit accusée en quelque sorte de porter tous les péchés du monde, c'est néanmoins une figure très singulière. Il me semble qu'elle représente l'actrice qui est, en quelque manière, vidée de sa vie personnelle et qui ne vit que par procuration. Et elle a en elle le même esprit de changement, cette passion furieuse d'être libre, de ne dépendre de rien, qu'elle partage avec Laine à quelques années de distance, car Laine a vingt ans, et Lechy Elbernon est une femme d'expérience. Non qu'elle soit sur le déclin : il semble bien qu'elle soit au contraire à l'apogée de sa beauté, mais elle atteint ce point culminant de sa vie où, éprouvant une passion pour ce jeune homme, elle n'acceptera pas d'en être dépossédée. Et c'est sans doute ce qui explique la violence de sa réaction devant la fuite de Laine et sa volonté de le tuer.
Lechy Elbernon, c'est elle qui me paraît être ici l'instrument du destin, et elle a quelque chose de prophétique, car elle clôt le drame, elle le clôt par des propos magnifiques que vous lui prêtez, et ce sont ceux-ci que je voudrais vous rappeler.
Laine est mort. La maison de Thomas Pollock et toutes ses

richesses sont consumées par l'incendie, et la pièce va ainsi se défaire, avec ces trois personnages qui portent un mort :

> *« La porte est fermée et verrouillée ;*
> *Les fenêtres sont fermées et il n'y en a pas une d'ouverte et les volets sont assujettis au-dedans avec le loquet et la barre.*
> *Mais tout à coup, comme un homme en qui la folie lugubre a éclaté,*
> *Voici qu'on voit par les fentes et par les trous de la porte et des fenêtres resplendir*
> *L'effroyable soleil intérieur*[10] *!* »

Unis durant ces vingt-quatre heures dans ce jeu mortel qu'est votre drame, chacun des personnages va donc se retrouver seul, et seul en face de ce terrible soleil intérieur que nul ne peut éluder, devant lequel nul ne peut fuir, pas plus que Caïn ne pouvait fuir le regard de l'Œil au fond de sa tombe.
Est-ce bien le sens de la conclusion de votre drame ?

PC Oui, sauf que cet esprit prophétique dont vous parlez, mon Dieu, c'est également une chose qui a sa part dans les Écritures, qu'on appelle à juste titre inspirées. Elles ne sont pas inspirées de la même manière, mais enfin elles sont tout de même inspirées. Il y a beaucoup de saints qui sont traités de fous de Dieu, n'est-ce pas ? Ça répond à des facultés qui se manifestent autrement chez Lechy Elbernon, mais qui dormaient dans beaucoup d'âmes magnifiques.
Lechy Elbernon ressemble beaucoup à Cassandre, par exemple. C'était le moment où je traduisais Eschyle. Elle a beaucoup de la Cassandre eschyléenne. Mais la différence, c'est que ces saints dont je vous parlais, malgré tout, ont un principe recteur, un principe qui les conduit, tandis que Lechy Elbernon

10. *L'Échange* (1re version), Acte III, *op. cit.*, p. 718.

ou Cassandre elle-même, qui sont des païens, sont pour ainsi dire éperdues. Sont épars.
Ce soleil intérieur se déploie dans toutes les directions, c'est pour ça qu'il est effroyable. Ce n'est pas un soleil bienfaisant, c'est un soleil, au contraire, un soleil destructeur. Tout ce qui est démesuré est destructeur.

JA Oui, mais il me semblait aussi...

PC C'est justement pour ça que le drame intervient par la réunion des trois personnages, pour comprimer, pour ainsi dire, Lechy Elbernon, et malgré son rôle anarchique, aberrant par excellence, elle est tout de même forcée de jouer sa part dans le drame, et sans elle le drame n'existerait pas.

JA Pourquoi avez-vous appelé Thomas Pollock: Thomas Pollock « *Nageoire* » ? Pourquoi ce « *Nageoire* » si singulier ?

PC Il me semblait vous l'avoir dit : parce que je cherchais un nom pour mon personnage, j'ai vu une affiche à New York : *Thomas Pollock Fin*. *Fin*, en anglais, c'est nageoire. *Thomas Pollock Fin*, au point de vue de l'euphonie, était mauvais, alors j'ai préféré mettre le mot « *nageoire* », qui remplaçait *Fin*.

JA Simplement. Mais enfin, ce que ce mot de « nageoire » peut avoir de surprenant...

PC C'est simplement une raison d'euphonie qui me l'a fait accepter.

JA Oui, vous n'y avez pas mis une petite intention malicieuse ?

PC Non.

JA Non ? parce qu'on l'y aurait vue très facilement, parce que le verbe nager...

PC Ça a pu indiquer simplement le côté mélangé, cosmopolite des Américains, au moment de la conquête de leur continent. Alors il peut y avoir un mélange de races différentes indiqué par le nom.

JA Il n'y avait donc pas d'ironie.
Je voudrais maintenant que vous nous donniez quelques détails sur les conditions matérielles dans lesquelles vous avez écrit *L'Échange* : est-ce que vous avez écrit cette pièce avec plaisir, avec difficulté ?...

PC Ben, j'ai écrit... C'était en somme un travail d'assimilation. Je vous ai dit que je tombais de ma vie de famille, de ma petite vie bourgeoise, dans une vie de liberté, en somme de gêne, parce que je ne gagnais pas beaucoup d'argent. Alors, je souffrais plutôt. Je vivais dans un *boarding-house* à douze dollars par semaine ; ce n'étaient pas des conditions de luxe extraordinaire. Alors, c'est à la fois une œuvre de nostalgie, puisque je pensais à la France que j'avais quittée, et une œuvre d'assimilation, puisque j'essayais de comprendre ce nouveau pays qui tout de même m'intéressait. De même, les idées de liberté, d'indépendance conquise. On ne passe pas d'une vie à une autre, même de la restriction à l'indépendance, sans une certaine souffrance. Alors ç'a été écrit à la fois dans la souffrance et dans l'intérêt.

JA Est-ce que vous avez fait lire la pièce à quelqu'un de vos amis pendant que vous la composiez ?

PC Oh, jamais ! Jamais !

JA C'est resté une chose absolument secrète, confidentielle ?

PC Jamais ! Il y a un proverbe anglais qui dit que l'eau ne bout pas quand on la regarde. J'ai toujours observé ce principe. Je ne montre jamais quoi que ce soit, je n'en parle jamais avant que ça ne soit fini. C'est comme une mayonnaise qui ne prend pas si on la regarde.

JA Une fois la pièce faite, à qui l'avez-vous communiquée ?

PC Alors, il y avait une revue qui s'appelle *L'Ermitage*, qu'était près de céder le Mercure de France. Je ne me rappelle pas si c'est l'année même où je l'ai faite que je l'ai communiquée, ou peu de temps après. Jules Renard en parle dans son *Journal*, avec quelques mots désagréables, suivant son habitude ; par là, on pourrait retrouver la date de la communication, mais je ne me rappelle plus exactement. Ça ne devait pas être tout de même sur le moment, ça a dû être un ou deux ans après.

JA J'ai vu cette petite note, assez désagréable en effet, de Jules Renard qui, après avoir tranché du génie à propos de *Tête d'Or*, marquait un certain éloignement et, m'a-t-il semblé aussi, enfin, un peu de dépit, comme celui qu'on peut marquer à propos de quelqu'un pour qui on ne peut pas ne pas avoir d'estime, mais qui est si différent de vous, qui suit une route si personnelle, qu'il est impossible d'avoir barre sur lui.

PC Renard était un curieux personnage qui souffrait d'un romantisme rentré. Il avait une admiration sans bornes pour Victor Hugo et pour Rostand, alors l'estime moindre que j'avais pour ces deux hommes le blessait. Il y a peut-être aussi de ça.

JA Et d'autres de vos amis, ou de vos relations de l'époque ?

PC *L'Échange* a été publié somme toute, si je me rappelle bien, ça a été publié dans *L'Arbre*, mais pas avant.

JA Pas avant ?

PC Non je ne crois pas.

JA Quant aux représentations de la pièce, y en est-il qui vous aient particulièrement plu, qui vous aient intéressé ?

PC Ça a été joué uniquement par Ludmilla Pitoëff. La première fois, avec Georges Pitoëff, qui vivait encore, la seconde fois avec Ludmilla, sa fille et son fils, il y a deux ou trois ans. Elle a une voix et des manières très particulières : c'est Ludmilla. Je dois dire que c'était très bien.

JA Vous étiez très satisfait de la représentation.

PC Ah ! Ludmilla était très bien.

JA Mais quel personnage jouait elle ?

PC Elle jouait Marthe.

JA Marthe. Et qui jouait Lechy Elbernon ?

PC Lechy Elbernon, ben ça a été Ève Francis pendant quelque temps.

JA Ah ! Ève Francis, qui est une de vos interprètes habituelles...

PC C'est ça. La première fois, c'était Ève Francis, et puis alors après, ça a été la fille de Ludmilla.

JA C'est là que nous allons nous arrêter car ces quatre personnages vivaient en vous, le fait d'avoir écrit ce drame ne les a pas supprimés. Ils demeuraient donc dans le Paul Claudel qui, en 1894, écrivait *L'Échange*, et ils continueront de jouer leur partie dans tous les lieux du monde où vous irez porter vos pas, et notamment en Chine, puisque l'année suivante vous vous y trouverez.

PC C'est ça.

Extrait de *Mémoires improvisés*,
Éditions Gallimard, « Collection blanche », Paris, 1954

Paul Claudel

Né le 6 août 1868 à Villeneuve-sur-Fère dans l'Aisne, mort le 23 février 1955 à Paris.

Œuvres complètes

Œuvres complètes, Éditions Gallimard, Paris, 29 vol., 1950-1987

Tomes I-IX (1950-1955), sous la dir. de Paul Claudel ; tomes X-XVI, sous la dir. de R. Mallet (1956-1960) ; tomes XVII-XXVIII, sous la dir. de Pierre Claudel et Jacques Petit (1960-1978) ; tome XIX, sous la dir. de Michel Malicet avec la collaboration de Maryse Bazaud et Andrée Hirsch (1987) :

Tomes I-II : *Poésie* / Tomes III-IV : *Extrême-Orient* / Tome V : *Art poétique* (1907) ; *La Physique de l'Eucharistie* (1910) ; *Figures et paraboles* (1931-1938) ; *Quelques planches du bestiaire spirituel* (1949) ; *Le Symbolisme de la Salette* (1931) ; *Appendices* / Tomes VI-XIV : *Théâtre* / Tome XV : *Positions et propositions* (1925-1942) / Tome XVI : *Conversations dans le Loir-et-Cher* (1935) ; *Contacts et circonstances* (1889-1953) / Tome XVII : *L'œil écoute* (1935-1946) ; *Autres textes sur l'art* / Tome XVIII : *Accompagnements* ; *Discours et remerciements* / Tomes XIX-XXVIII : *Commentaires et exégèses* / Tome XXIX : *Proses et poésies diverses*.

Suppléments aux œuvres complètes, Éditions L'Âge d'Homme, Lausanne, 4 vol., 1990-1997.

Théâtre, Jacques Madaule et J. Petit éd., Éditions Gallimard, coll. « Bibliothèque de la Pléiade », 2 vol., 1947-1949 :

Tome I : *L'Endormie* (≈ 1886-1888) / *Fragment d'un drame* (≈ 1888) / *Tête d'Or* (1re version, 1889 ; 2e version, 1893-1894) / *La Ville* (1re version, 1891-1893 ; 2e version, 1895-1898) / *La Jeune Fille Violaine* (1re version, 1892-1894 ; 2e version, 1898) / *L'Échange* (1re version, 1893-1894 ; 2e version, 1951) / *Le Repos du septième jour* (1896) / *Partage de midi* (1re version, 1905 ; version pour la scène, 1948 ; nouvelle version, 1948) / Traductions d'Eschyle : *Agamemnon* (traduit en 1893-1895, partition de Darius Milhaud, 1913) ; *Les Choéphores* (1913-1914, partition de D. Milhaud, 1915) ; *Les Euménides* (1915-1916), n° 72, 1948.

Tome II : *L'Annonce faite à Marie* (version de 1912, 1910-1911 ; version de 1938, 1937-1938 ; version définitive pour la scène, 1946-1948) / *L'Otage* (1908-1910 ; second dénouement, 1914) / *Protée* (1re version, 1913 ; 2e version, 1926) / *Le Pain dur* (1913-1915) / *Le Père humilié* (1915-1916) / *La Nuit de Noël 1914* (1915) / *L'Ours et la Lune* (1917) / *L'Homme et son désir* (musique Darius Milhaud, 1917) / *La Femme et son ombre* (1re version, 1922 ; 2e version, ≈ 1926) / *Le Peuple des hommes cassés* (1926-1927) / *Le Soulier de satin* (version intégrale, 1919-1924 ; version pour la scène, 1942-1943) / *Sous le rempart d'Athènes* (1927) / *Le Livre de Christophe Colomb* (1927) / *La Parabole du festin* (1925-1928) / *Le Festin de la sagesse* [*La Sagesse ou la Parabole du festin*] (1934-1935) / *Jeanne d'Arc au bûcher* (musique Arthur Honegger, 1934) / *Le Jet de pierre* (1937-1938) / *La Danse des morts* (1938) / *L'Histoire de Tobie et de Sara* (1938) / *La Lune à la recherche d'elle-même* (1947) / *Le Ravissement de Scapin* (1949), n° 73, 1948 ; éd. revue et augmentée en 1949.

Œuvre poétique, J. Petit éd., introduction Stanislas Fumet, Éditions Gallimard, coll. « Bibliothèque de la Pléiade », n° 125, 1957 :

Premiers vers (1886-1898) / *Vers d'exil* (1895-1899) / *Connaissance de l'Est* (1895-1905) / *Art poétique* (1903-1904) / *Cinq grandes odes* (1904-1908) / *Processionnal pour saluer le siècle nouveau* (1908-1909) / Traductions de poèmes de Coventry Patmore, Francis Thompson, Thomas Lowell Beddoes, Edgar Allan Poe, Philip Sidney / *La Cantate à trois voix* (1909-1912) / *Corona benignitatis anni dei* (1908) / *La Messe là-bas* (1917) / *L'Offrande du temps* (1914) / *Poèmes de guerre* (1915-1916) / *Poèmes et paroles durant la guerre de Trente Ans* (1937-1945) / *Feuilles de saints* (1915-1925) / *Cent phrases pour éventails* (1926) / *Le Vieillard sur le Mont Omi* (1924) / *Dodoitzu* (1936) / *Pan et Syrinx* (1933-1934) / *Judith* (1931) / *Visages radieux* (1927-1946) / *Poésies diverses* (1925-1950) / *Petits poèmes d'après le chinois* (1939) / *Autres poèmes d'après le chinois* (1937) / *Poèmes retrouvés* (1894-1955).

Œuvres en prose, Charles Galpérine et J. Petit éd., préface Gaëtan Picon, Éditions Gallimard, coll. « Bibliothèque de la Pléiade », n° 179, 1965 :
Positions et propositions / *L'œil écoute* / *Accompagnements* (1912-1952) / [*Conversations*] (1925-1937) : *Conversations dans le Loir-et-Cher* ; *Le Poète et le Shamisen* ; *Le Poète et le Vase d'encens* ; *Jules ou l'Homme aux deux cravates* ; *Richard Wagner. Rêverie d'un poète français* ; *Aegri Somnia* / *Figures et paraboles* / *Contacts et circonstances*.

Journal, J. Petit et François Varillon éd., Éditions Gallimard, coll. « Bibliothèque de la Pléiade », 2 vol., 1968 :
Tome I : *Journal* (1904-1932), n° 205, 1968.
Tome II : *Journal* (1933-1955), n° 213, 1969.

Le Poète et la Bible, M. Malicet éd. avec la collaboration de Dominique Millet et Xavier Tilliette, Éditions Gallimard, 2 vol., 1998-2004 :
Tome I : *Le Poète et la Bible* (1910-1946), 1998.
Tome II : *Le Poète et la Bible* (1945-1955), 2004.

Correspondances

Correspondance : 1907-1914. Jacques Rivière et Paul Claudel, Éditions Plon, Paris, 1926 / *Correspondance : 1899-1926. Paul Claudel et André Gide*, Éditions Gallimard, 1949 / *Correspondance : 1904-1938. André Suarès et Paul Claudel*, Éditions Gallimard, 1951 / *Correspondance : 1897-1938. Paul Claudel, Francis Jammes, Gabriel Frizeau*, André Blanchet éd., Éditions Gallimard, 1952 / *Lettres inédites de mon parrain (1926-1955)*, P. Claudel et Agnès du Sarment, Éditions Gabalda, Paris, 1959 / *Correspondance Paul Claudel-Darius Milhaud 1912-1953*, préface Henri Hoppenot, introduction J. Petit, *Cahiers Paul Claudel*, Éditions Gallimard, n° 3, 1961 ; rééd. in *Cahiers de la N.R.F.*, *Éditions Gallimard* 1995 / *Correspondance (1910-1928). Claudel homme de théâtre*, avant-propos Jacques Robichez, introduction Pierre Moreau, notes René Farabet, *Cahiers Paul Claudel*, Éditions Gallimard, n° 5, 1964 / *Correspondance avec Copeau, Dullin, Jouvet. Claudel homme de théâtre*, Henri Micciollo et J. Petit éd., *Cahiers Paul Claudel*, Éditions Gallimard, n° 6, 1966 / *Échanges avec Paul Claudel (1926-1948)*, correspondance avec Marthe Bibesco, Éditions Mercure de France, 1971 / *Correspondance*, préface de Jean-Louis Barrault, introduction et notes de Michel Lioure, *Cahiers Paul Claudel*, Éditions Gallimard, n° 10, 1974 / *Paul Claudel-Louis Massignon, Correspondance*,

M. Malicet éd., Éditions Desclée de Brouwer, Paris, 1973 / *Correspondance (1907-1924)*, Auguste Anglès éd. et Pierre de Gaulmyn, *Cahiers Paul Claudel*, Éditions Gallimard, n° 12, 1984 / *Lettres à son fils Henri et sa famille*, Éditions L'Âge d'Homme, 1990 / *Lettres de Paul Claudel à Élisabeth Sainte-Marie Perrin et à Audrey Parr*, M. Lioure et M. Malicet éd., introduction et notes Marlène Sainte-Marie Perrin, *Cahiers Paul Claudel*, Éditions Gallimard, n° 13, 1990 / *Lettres à sa fille Reine*, Éditions L'Âge d'Homme, 1991 / *La Crise : correspondance diplomatique, Amérique (1927-1932)*, Éditions Métailié, 1993 / *Correspondance : 1911-1954. Paul Claudel-Gaston Gallimard*, Bernard Delvaille éd., Éditions Gallimard, 1995 / *Correspondance diplomatique, Tokyo 1921-1927*, textes choisis, présentés et annotés par Lucile Garbagnati, préface M. Malicet, *Cahiers de la N.R.F.*, Éditions Gallimard, série « Cahiers Paul Claudel », n° 14, 1995 / *Jacques Madaule, Connaissance et reconnaissance. Correspondance (1929-1954)*, A. Hirsch et J. Madaule éd., Éditions Desclée de Brouwer, 1996 / *Correspondance : 1920-1954. Histoire d'une amitié : Paul Claudel-Stanislas Fumet*, M. Malicet éd., L'Âge d'Homme, 1997 / *Paul Claudel. Lettres à une amie. Correspondance avec Françoise de Marcilly*, Xavier Tilliette éd., Éditions Bayard, Paris, 2002 / *Lettres de Paul Claudel à Jean Paulhan*, Catherine Mayaux éd., Groupe éditorial Peter Lang, Berne, 2004 / *Correspondance de Paul Claudel avec les ecclésiastiques de son temps. Le Sacrement du monde et l'Intention de Gloire*, Honoré Champion Éditeur, coll. « Bibliothèque des Correspondances », n° 19, Paris, 2005 / *Paul Claudel-Charles Journet, Entre poésie et théologie. Textes et correspondance*, Michel Cagin éd., Éditions Ad Solem, Genève, 2006 / *Paul Claudel, Correspondance musicale*, Pascal Lécroart éd., Éditions Papillon, coll. « 7e note », 2007.

Œuvres diplomatiques et journaux

Les Agendas de Chine, Jacques Houriez éd., L'Âge d'Homme, 1991 / *Œuvres diplomatiques : ambassadeur aux États-Unis, 1927-1933*, Lucile Garbagnati éd., Éditions L'Âge d'Homme, 1994 / *L'Arsenal de Fou-Tchéou, œuvres consulaires : Chine 1895-1905*, J. Houriez éd. L'Âge d'Homme, 1995 / *Livre sur la Chine*, L'Âge d'Homme, 1995.

L'Échange (1re version, 1893-1894 ; 2e version, 1951)

Ier acte, in *L'Ermitage* 1er semestre 1900, p. 400-447 ; IIe et IIIe acte, 2e semestre 1900, p. 33-57, 89-129 / in *L'Arbre*, précédé de *Tête d'Or* et suivi de *Le Repos du septième jour, La Ville, La Jeune Fille Violaine,* Mercure de France, Paris, 1901 / in *Théâtre. Première série*, vol. III, Éditions Mercure de France, 1911 / version dite « définitive » suivi de *La Jeune Fille Violaine*, Éditions Paris-Théâtre, n° 61, 1952 / nouvelle version, Éditions Mercure de France, 1954 / Version originale (1901) et version de 1954, Mercure de France, coll. « Théâtre », 1964 (rééd. 1993) / 1re et 2e version, Le Livre de Poche, coll. « Pluriel », n° 3202, 1971 / 1re et 2e version, Éditions Gallimard, coll. « Folio », n° 911, 1977.

Revues claudéliennes

Bulletins de la Société Paul Claudel, trimestriel, créé en 1958, 190 numéros au 1er juillet 2008 / *Cahiers Paul Claudel*, Éditions Gallimard, Paris, 1959-1990, 13 vol. / *La Revue des lettres modernes*, série « Paul Claudel », Éditions Minard, Paris, 1964-2003, 18 volumes.

SAMUEL BECKETT

Samuel Beckett pendant le tournage de *Quad*, 1981
Photo Hugo Jehle

Le Dépeupleur : un « acte sans paroles » ?

par Alain Satgé

« Honni soit qui symboles y voit »
Beckett, *Watt*.

En 1951, deux ans avant la création d'*En attendant Godot*, Beckett adresse, à l'occasion de la diffusion d'une version abrégée de la pièce à la radio, une lettre à Michel Polac, producteur du « Club d'essai » : « Je ne sais pas qui est Godot. Je ne sais même pas, surtout pas, s'il existe. Et je ne sais pas s'ils y croient ou non, les deux qui l'attendent [...]. Tout ce que j'ai pu savoir, je l'ai montré. Ce n'est pas beaucoup. Mais ça me suffit, et largement. Je dirais même que je me serais contenté de moins. Quant à vouloir trouver à tout ça un sens plus large et plus élevé, à emporter après le spectacle, avec le programme et les esquimaux, je suis incapable d'en voir l'intérêt. »

D'avance, Beckett entend décourager le commentaire (en prêchant par l'exemple), comme s'il prévoyait les réactions des critiques et des spectateurs de l'époque, qui ne manqueraient pas de s'interroger sur ce que « signifiait » ou « représentait » le Godot mentionné par le titre : le protagoniste annoncé, qu'on ne verrait jamais. Nous dissuader de lire sa pièce comme une métaphore, une allégorie, ou une parabole, c'est nous engager à la lire « littéralement » : mais peut-on vraiment prendre *En attendant Godot* au pied de la lettre ? Sur scène plus qu'ailleurs, le refus de signifier multiplie le désir d'interpréter, voire de surinterpréter ; prétendre évacuer le sens, c'est s'exposer à son retour en force, comme l'a souligné la critique brechtienne de l'époque, aussitôt méfiante à l'égard du théâtre dit « de l'absurde » : « Au théâtre, c'est là tout le problème, le rien se remplit trop vite de sens » (Bernard Dort).

En attendant le dépeupleur

Le parallèle entre *En attendant Godot* et *Le Dépeupleur* peut paraître paradoxal. La pièce de théâtre, écrite en quelques semaines à la fin de l'année 1948, a été vécue par Beckett comme une « diversion » – au sens étymologique du mot : une façon de se détourner de soi. Alors plongé dans la « trilogie » romanesque, et ce qu'il appelle « son impossible prose », il conçoit le passage à la scène comme une expérience du « dehors » et de l'autre, qui le libérerait du « je », de cette voix qui, de *Malone meurt* à *L'Innommable*, parle dans le noir. Le « récit » (si cette détermination générique convient au *Dépeupleur* – c'est-à-dire « si cette notion est maintenue », pour citer l'un des refrains du texte), qu'il conçoit dans la douleur (entamé en 1967, abandonné, fragmenté en plusieurs versions, il n'est achevé qu'en 1970), lui fait parcourir l'itinéraire inverse : il le replonge dans l'« obscurité » – en tous les sens du terme.

Les deux textes présentent pourtant plusieurs points communs. Ils s'emparent de la situation la plus classique (la situation-type du récit, qu'il soit narratif ou dramatique) : celle de la quête ; mais c'est pour la vider de son contenu, ou plutôt déplacer son enjeu : faire disparaître l'objet de la quête, au profit de la quête elle-même. Le spectateur le plus distrait d'*En attendant Godot* ne peut, dès le début de l'acte II (qui repasse sur les traces du I), se faire la moindre illusion ni sur la venue, ni sur l'existence du personnage-titre. Mais il aurait suffi d'écouter ce titre : la manie des abréviations, qui le réduit à *Godot*, nous a fait oublier que l'accent ne porte pas sur le nom, mais sur le verbe (Beckett avait d'abord prévu d'intituler sa pièce *En attendant...*).

Le lecteur du *Dépeupleur* sait d'emblée – dès l'incipit – que la quête annoncée est vouée à l'échec : « Séjour où des corps vont cherchant chacun son dépeupleur. Assez vaste pour permettre de chercher en vain[1]. » Le titre du récit renvoie donc, comme celui de la pièce, à une absence ; mais ici, le personnage éponyme (et anonyme, puisque désigné par un néologisme) est deux fois absent : parce qu'introuvable, et parce qu'innommable. Le nom de Godot (nom propre, et sans doute réel : il doit bien exister un ou plusieurs Godot dans l'annuaire) proposait quelques pistes – littéraires, théologiques, métaphysiques... –, même si Beckett a pris soin de les désamorcer (à commencer par la plus visible, celle qui exploiterait la racine « *God* ») ; le nom (commun, et fictif) du « dépeupleur » (avec ou sans guillemets ? avec ou sans majuscule ?) redouble l'énigme. Qui est le dépeupleur ? Et d'abord, qu'est-ce qu'un dépeupleur ? Nous devinons que le récit ne répondra ni à l'une ni à l'autre de ces questions (on peut imaginer que Beckett se serait contenté de reprendre les termes de sa lettre à Polac : « je ne sais pas qui est le dépeupleur... »).

Où est ce lieu ?

« Route à la campagne, avec arbre » : nous savons ce qu'est une route à la campagne – même si nous savons aussi qu'au théâtre, une route ne peut mener nulle part. À l'effroi d'Estragon qui s'est risqué « au bord de la pente », Vladimir réplique : « En effet, nous sommes sur un plateau. Aucun doute, nous sommes servis sur un plateau », jeu de mots qui renvoie l'espace géographique à l'espace scénique. À la question « où sommes-nous ? », Beckett apporte au moins un début de réponse : nous sommes au théâtre.

1. *Le Dépeupleur*, Éditions de Minuit, Paris, 1970, p. 7.

« C'est l'intérieur d'un cylindre surbaissé ayant cinquante mètres de pourtour et seize de haut pour l'harmonie[2]. » Beckett nous dit quel est ce lieu ; mais il ne le définit que géométriquement. Nous en connaissons la forme, et les dimensions ; nous ignorons l'essentiel : où est ce lieu ?

Sur la route de *Godot* se croisent cinq personnages, individualisés par leurs noms (même si la plupart sont dépourvus de vraisemblance : nous ne connaissons pas d'Estragon, ni de Lucky), et surtout par leur antagonisme, à l'intérieur de chaque couple, et d'un couple à l'autre ; l'échange de répliques (le dialogue continue à fonctionner selon les règles classiques du combat verbal), voire de coups (le fouet de Pozzo ou la laisse qui asservit Lucky nous renvoient à une situation connue : la dialectique du maître et de l'esclave), constitue un lien entre eux – un lien malgré tout : il atteste de la persistance de l'exercice d'un pouvoir, donc d'une forme de « politique », et évoque, peut-être sur le mode du souvenir, l'existence d'un tissu social (Brecht, qui avait projeté d'écrire une adaptation de *Godot* – un « *Gegenstück* » – croyait reconnaître en Vladimir, Estragon, Pozzo et Lucky un intellectuel, un prolétaire, un aristocrate, et un fou – ou un policier...).

Les deux cents « corps » entassés dans le cylindre du *Dépeupleur* n'ont pas droit au statut de personnages. On ne sait pas comment les désigner : ils n'ont pas de noms (à l'instar du « dépeupleur ») – ils ne sont caractérisés que par leur fonction (on n'ose pas dire « profession »...) : « chercheurs ». On ne sait pas non plus comment nommer leur cohabitation : personne ne parle à personne (un monde de muets, dans lequel même les bruits

2. *Ibid.*

sont étouffés) ; si certains semblent se connaître, personne ne se reconnaît (un monde d'aveugles, dans une pénombre aggravée par les incessantes modulations de l'éclairage) ; on n'y échange pas même de coups : ces corps que l'exiguïté de l'espace (qu'on hésite à appeler « vital ») oblige à se frôler (chacun ne devrait disposer, statistiquement, que d'un mètre carré) détestent le contact (ils sont desséchés par les incessantes variations de température) ; ils ne se touchent que par hasard ou lors de brèves flambées de violence collective, dont le texte laisse entendre qu'elles pourraient constituer les seuls moments de « fraternité[3] ».

Dans le cylindre semblent s'être dissoutes à la fois les structures de l'intersubjectivité et celles de la Cité. Le rapport de couple, cellule de base des premiers romans et des premières pièces, a disparu : l'incipit, par son insolite construction grammaticale – le passage abrupt du pluriel au singulier (« des corps vont cherchant *chacun* son dépeupleur ») –, annonce une quête solitaire – on dirait « individualiste », si ces corps étaient individualisés. L'idée même de solidarité est explicitement écartée (« Ce n'est pas tant par manque de cœur ou d'intelligence qu'à cause de l'idéal dont *chacun* est la proie[4] ») ; des rapports sociaux ne subsistent que les lois qui régissent la vie du cylindre (des interdits concernant principalement les règles de circulation, notamment les sens giratoires) et une forme de hiérarchie : les « chercheurs » sont répartis sinon en classes, du moins en castes, selon leur degré de mobilité. Les plus actifs – ceux qui circulent le plus – sont les « grimpeurs », qui escaladent les échelles appuyées aux parois, lesquelles ne mènent qu'à des niches et des tunnels sans issue, et les « guetteurs », qui

3. *Le Dépeupleur*, *op. cit.*, p. 19.
4. *Ibid.*

Le Dépeupleur
Un spectacle de Michel Didym et Alain Françon, 2006
Photo Fabrice Burgy

attendent de pouvoir accéder à ces échelles inutiles ; les « sédentaires », adossés à la paroi, ont renoncé (autant qu'il est possible) à changer de place ; quant aux « vaincus », définitivement immobiles (en principe), ils ont même renoncé à chercher.

Les conditions de vie, ou de survie, de cette population posent de façon plus aiguë la question du lieu. Où sommes-nous ? Dans un camp de concentration, dans un bagne ? Dans un asile, un refuge, un bunker (on pense à l'espace clos de *Fin de partie*, qui pourrait abriter les derniers rescapés d'une catastrophe – et dans lequel les déambulations compliquées de Clov muni de son escabeau pourraient préfigurer les manœuvres de l'échelle) ? Le cylindre emprisonne-t-il ou protège-t-il ?

Où est ce lieu ? Hors du monde ? Dans le monde – et dans ce cas, quel rapport ce petit monde entretient-il avec celui que nous connaissons ? Le texte se contente de nous dire où nous ne sommes pas, éliminant l'une des premières hypothèses qui nous vient à l'esprit (comme à l'époque de *Godot*, c'est d'abord à la piste métaphysique que nous pensons spontanément…) : nous ne sommes pas en enfer, au sens propre ou figuré. « Ce qui frappe d'abord dans cette pénombre est la sensation de jaune qu'elle donne pour ne pas dire de soufre à cause des associations[5] » : cette mise en garde nous invite à nouveau à nous méfier des « associations », donc des interprétations ; mais peut-on lire *Le Dépeupleur* au pied de la lettre ?

Qu'est-ce qu'un « vaincu » ? Lectures du « Dépeupleur »

Plus radicale que celle de *Godot*, l'énigme du *Dépeupleur* ne manque pas de susciter à son tour l'exégèse. L'étude

5. *Le Dépeupleur*, *op. cit.*, p. 32.

d'Antoinette Weber-Caflisch, *Chacun son dépeupleur*[6] (1994), analyse les nombreux articles (Peter Murphy, Tzvetan Todorov) consacrés à ce texte, mais aussi les essais sur Beckett (Alain Badiou[7], Pascale Casanova[8]) qui lui attribuent une place centrale : ils convoquent, outre la Bible et *La Divine Comédie*, références constantes chez Beckett, un cortège de philosophes – Platon et son mythe de la caverne, Pascal et son « divertissement », Descartes et son *cogito*, Leibniz et sa monade, mais aussi Geulincx, Berkeley, Schopenhauer, Nietzsche...
Le titre du livre d'Antoinette Weber-Caflisch, qui cite – et détourne – une partie de l'incipit du *Dépeupleur*, pourrait illustrer l'une des lois de la critique beckettienne : le processus d'appropriation, qui implique celui de la réfutation. « Chacun son Beckett » : chaque interprète de l'œuvre (chaque « chercheur », au sens universitaire du terme : pour chacun d'entre eux, le « dépeupleur » pourrait porter le nom de Beckett...) tient d'abord à corriger la lecture de ses prédécesseurs, à en rectifier les contresens, en tout cas à en dénoncer les partis pris et tout ce qui pourrait ressembler à un « consensus critique ».

Depuis les années quatre-vingt, la critique n'a cessé de réviser les lieux communs sur le désespoir, le solipsisme, l'incommunicabilité ou la déchéance associés depuis la naissance du « théâtre de l'absurde » à l'univers de Beckett (rupture d'ailleurs esquissée avec trente ans d'avance par Jean Jacques Mayoux, traducteur et commentateur qui, dans sa postface à *Molloy*, évoquait, tout en s'excusant de cette « modeste hérésie », « l'espoir d'une lumière, comme une promesse »). Giorgio Strehler, qui monte en 1982 *Oh les beaux jours*, intitule ses

6. Antoinette Weber-Caflisch, *Chacun son dépeupleur*, Éditions de Minuit, 1994.
7. Alain Badiou, *Beckett, l'increvable désir*, Éditions Hachette, Paris, 1995.
8. Pascale Casanova, *Beckett l'abstracteur*, Éditions du Seuil, Paris, 1997.

notes de mise en scène « Beckett ou le triomphe de la vie » : « La grandeur et l'humanité de Beckett ne sont pas dans la négation de la vie et de l'homme mais dans la persistance d'un appel à ne pas se laisser détruire. [...] Beckett n'est pas une voix qui résonne dans le désert. Il cherche des échos dans tous les coins du monde où existent une capacité et une volonté de vivre[9]. » Et Alain Badiou, dans son étude au titre révélateur, *Beckett, l'increvable désir*[10], parle dans un chapitre consacré au *Dépeupleur* d'un « optimisme paradoxal ». Paradoxal, parce que *Le Dépeupleur* semble *a priori* l'œuvre qui se prête le moins à cette réinterprétation « positive » de Beckett. Le texte ne laisse subsister aucun doute sur le sort réservé à la population de l'invivable cylindre : on sait dès les premières pages que les « vaincus », minoritaires au début (ils se comptent sur les doigts d'une main), sont destinés à l'emporter et que, dans son « dernier état », le lieu n'abritera plus que des « vaincus ».

Mais qu'est-ce qu'un vaincu ? L'interprétation du mot nourrit le débat récurrent, à vrai dire plus moral (voire psychologique) que littéraire, autour de l'optimisme ou du pessimisme supposés de l'auteur. Plusieurs commentateurs, prenant le mot au pied de la lettre, ont voulu corriger cette fin qu'ils jugeaient par trop désespérante, en s'efforçant de démontrer que ces « vaincus » ne l'étaient pas tout à fait, qu'ils n'avaient pas forcément renoncé à toute action, donc à tout espoir (certains faisant purement et simplement abstraction de la dynamique du texte, et préférant oublier jusqu'à l'existence des « vaincus »...).

---

9. Giorgio Strehler, « Beckett ou le triomphe de la vie », *Revue d'esthétique*, numéro consacré à Samuel Beckett, Éditions Jean-Michel Place, Paris, 1986 ; rééd. « Hors-série », 1990, p. 213-215.
10. Alain Badiou, *op. cit.*

Tentatives forcément laborieuses, d'abord parce qu'elles reposent sur un évident contresens. Le texte – et le reste de l'œuvre – ne laissent planer aucune équivoque sur l'acception beckettienne du mot. « Les mal vaincus à de longs intervalles et toujours plus brièvement retombent dans l'état des sédentaires dont à leur tour les moins solides toujours les mêmes peuvent se laisser retenter par l'échelle[11] » ; les « soi-disant vaincus[12] » : les vaincus représentent bien l'élite du cylindre, et son idéal. En témoigne la dernière séquence du texte, centrée sur « la » vaincue (article qui lui confère, *in extremis*, le statut de protagoniste), dont l'attitude (« Elle est assise contre le mur les jambes relevées. Elle a la tête entre les genoux et les bras autour des jambes[13] ») évoque aussitôt celle du « héros » emprunté à Dante, le paresseux, « l'âme négligente », ce Belacqua qui est devenu un personnage de Beckett à part entière (au point qu'il est devenu superflu de le nommer, puisque le lecteur identifie aussitôt cette vieille connaissance : l'allusion vaut à la fois comme signe de complicité entre Beckett et Belacqua, et Beckett et son lecteur...).

On sait donc que, selon une loi constante de l'ironie beckettienne qui inverse toute hiérarchie, ces « vaincus » (ou « non-chercheurs ») sont les vrais vainqueurs (on se souvient de la réplique de Winnie dans *Oh les beaux jours*, adressée au laborieux grimpeur qui tente d'escalader le tumulus dans lequel elle est enterrée : « Quelle malédiction la mobilité ! ») : ceux qui ont renoncé à l'agitation stérile, à la vanité de la quête, à l'illusion de l'espoir, pour atteindre le stade ultime de la résignation. On pourrait en ce sens soutenir la thèse de l'« optimisme » de la fin

11. *Le Dépeupleur*, *op. cit.*, p. 30.
12. *Ibid.*, p. 31.
13. *Ibid.*, p. 50.

– à condition de prendre le mot dans son sens beckettien : ironiquement…
« L'espoir chez Beckett » : l'article de Tzvetan Todorov, publié dans le numéro de la *Revue d'esthétique* consacré à Beckett[14], reflète cette évolution générale de la critique ; mais il s'inscrit aussi à un moment particulier de l'itinéraire de l'auteur : celui où, dans *Critique de la critique* (1984), l'ancien structuraliste prend ses distances avec le formalisme et entreprend de réhabiliter une lecture humaniste de l'œuvre littéraire. Il part en guerre à la fois contre le pessimisme systématique et l'« autotélisme[15] » d'une partie de la littérature contemporaine, coupée du monde, de l'existence, du sens, de la vérité et de la morale : une littérature nombriliste, qui n'aurait d'autre fin qu'elle-même, et aurait à la fois renoncé à parler de l'essentiel, la condition humaine, et à communiquer avec autrui – thèmes repris, de façon plus polémique, dans *La Littérature en péril* (2007), qui dénonce la « trilogie contemporaine » : formalisme, nihilisme, solipsisme.

Sans doute pour renforcer l'efficacité de sa démonstration, Todorov s'empare de l'œuvre *a priori* la plus éloignée de sa conception d'une littérature ouverte sur le monde et sur l'autre. Le cylindre du *Dépeupleur* exclut toute possibilité de communication, à l'intérieur comme à l'extérieur : il constitue un univers clos, qui semble n'être pas seulement coupé de tout autre monde, mais seul au monde (un dedans sans dehors, ou une scène sans hors-scène) ; et les « corps » qu'il abrite pourraient être à son image. Enfermés en eux-mêmes comme Murphy, le « solipsiste éreinté », ligoté dans sa berceuse, puis cloîtré dans sa cellule

14. *Revue d'esthétique*, *op. cit*, p. 27-39.
15. Une activité est autotélique lorsqu'elle est entreprise sans autre but qu'elle-même. Le terme s'applique aussi bien à des personnes qu'à des activités.

capitonnée, on pourrait leur appliquer l'expression par laquelle Beckett désigne son premier « héros »: des « monades de première classe ».
Pour proposer une lecture positive de cette œuvre, Todorov déplace le champ de l'énigme: il ne se demande ni « qui est le dépeupleur », ni « quel est ce cylindre », ni « qui sont ces vaincus », mais « qui raconte cette histoire »? La seule façon d'échapper au négativisme radical du cylindre, c'est de postuler qu'il n'est pas seul au monde. « Dans le cylindre, *Le Dépeupleur* n'aurait pu être écrit. » Si quelqu'un peut décrire la vie à l'intérieur du cylindre, c'est qu'il existe un ailleurs. Pour rétablir une lueur d'espoir, il faut donc sortir du monde inhumain de la fiction (comme on sort d'un cauchemar) pour retrouver celui (le nôtre) où existent des écrivains et des lecteurs capables de partager leur point de vue. « Celui qui produit une œuvre d'art ne peut être entièrement insensible à la communication entre humains, et donc à la solidarité humaine »: transgressant la vieille frontière entre « narrateur » et « auteur », si rigoureusement tracée par les narratologues des années soixante (dont il a été l'un des principaux représentants), Todorov passe sans transition du « narrateur-écrivain » à l'« écrivain-sujet »; il replace au centre de l'œuvre non seulement le sujet créateur, mais le sujet Beckett (l'article se termine sur « son immense pudeur », qui lui interdit de nommer l'espoir, mais ne l'empêche pas d'aimer son prochain) – bref, celui-là même qui n'a cessé de vouloir s'absenter de son œuvre.

À la cruauté de l'ironiste, substituer la fraternité de l'humoriste: n'est-ce pas risquer de fabriquer un Beckett humaniste malgré lui? Tel pourrait être le prix de cette relecture « optimiste », aujourd'hui consensuelle (à force de prendre le contre-pied d'un « consensus critique », on en invente un autre) et sans doute réductrice : banaliser ce texte limite, atténuer sa violence, sa force de négation – sa force tout court.

Une écriture didascalique ?

Une dernière énigme pourrait nous ramener à la « lettre » du texte (comme Beckett semble nous y inviter) : pourquoi les metteurs en scène, de Lee Breuer (avec les Mabou Mines et l'acteur fétiche de Beckett, David Warrilow, New York, 1975) à Michel Didym et Alain Françon aujourd'hui, ont-ils tenté le pari de ce théâtre impossible ? Deux fois impossible, puisqu'il exclut non seulement le dialogue, mais le spectateur : comment pénétrer dans ce cylindre ? Où serait la place du public : à l'intérieur, enfermé comme les deux cents corps, et avec eux ? Au-dessus, adoptant le point de vue de Dieu ou du narrateur omniscient, qui fait une brève apparition dans le récit (« Ce qui, convenablement éclairé et vu d'en haut, donnerait par moments l'impression de deux minces anneaux se déplaçant en sens contraire autour du pullulement central[16] ») ? On doit bien sûr faire la part de l'effacement des déterminations génériques, de moins en moins pertinentes chez Beckett, et du désir contemporain (au moins depuis Vitez) de faire théâtre de tout. Mais le cas du *Dépeupleur* pose la question du genre en termes particuliers. Ce théâtre silencieux pourrait évoquer une chorégraphie ou un film muet (comme *Film*, interprété par Buster Keaton) ; mais on pense d'abord à un « mimodrame », à la façon des deux *Actes sans paroles*.

L'Homme d'*Acte sans paroles I* (1957), prisonnier du désert (rejeté en scène chaque fois qu'il tente de gagner les coulisses),

16. *Le Dépeupleur*, *op. cit.*, p. 26.

est sollicité par les « tentations » venues d'en haut, qui pourraient représenter l'espoir d'un salut : un arbre descend des cintres, une carafe d'eau se balance au-dessus de sa tête, des cubes de taille inégale pourraient, à condition de réussir à les superposer, lui permettre d'accéder à ces moyens de survie ; ils se dérobent les uns après les autres, au moment même où il allait les atteindre, comme si les objets se moquaient de lui : au terme de ce bref roman d'apprentissage, l'Homme choisit de renoncer. « Il reste allongé sur le flanc, face à la salle, le regard fixe. La carafe descend, s'immobilise à un demi-mètre de son corps. Il ne bouge pas. »

L'itinéraire individuel de l'Homme préfigure donc celui, collectif, de la population du *Dépeupleur* ; et ces deux textes – ces deux « actes sans paroles », en prenant « acte » dans tous les sens du mot – pourraient représenter deux exemples d'une expérience limite de l'écriture : deux œuvres de bout en bout « didascaliques ».
Dès ses premières pièces, Beckett métamorphose la fonction et la nature même de la didascalie. « Route à la campagne avec arbre / Soir » nous renseigne, comme une didascalie classique, sur le lieu et le temps de l'action ; mais il ne s'agit plus d'une indication technique, destinée au metteur en scène : nous sommes déjà dans la pièce, nous entendons déjà la voix de Beckett. Ces phrases minimales (absence de verbe, de déterminant, de coordination) s'adressent d'abord au lecteur, comme si Beckett s'emparait des codes de la didascalie (l'objectivité, la neutralité), pour les intégrer à son propre style, jusqu'à finir par les élever à la dignité d'un genre à part entière : « Séjour où des corps vont... ».

Samuel Beckett

Né le 13 avril 1906 à Foxrock (Irlande), mort le 22 décembre 1989 à Paris.

Éditions de Minuit, Paris

Romans, nouvelles, essais

*Murphy** (1935), texte français en collaboration avec Alfred Perron, 1954.

Molloy (1947-1948), 1951 ; rééd. coll. « Double », n° 7, 1982.

Malone meurt (1947-1948), 1951 ; rééd. coll. « Double », n° 30, 2004.

L'Innommable (1949), 1953 ; rééd. coll. « Double », n° 31, 2004.

Nouvelles et textes pour rien : L'Expulsé (nouvelle version, 1946 ; 1re publication in *Fontaine*, tome 10, n° 57, décembre 1946-janvier 1947) / *Le Calmant* (1946-1947) / *La Fin* (nouvelle version de *Suite*, 1945) / *Textes pour rien* (13 textes de 1950), 1955.

Comment c'est (1959-1960), 1961.

*Watt** (1941-1945), texte français en collaboration avec Agnès et Ludovic Janvier, 1968 ; rééd. coll. « Double », n° 48, 2007.

Premier amour (1945), 1970.

Mercier et Camier (1946, développement de la nouvelle inachevée *Les Bosquets de Bondy*, commencée en 1945), 1970 ; rééd. coll. « Double », n° 38, 2006.

Le Dépeupleur (1966-1970), 1970.

Têtes-mortes : *D'un ouvrage abandonné** (fragment, 1956), texte français en collaboration avec A. et L. Janvier / *Assez* (1966) / *Imagination morte imaginez* (1965) / *Bing* (1966) / *Sans* (1969), 1972.

Pour finir encore et autres foirades : *Pour finir encore* (1970) / *Au loin un oiseau* (1re publication avec des gravures de Avigdor Arikha, Double Elephant Press, New York, 1973) / *Se voir* (s.d.) / *Immobile* (s.d.) / *Foirade* (années 50) / *Foirades II et III* (années 50) / *Foirades IV et V* (années 50-60) / *Un soir* / *La Falaise* (1975) / *Plafond** (1981) / *Ni l'un ni l'autre** (1975), texte français Édith Fournier, 1972.

*Compagnie** (1977-1979), 1980.

Mal vu mal dit (1980), 1981.

L'Image (années 50, 1re publication in *X, A Quaterly Review*, I, novembre 1959), 1988.

Le Monde et le Pantalon (essai, 1945 ; 1re publication sous le titre *La Peinture des Van Velde ou le Monde et le Pantalon*, in *Les Cahiers d'Art*, 1945-1946) suivi de *Peintres de l'empêchement* (essai, 1re publication in *Derrière le miroir*, nos 11-12, juin 1948), 1989 ; édition augmentée en 1991.

*Soubresauts** (1986-1988), 1989.

*Proust** (1930), texte français E. Fournier, 1990.

*Cap au pire** (1982), texte français E. Fournier, 1991.

*Bande et sarabande** (1926-1933) : *Dante et le Homard* / *Fingal* / *Ding-dong* / *Rincée nocturne* / *Amour et Léthé* / *Promenade* / *Quelle calamité* / *Le Billet doux de la Smeraldina* / *Blême* / *Résidu*, texte français E. Fournier, 1995.

* Sont indiquées par un astérisque les œuvres composées par l'auteur en anglais ; sauf mentions contraires, les traductions en français sont de Samuel Beckett.

Théâtre

En attendant Godot (1948-1949), 1952.

Fin de partie (1954-1956) suivi de *Acte sans paroles II* (1957), 1957.

*Tous ceux qui tombent** (pièce radiophonique, 1956), texte français Robert Pinget, 1957.

*La Dernière Bande** (1958), texte français en collaboration avec Pierre Leyris / *Cendres** (pièce radiophonique, 1959), texte français en collaboration avec R. Pinget, 1959.

*Oh les beaux jours** (1960-1961), 1963 ; rééd. suivi de *Pas moi** (1973), 1975.

Comédie et actes divers : *Comédie** (1963) / *Va-et-vient** (1965) / *Cascando* (pièce radiophonique, 1963, 1re publication en français dans *Dramatische Dichtungen*, Band I, Suhrkamp Verlag, Frankfurt, 1963) / *Paroles et musique* (pièce radiophonique, 1962, musique John Beckett) / *Dis Joe** (pièce pour la télévision, 1965) / *Acte sans paroles I* (mime, 1956, musique J. Beckett) / *Acte sans paroles II* (mime, 1re publication en français dans *Dramatische Dichtungen*, Band I, Frankfurt, Suhrkamp Verlag, 1963) / *Film** (1963, scénario) / *Souffle** (intermède, 1968), 1970.

Pas, suivi de quatre esquisses : *Pas** (1974) / *Fragment de théâtre I* (années 60, 1re publication in *Minuit*, n° 8, 1974) / *Fragment de théâtre II* (années 60, 1re publication in *L'Herne* consacré à Samuel Beckett, n° 31, 1976) / *Pochade radiophonique* (années 60, 1re publication in *Minuit*, n° 16, 1975) / *Esquisse radiophonique*, 1962-1963, 1re publication in *Minuit*, n° 5, 1973), 1978.

Catastrophe et autres dramaticules : *Catastrophe* (1982) / *Cette fois** (1974) / *Solo** (1979) / *Berceuse** (1981) / *Impromptu d'Ohio** (1981) / *Quoi où** (1983), 1986.

Quad et autres pièces pour la télévision (1975-1982), suivi de *L'Épuisé* de Gilles Deleuze : *Quad** (1982) / *Trio du Fantôme** (1975) / *... que nuages...** (1976) / *Nacht und Träume** (1982), texte français E. Fournier, 1992.

Eleutheria (1947-1948), 1995.

Poésie

Poèmes suivi de *Mirlitonnades*, 1978 (poèmes écrits en français depuis 1937).

*Les Os d'Écho** (1928-1935), texte français E. Fournier, 2002.

Alain Satgé

Auteur d'études sur l'opéra, le théâtre et la mise en scène (notamment *En attendant Godot, étude littéraire*, PUF, 1999) et d'un roman : *Tu n'écriras point*, Seuil, 2003.

THOMAS BERNHARD

Thomas Bernhard, *Obernathal*, s.d., collection privée

L'art dramatique simplement compliqué

Ohlsdorf, 10.6.75

Cher Siegfried Unseld,

... J'ai écrit pour Minetti un théâtre qu'il lui faudra jouer, exercer aussi longtemps qu'il existera, avant qu'il ne s'éteigne définitivement, c'est encore une œuvre d'art et je demande si nous n'allons pas faire dans la BS [1] un livre intitulé *Minetti*.

C'est un théâtre *rien que pour Minetti* et *rien que pour cette soirée...*

Thomas Bernhard

Texte français Claude Porcell

1. Bibliothek Suhrkamp.

Extrait d'une lettre appartenant à la succession Thomas Bernhard, Archives Thomas Bernhard, Gmunden (Autriche). La correspondance entre Bernhard et Unseld paraîtra aux Éditions Suhrkamp en 2008 (Raimund Fellinger, Martin Huber, Julia Ketterer dir.).

Bernhard Minetti dans *Minetti*,
mise en scène Claus Peymann, Stuttgart, 1976
Photo Abisag Tüllmann

Lettre à Henning Rischbieter

Cher Henning Rischbieter, ce serait de la folie et donc me donner à moi-même un coup sur la tête que de vous envoyer une pièce de la pièce [1] que j'écris pour le seul Minetti et qui est intitulée *Minetti*, et qui n'est tout simplement pas encore aboutie, et que nous voulons jouer le soir de la Saint-Sylvestre à Stuttgart, si nous sommes encore en vie, Minetti, Peymann et moi. Il faut que j'exploite ce grand, ce plus grand des comédiens jouant et donc vivant qui ensorcelle son métier et donc notre folie de la scène dramatique, avant qu'il ne puisse plus être exploité, cette tête du théâtre de l'esprit d'un bout à l'autre élémentaire. En un siècle, nous n'avons pas beaucoup de tels artistes qui nous tapent effectivement sur les nerfs ! Et comme vous le savez, ou ne le savez pas, ce dont je vous informe donc ici, je n'écris jamais, pas même un seul mot (ni donc un *mouvement du corps* et *de l'esprit !*) pour un public qui ne m'intéresse absolument pas, car le public n'a absolument pas à m'intéresser, je n'ai jamais écrit que pour les comédiens, jamais pour un public, car je n'ai jamais écrit pour la faiblesse d'esprit, toujours seulement pour les comédiens et comme il est naturel pour ceux du genre de Minetti, qui sont des têtes spirituelles, quoique souvent des faibles d'esprit aient joué mes pièces. Le public est l'ennemi de l'esprit, c'est pourquoi je ne ressens rien pour le public, il hait l'esprit et il hait l'art et il ne veut que ce qu'il y a de plus stupide pour se distraire, tout le reste n'est que mensonge, mais moi j'ai toujours haï ce qu'il y a de plus stupide pour se distraire, et donc je dois haïr le public, il est et

---

1. *Stück* signifie à la fois « morceau » et « pièce ».

doit rester l'ennemi, si je suis d'un autre avis je rejoins le tas de fumier du public que j'exècre aujourd'hui, car il foule aux pieds ce qui est le plus important pour moi. Comme ancien et sans doute pour toute ma vie élève-comédien, comme on dit, je ne me suis jamais intéressé qu'à écrire *pour* des acteurs *contre* le public, de même que j'ai toujours tout fait contre le public, tout contre mes *lecteurs* ou mes *spectateurs*, pour pouvoir me sauver, me discipliner jusqu'au degré extrême de mes capacités.
Je vous remercie très cordialement pour votre invitation.

Votre Thomas Bernhard

Texte français Claude Porcell
Lettre de Thomas Bernhard au rédacteur en chef
de la revue *Theater Heute*, in *Theater Heute Jahrbuch*, 1975, p. 38

Minetti ou l'art dramatique « simplement compliqué »

par Jean-Marie Winkler

Un théâtre total

Sous une apparence banale ou faussement familière (encore une histoire d'artistes, comme il y en a tant chez Thomas Bernhard, dira-t-on...), voici une œuvre écrite pour un seul artiste, qui incarne à lui seul plus d'un demi-siècle d'histoire théâtrale allemande, et dont l'auteur annonçait malicieusement à son éditeur que la pièce ne serait représentée qu'une seule fois, un soir précis, et dans cette distribution. Caprice d'auteur, dont Thomas Bernhard était coutumier ? Pas sûr...
En fait, *Minetti* possède, en miniature, toutes les caractéristiques du théâtre total. Non pas en raison des effets dramatiques, la vacuité bernhardienne de l'attente étant conjuguée à l'exubérance codifiée de la fête collective, selon le schéma récurrent d'un théâtre de l'attente et de la fête. Non pas en raison de la thématique, car l'échec de l'artiste, la solitude existentielle et la dimension tragicomique de toute chose sont des idées bien connues des lecteurs de l'imprécateur autrichien que l'on raillait, à ses débuts, en l'appelant « Bernhard l'ermite ».
Si cette pièce est remarquable, c'est parce que son écriture utilise le théâtre pour en faire cette singularité non reproductible et non transférable qui est celle de l'instant dramatique, dans sa plénitude inimitable. On objectera que toute œuvre d'art échappe à son auteur, dès lors qu'il la publie (dans ce cas, l'auteur qui souhaiterait conserver la maîtrise de son œuvre

n'aurait paradoxalement d'autre choix que de la détruire, après l'avoir écrite, afin de rester à jamais son seul lecteur – sans risque de trahison ni d'aliénation de l'œuvre parfaite, mais inexistante). Et, pour une pièce de théâtre, le texte dramatique est écrit, dès le départ, pour être mis à la disposition des acteurs, réinterprété – à tous les sens du terme – dans une mise en scène qui, à chaque fois, se situe au début d'une création originale, nécessairement différente de la précédente, parfois même différente d'un soir sur l'autre. Être auteur dramatique, c'est savoir que son texte reste avant tout destiné à la réalisation scénique – et que cette dernière vous échappera, en dépit de toutes les didascalies, aussi précises fussent-elles, ou d'un fragile « mode d'emploi » suggéré par un Ödön von Horváth.

Dans *Minetti*, Thomas Bernhard semble vouloir s'affranchir de cette contrainte, en écrivant une pièce dont l'auteur contrôlerait jusqu'à la réalisation. Le premier tour de passe-passe consiste à écrire un rôle pour un acteur (chose courante, au théâtre, objectera-t-on). Et comme Bernhard se veut « artiste de l'exagération », le rôle destiné à Bernhard Minetti serait un personnage appelé Minetti, lequel, comme son *alter ego*, serait comédien : le « vieux mime » Minetti, dont l'euphonie souligne, à travers l'allitération et l'assonance, en allemand également, qu'il n'est écrit que pour l'acteur Minetti, au paroxysme de sa carrière, mais aussi au crépuscule de sa vie. On sait que, par la suite, Thomas Bernhard a parfois essayé d'interdire des mises en scène de *Minetti* avec des acteurs qu'il jugeait trop jeunes ou trop peu talentueux ; la raison de fond tient au fait qu'il serait impossible de jouer *Minetti* sans Bernhard Minetti dans le rôle principal. Le clin d'œil ironique de l'auteur veut que, de toute façon, jouer le rôle de Minetti, destiné à Minetti et à nul autre, revienne, pour tout acteur, à échouer – et à rejoindre ainsi paradoxalement le personnage qu'il incarne.

Il est un autre

Il y a un moment magique, dans la pièce, lorsqu'on demande sur scène au pseudo-Minetti s'il est bien le mime Minetti que l'on attend. À cet instant, l'acteur Bernhard Minetti répond simplement : « Oui. » Un peu comme si un personnage demandait à Michel Piccoli s'il est bien Piccoli, et que ce dernier répondait par l'affirmative, sans que l'on sache si c'est l'acteur qui récite son texte ou si c'est le sujet historique qui revendique son identité sur scène. Sauf que la pièce en français ne s'appelle pas *Michel Piccoli*. Dommage, car l'on dit que Thomas Bernhard aurait demandé au traducteur anglais de trouver un acteur anglais célèbre qui accepterait de jouer le rôle du protagoniste, et qui donnerait ensuite son titre à la pièce. Si Thomas Bernhard avait encore été vivant, on aurait pu lui demander s'il accepterait d'intituler sa pièce : *Piccoli, d'après Minetti de Thomas Bernhard*. Ce qui aurait eu l'avantage de respecter la sonorité du patronyme, dont la répétition concourt fortement à la musicalité du texte dramatique. Peut-être la ressemblance troublante entre « Minetti » et « Piccoli » fera-t-elle entendre et sentir confusément au public français, l'espace d'une seconde furtive, ce qu'a entendu et senti le public allemand, en voyant Minetti sur scène jouer, toute une soirée durant, un autre, dénommé Minetti…

À l'inverse, il serait tout aussi faux de postuler une ressemblance, voire une identité, entre l'acteur Bernhard Minetti et le personnage du pseudo-Minetti. S'il y a quelques convergences, au niveau des lieux et des rôles interprétés, qui n'excluent pas quelques clins d'œil malicieux de l'auteur à destination des initiés – dans cette sorte de *private game* gratuit que Thomas Bernhard affectionne, surtout lorsqu'il ne contribue en rien à la compréhension du texte de théâtre –, l'illusion dramatique de *Minetti* repose sur la figure de l'artiste raté. Le pseudo-Minetti y apparaît comme un vieux mime, dont la prestigieuse carrière est autant sujette à caution que son rendez-vous avec le directeur de théâtre de Flensburg, petite ville provinciale située non loin de la frontière danoise et qui, pour la majorité des Allemands, évoque seulement l'endroit où sont enregistrés les points de leur permis de conduire. Dire que le directeur de théâtre de Flensburg se rend à Ostende, c'est lui prêter l'intention d'entreprendre, en plein hiver, un voyage vers un autre pays et une autre côte, occidentale et non plus septentrionale, périple dont l'utilité est loin d'être évidente. Ce directeur de théâtre est sans doute un lointain cousin d'un certain Godot, et le pseudo-Minetti relève peut-être de la catégorie des mythomanes géniaux et autres affabulateurs volubiles, dont la prose de Thomas Bernhard regorge. En ce sens, l'acteur Bernhard Minetti, dont le talent et la célébrité ont traversé le siècle, est aux antipodes du pseudo-Minetti qu'il incarne. Cette contradiction ne se résoudra jamais, pour le spectateur qui voit le grand Bernhard Minetti, que l'on vient acclamer de fort loin, interpréter un acteur méconnu et désespérément ignoré du public.

Le théâtre est le royaume du faux, de l'artifice érigé en art et auquel le spectateur succombe, sans opposer de résistance, lorsque le jeu est parfait : voir Minetti jouer sur scène le rôle de son échec en tant qu'acteur, et voir comment il met toute sa présence et sa virtuosité au service de sa médiocrité jouée – voilà un rare moment d'artifice, et aussi comment, en des termes bernhardiens, l'artiste véritable ne peut réussir qu'en ayant la pleine conscience de son échec inéluctable. Faire de l'échec un art et devenir l'artiste de son propre échec, savamment mis en scène : tel est le cadeau sans pareil que Thomas Bernhard offre à l'acteur octogénaire qui, jusque-là, avait interprété magistralement ses protagonistes dans plusieurs pièces précédentes. En ce sens, la magie de *Minetti* naît de cette conjonction de forces centripètes et centrifuges, influences croisées auxquelles est soumis le spectateur qui oscille entre son désir de voir Minetti jouer sur scène le rôle de l'acteur, donc d'être lui-même, et l'impossibilité constante de pouvoir identifier le grand Minetti au vieux mime raté, qui est un autre, même lorsque Minetti prête sa voix au pseudo-Minetti pour revendiquer son identité. *Il* est un autre. Pour tout acteur, le pseudo-Minetti est un autre, car il faudrait sinon que l'acteur s'identifie avec son propre échec, ce qui conférerait à la pièce une dimension soit comique, soit tragique. La pièce de Bernhard fonctionne de manière opposée : après avoir joué, toute une soirée, le rôle de son propre échec, qui l'a conduit à la mort derrière le masque du Roi Lear, l'acteur Bernhard Minetti revient sur scène pour saluer le public et récolter les applaudissements réservés à son art. Et, chaque soir, Bernhard Minetti triomphe de son propre échec – plus exactement, il triomphe en jouant son propre échec, et en le jouant... à la perfection, comme à son habitude. Une problématique toute bernhardienne, en somme.

La nuit de la Saint-Sylvestre

Comme si ce jeu constant de trompe-l'œil n'était pas suffisant pour en faire un art de l'irritation, Thomas Bernhard inclut dans le texte de sa pièce de théâtre une série d'autres références, dont le but premier est de perturber le spectateur, en incluant des signaux qui font soit apparaître la théâtralité dans tout son artifice, soit qui établissent des liens normalement impossibles entre le temps de la vie réelle et le temps fictif joué sur scène. Dans les lignes qu'il adresse en avant-première à son éditeur, Thomas Bernhard écrit que la pièce est destinée à être jouée une seule fois, avec un seul acteur, à un moment très précis, joué, et retransmis à la télévision, un 31 décembre. Ainsi, par la magie de l'illusion du spectacle virtuel, qui vient relayer le spectacle vivant, les téléspectateurs ont-ils vu, tout comme les spectateurs, un réveillon de la Saint-Sylvestre se dérouler sur scène, au moment précis où, eux aussi, dans la vie réelle, fêtaient cette Saint-Sylvestre. Aussi Bernhard Minetti jouait-il un autre, dénommé Minetti, un 31 décembre dans un hall d'hôtel à Ostende, tandis que le spectateur fêtait le 31 décembre, au théâtre à Stuttgart ou chez lui devant son petit écran.

Le temps du théâtre, qui constitue le fondement de l'illusion dramatique dans une dramaturgie classique, au même titre que le lieu et l'action, entre soudain en concurrence avec le temps du réel, celui-là même auquel le spectateur consent volontairement à se soustraire en se rendant au théâtre pour y voir se lever le rideau sur une autre temporalité. Or, lorsque le rideau se lève, ce 31 décembre, les personnages sur scène fêtent la Saint-Sylvestre... Et ils attendent sur scène les douze coups de minuit, tout comme le spectateur qui, en ce moment privilégié où la temporalité ordinaire laisse place à une plénitude du temps dans un rite collectif de passage, essaie, lui aussi, de ruser avec la Saint-Sylvestre en recherchant le *divertissement*, au double sens théâtral et pascalien du terme. Davantage qu'un simple jeu d'autoréférences, ce miroir aux alouettes fait apparaître dans toute son artificialité le temps du théâtre, peut-être également parce que, le soir de la Saint-Sylvestre, le temps profane, celui que l'on s'ingénie à passer ou, pire encore, à tuer, s'écoule avec toute la lenteur rituelle et sacrée qu'il a perdue dans la vie ordinaire. La Saint-Sylvestre est, en soi, un moment théâtral ; Thomas Bernhard en a fait le temps privilégié de son théâtre en trompe-l'œil. On comprend mieux pourquoi l'auteur avait exigé que sa pièce ne fût représentée que le 31 décembre, avec Minetti jouant Minetti. Une sorte de théâtre total, dont la plénitude se fait troublante, irritante, oppressante parfois, pour un spectateur constamment ballotté entre le vrai et le faux, l'ici et l'ailleurs, l'authentique et l'altérité, le tout dans un présent absolu qui rend possible la coïncidence des contraires, avant que le temps suspendu ne bascule, définitivement, dans une nouvelle comptabilité qui marquera l'avènement du réel et, de fait, l'échec d'un sauvetage par l'art.

Pour parfaire ce *Gesamtkunstwerk*[1] à la Thomas Bernhard, il ne manque que la présence grotesque de l'auteur dans la salle, qui surveillerait le jeu de son acteur et, à l'image de l'auteur dramatique dans un récit du recueil *L'Imitateur*, ouvrirait le feu sur tout spectateur qui rirait à un moment déplacé. La contrepartie de cette plénitude du spectacle théâtral, où l'acteur jouerait son rôle tout en triomphant de son personnage, où les personnages et les spectateurs seraient unis dans l'expérience d'une temporalité commune, résiderait dans l'impossibilité de reproduire ce moment de grâce. De même que nul autre acteur que Minetti ne saurait jouer Minetti, la pièce *Minetti* ne

1. *Gesamtkunstwerk*, « œuvre d'art totale » : concept esthétique issu du romantisme allemand. Une œuvre d'art totale se caractérise par l'utilisation simultanée de nombreux médiums et disciplines artistiques, et par sa portée symbolique, philosophique ou métaphysique.

saurait être jouée qu'au soir du 31 décembre, comme pièce de la Saint-Sylvestre pour la Saint-Sylvestre. On ajoutera, avec le recul du temps, que cette pièce ne saurait être jouée non plus devant des spectateurs qui connaissent à l'avance le dénouement ou la facture autoréférentielle du spectacle. Peut-être fallait-il aussi comprendre que la pièce *Minetti* ne pourrait plus être jouée, une fois que les spectateurs auraient eu connaissance de la chute, comme pour *En attendant Godot*, dès lors que l'on sait que, jusqu'à preuve du contraire, Godot ne viendra pas. La temporalité du spectacle théâtral ultime – et unique – est le temps de la première représentation. Et, pour tout connaisseur de l'univers bernhardien, où la quête de la perfection côtoie sans cesse le nihilisme qu'elle prétend combattre, mais dont elle se rapproche dangereusement parfois, il n'est pas étonnant de savoir que l'auteur souhaitait que sa pièce ne fût représentée qu'une seule fois. Si l'on voulait pousser cette étrange logique à son paroxysme, il aurait certes été possible de rejouer la pièce, mais en changeant à chaque fois d'acteur comme de langue, en adaptant le titre éponyme, et en représentant, à la Saint-Sylvestre, une pièce que l'on aurait présentée comme inconnue et qui se serait intitulée, par exemple, *Woody Allen*, en américain, pour la première – et dernière – au Madison Square Garden de New York, ou *Marcello Mastroianni*, en italien, avec une représentation unique d'adieu à la Scala de Milan...

Une tragicomédie ?

Si le charme artistique de *Minetti* naît de cette complexité dramatique, force est de reconnaître que la qualité de la pièce ne relève pas de ce seul artifice. L'idée a beau être un trait de génie, il ne suffit pas d'exploiter un artifice formel, ni d'ailleurs une structure dramatique ingénieuse, pour créer un chef-d'œuvre. Dans l'univers théâtral de Thomas Bernhard, *Minetti* occupe une place à part. La dimension existentielle, la solitude de l'individu, y compris (et surtout) au beau milieu de la société, y sont visibles sans fard. Au même titre que la Saint-Sylvestre représente un moment de rituel social, dont les solitaires sont doublement exclus : parce qu'ils n'y participent pas et parce que leur solitude, choisie ou subie, leur apparaît d'autant plus douloureuse qu'elle se distingue de la collectivité de la fête, érigée en norme sociale d'un soir. Deux figures atypiques, la jeune fille et son amoureux, font une apparition furtive sur scène, avant de sortir de l'espace dramatique où leur vie ne peut pas se réaliser et où, par conséquent, ils n'ont pas leur place, à côté des solitudes juxtaposées. Le fait que la jeune fille offre un transistor à Minetti peut sembler une consolation, mais ce substitut de communication relève, au mieux, de l'illusion et du divertissement. La dame au masque de singe apparaît, quant à elle, comme un double de Minetti : comme le comédien essaie de faire de son art un moyen de survivre, elle essaie de jouer avec la Saint-Sylvestre à l'aide d'un artifice érigé en système. Les deux sont porteurs d'un masque qui les rassemble, mais le masque animal de la dame renvoie à un échec inavoué, à l'impossibilité de quitter sa condition physique pour devenir un pur *Geistesmensch* [2] bernhardien, comme le prouve la bouteille de champagne, attribut festif dans lequel, plus prosaïquement, elle noie son désespoir. Aux confins du tragique, dans une société de masse où

2. Les *Geistesmenschen*, « hommes de l'esprit », figures référentielles de l'univers bernhardien, entretiennent un rapport de défiance envers la matérialité organique. Ils reprennent le dualisme axiologique qui distingue le corps et l'esprit. Cette perspective valorise l'âme, et, corrélativement, dévalorise le corps. Elle implique une dialectique de la déficience qui pose l'exigence d'une certaine liquidation du corps comme condition de l'accès à la plénitude du monde de l'esprit. (Hélène Francoual, « Thomas Bernhard et l'écriture du corps », revue électronique colline.fr, n° 9, 2007.)

l'anonymat ne permet plus une telle dimension, ces destins individuels se détachent sur le fond d'un chœur de masques, dont les apparitions viennent scander les différents tableaux, avant de proclamer la mort de l'acteur. Sous un aspect grotesque et inquiétant, ce collectif, avatar du chœur tragique, reprend la fonction du chœur antique, et sous une forme triviale, veut rappeler la dimension tragique des pièces shakespeariennes, d'où la référence omniprésente au *Roi Lear* et aux éléments naturels déchaînés. D'ailleurs, *Minetti* regorge de détails symboliques, qui, derrière un réalisme de façade, confèrent au spectacle une dimension quasi mythique. Cette ambivalence s'exprime le mieux dans l'évocation d'Ostende, où l'on reconnaît aisément le casino, en bord de mer, assez éloigné de la gare, où est censé arriver le directeur de théâtre. Or, prononcée à l'allemande, l'évocation du nom « Ostende », scandé tel un leitmotiv, ne manque pas de rappeler une fin (« *Ende* »), à l'Orient (« *Ost* ») symbolique. La même dimension mortifère se dégage du tableau final, où la neige apparaît comme symbole du froid mortel, dans une vision qui doit autant à Horváth, pour la tempête de neige mortelle, qu'à *Mort à Venise* de Thomas Mann, l'infini de la mer révélant celui de la mort, tandis que le masque du Roi Lear devient masque mortuaire, consignant l'échec ultime de l'artiste, qui aura représenté toute la pièce durant le moyen par lequel le comédien espérait atteindre la perfection salvatrice de son art. *Minetti* est sans doute la pièce de Thomas Bernhard où le dialogue avec la tragédie classique affleure le plus, à travers un système évoquant ici la tragédie shakespearienne et là une strate plus archaïque encore, avec la présence d'un chœur antique devenant farandole anonyme, le soir de la Saint-Sylvestre.

Si *Minetti* est une tragédie, ou bien une tragicomédie, itinéraire potentiellement tragique d'un individu en quête de sens dans un monde sans repères, livré au divertissement de la comédie universelle, c'est bien la tragédie d'un artiste. La pièce rejoint le thème bernhardien fondamental : la lutte entre le corps et l'esprit, la matière et l'intellect, le réel (mortifère) et l'art (salvateur). Le pseudo-Minetti partage la solitude des autres grandes figures d'artistes, philosophes, intellectuels, stratèges militaires ou penseurs politiques, qui, par leur quête d'absolu érigée en système de pensée, cherchent à s'affranchir des contraintes du réel pour trouver dans l'esprit une dimension et un ordre salvateurs. Et Minetti échoue, comme la plupart des *Geistesmenschen* bernhardiens. Il partage leur profil grotesque, où la réalité du corps, la réalité sur scène s'opposent aux grandes envolées du logos théorique, parfois cousues de fil blanc (Minetti rêve de Flensburg ou de Dinkelsbühl, deux hauts lieux de la provincialité, tandis qu'il attend à Ostende la fin anticipée par le nom de la localité). Mais le vieux mime se rapproche davantage que d'autres personnages de la fin tragique qu'il incarne dans un rôle mis en abyme. S'il choisit de mourir sur scène, face public, le vieux mime aura atteint une dimension humaine et existentielle dont les autres raisonneurs bernhardiens ont tout au plus un sombre pressentiment. Leur mort survient souvent comme paroxysme de la folie et sombre par là même dans le grotesque. Seul le vieux général dans *La Société de chasse*, incarné par le même Bernhard Minetti, aura-t-il compris que, face à l'omniprésence de la maladie mortelle, dans la forêt minée par le bostryche[3] comme dans son propre corps, la liberté de l'esprit ne pouvait se traduire que par le geste

3. Bostryche typographe (*Ips typographus*) : petit coléoptère ravageur xylophage des forêts de conifères.

irréparable. Cela ne change rien à l'abattage de la forêt après son suicide, à grands coups de tronçonneuse, dans une sorte de version mécanique de *La Cerisaie*, tout comme le suicide de Minetti ne change rien à l'absurdité du monde, où la comédie et le divertissement triomphent. Mais par leur dimension tragique, ces deux personnages réussissent à poser la question du sens de l'existence ou celle de l'alternative à la destinée unique et anonyme, telle qu'elle est érigée en modèle par la société de masse actuelle.

L'ère des marchands

En regardant *Minetti*, on n'a pas forcément l'impression de voir un théâtre engagé, qui s'inscrit dans les grandes discussions idéologiques des années soixante-dix finissantes. On ne trouvera, ni dans la pièce, ni ailleurs chez Bernhard, de messages politiques explicites, pas davantage un appel à une quelconque insurrection sociale. L'angle d'attaque de l'œuvre reste résolument individuel, individualiste, la solitude de l'artiste étant consubstantielle à sa quête d'émancipation et à son combat, par essence solitaire, contre l'aliénation collective. Celui qui apparaît, dans sa vie et dans ses textes, comme un « anarchiste conservateur », n'est pas récupérable au profit des idéaux de Mai 68 et leurs divers avatars. Une autre figure de cette remise en cause radicale du monde serait le personnage du Prince dans *Perturbation*. Sa folie géniale et son isolement insurmontable rappellent certains aspects du pseudo-Minetti, même si les moyens diffèrent : philosophie pour Saurau, art dramatique pour le vieux mime. Et l'on ne peut s'empêcher de penser au protagoniste du *Président*, lui aussi confiné dans une posture philosophique hautaine, qu'il prône au nom de l'art politique. Dans l'exergue à l'une de ses œuvres, Bernhard fait dire à Montesquieu qu'il avait longtemps hésité entre la Sorbonne et la comédie. Ce qui, dans la citation originelle, signifiait l'alternative entre la Sorbonne et la Comédie-Française, correspond parfaitement à la dualité Saurau-Minetti : la pensée ou l'art dramatique. Or, si l'on relit *Minetti* dans le contexte de la fin des années soixante-dix, avec leurs cortèges de revendications et de provocations, il apparaît que la dimension critique de la pièce est bien plus présente que ne le laissent penser le cadre trivial de la Saint-Sylvestre à Ostende et la mort du protagoniste.

En relisant les réflexions de Herbert Gamper[4], dans le livret qui accompagnait la première de la pièce, à Stuttgart, en 1976, on voit combien cet intellectuel engagé et contestataire, qui était aussi le meilleur connaisseur du théâtre de Thomas Bernhard à l'époque, reconnaissait ses propres préoccupations sociales, politiques et esthétiques dans ce drame de l'artiste. Par sa radicalité, le pseudo-Minetti incarne le refus du monde mercantile et le repli sur l'art, au prix d'un isolement physique et intellectuel face à une société du plaisir et des loisirs, où l'art a été transformé sournoisement en une marchandise parmi d'autres, les artistes acceptant tacitement de se soumettre au goût dominant, afin de pouvoir vivre de leur art transformé en gloire et en billets de banque, tandis que la société s'accommode de ces trouble-fêtes et éternels empêcheurs de penser en rond, leur laissant le rôle traditionnel... du bouffon. Par son refus de ce que l'on appellerait aujourd'hui l'*establishment*, par l'absence de compromis

4. Herbert Gamper, *« Un drôle de Monsieur ». Réflexions sur la place de l'artiste dans la société bourgeoise, à l'occasion de Minetti, un drame de l'artiste, par Thomas Bernhard (« Ein komischer Herr ». Überlegungen zur Stellung des Künstlers in der bürgerlichen Gesellschaft, anlässlich Thomas Bernhards Künstlerdrama Minetti)*, in Programmbuch, Staatstheater Stuttgart, 1976, p. 103-134.

passé avec la médiocrité du public qui est à l'image de la médiocrité sociale triomphante, le vieux mime accepte de ne pas devenir célèbre, car il refuse de devenir une marchandise comme les autres. Le directeur de théâtre de Flensburg ne viendra pas, et l'acteur génial, mais radical, n'aura d'autre issue que la mort, puisqu'il ne pouvait ni ne voulait accepter ce qu'il jugeait être une compromission. Même si le tableau final de la pièce possède une dimension symbolique et mythique, l'accusation muette de l'acteur qui choisit de mourir face public, donc très concrètement de mourir silencieusement, derrière son masque, face à une société qui lui refuse une existence fondée sur des valeurs différentes, relève bien de la contestation.

Herbert Gamper l'avait compris, qui cite en français dans le texte des passages de Flaubert :
« *Qu'est-ce donc que l'Égalité si ce n'est pas la négation de toute liberté, de toute supériorité et de la nature elle-même ? L'Égalité, c'est l'esclavage. Voilà pourquoi j'aime l'art. C'est que là, au moins, tout est liberté dans ce monde des fictions. On y assouvit tout, on y fait tout, on est à la fois son roi et son peuple, actif, et passif, victime et prêtre*[5]. »
Gamper se joint à l'impératif flaubertien « *envoie faire foutre tout, tout et toi-même avec, si ce n'est ton intelligence*[6] », pour retrouver les exigences du *Geistesmensch* bernhardien. Et le raccourci, suggéré par Herbert Gamper, entre *Minetti* et une phrase de Mallarmé, est pour le moins saisissant :

5. Lettre à Louise Collet (15-16 mai 1852), n° 321, in *Œuvres complètes* de Gustave Flaubert, 2e série, « Correspondance 1847-1852 », Éditions Louis Conard, Paris, 1926.
6. Lettre à Alfred Le Poittevin (16 septembre 1845), in *Correspondance*, t. I (janvier 1830-mai 1851), Jean Bruneau éd., Éditions Gallimard, coll. « Bibliothèque de la Pléiade », n° 244, Paris, 1973.

« Pour moi, le cas d'un poète, en cette société qui ne lui permet pas de vivre, c'est le cas d'un homme qui s'isole pour sculpter son propre tombeau[7]. »

Que dire de cette solitude de l'artiste dans la société, lorsqu'elle s'applique, non à une époque d'émancipation de l'individu face aux couches dominantes – jadis, lors du passage d'une société post-féodale, où l'artiste et le penseur trouvaient paradoxalement une place auprès des puissants qu'ils contribuaient à mettre en question, au siècle des Lumières avec une société bourgeoise de l'esprit critique et des Droits de l'homme –, mais à la société de consommation du XXe siècle finissant, où les triomphes conjugués du mercantilisme et de la massification sapent jusqu'aux fondements philosophiques, éthiques de l'individualisme bourgeois... Le triomphe des manufactures et la fin de la notion de sujet, sacrifiée sur l'autel profane de l'avènement de la bourgeoisie au quotidien. L'« homme de lettres » ou l'« honnête homme » ont-ils toujours droit de cité dans le monde d'aujourd'hui ? Seraient-ils d'autres Minetti ?... Dans la prose de Bernhard, on trouve, un peu plus tard, *Le Neveu de Wittgenstein*, comme on trouvait *Le Neveu de Rameau*. Autres dissonances, autres affinités électives... autres associations : Diderot, certes, Marivaux, pourquoi pas, mais aussi Paul Valéry et son *Monsieur Teste*. En termes bernhardiens, l'artiste finit par être victime de la discipline qu'il s'impose, afin – croit-il – de se sauver par son art, comme tous ces personnages d'intellectuels qui essaient de n'être que tête, dans la solitude de la pensée qui en fait des princes – ou des fous. Mais, en même temps, ces princes de l'esprit s'isolent du monde dont ils ne peuvent que constater – pour la

7. Réponse de Mallarmé à Jules Huret (14 mars 1891), in *Enquête sur l'évolution littéraire*, Bibliothèque Carpentier, Paris, 1891.

récuser – la dimension aliénante, indissociable de la bestialité et de la brutalité ambiantes.

Le paradoxe de l'artiste

Le paradoxe de l'artiste bernhardien veut que celui-ci, à l'image du pseudo-Minetti, conjugue la souveraine maîtrise au sein de son art ou de sa pensée, avec la solitude qui est la sienne, face à une société *contre* laquelle s'inscrit toute la démarche de l'artiste véritable. Si Minetti se mesure à la figure tutélaire du Roi Lear, c'est peut-être dans cette dimension extrême, où la solitude du génie qui confine à la folie est acquise au prix de son isolement ou de son exclusion par la société. Paradoxalement, la société bourgeoise héritée des Lumières a permis, puis prôné, le triomphe de la subjectivité radicale, de l'individu érigé en absolu. Mais dans sa réalisation concrète et collective, cette même société relègue l'intellectuel ou l'artiste dans une magnifique impuissance, où se reflète la méfiance de la bourgeoisie face à l'esprit libre, dès lors que cette subjectivité radicale s'arrogerait le droit de remettre en question la primauté du matériel en refusant la réification de l'œuvre d'art. Au prix de l'échec, dans une lucidité inflexible... Là encore, Herbert Gamper cite des réflexions de Flaubert qui pourraient s'appliquer à *Minetti* :

« J'ai voulu dire seulement ceci : quand on ne s'adresse pas à la foule, il est juste que la foule ne vous paie pas. C'est de l'économie politique. Or, je maintiens qu'une œuvre d'art (digne de ce nom et faite avec conscience) est inappréciable, n'a pas de valeur commerciale, ne peut pas se payer. Conclusion : si l'artiste n'a pas de rentes, il doit crever de faim ! On trouve que l'écrivain, parce qu'il ne reçoit plus de pension des grands, est bien plus libre, plus noble.

Toute sa noblesse sociale maintenant consiste à être l'égal d'un épicier. Quel progrès[8] *!* »

Prôner une représentation unique et ultime du théâtre, c'est aussi attaquer le principe de la reproductibilité de l'art, sur lequel reposent la réification de l'œuvre d'art et sa transformation en objet commercial. On objectera que la pièce de théâtre est unique, de toute façon, lors de sa représentation, et que cette unicité se continue, jamais à l'identique, de soir en soir. Il n'étonnera personne de voir que, dans ce domaine comme dans d'autres, Thomas Bernhard apparaît comme l'adepte d'une radicalité artistique dont la conséquence ultime serait le nihilisme, puisque, selon son postulat, l'œuvre d'art parfaite ne serait plus jamais représentée après la première. Ou alors, Bernhard doublerait la « perversité du public » (*Au but*) par la perversité de l'auteur, qui écrit une pièce dans laquelle le public viendra, chaque soir, applaudir un acteur qui le gifle du haut de la scène. Et le public paie pour voir ce qu'il croit être un spectacle, mais qui est un camouflet... L'auteur dramatique dans *Au but*, sait, lui aussi, que tout auteur, même un auteur à succès, a échoué. Comme tout acteur, serait-on tenté d'ajouter. Avec sa valise hors d'âge, dans un hall d'hôtel, lieu de passage où personne n'est jamais chez soi, le pseudo-Minetti ressemble, involontairement, à un voyageur de commerce qui proposerait des articles démodés dont personne ne voudrait plus. Ironie de l'histoire, puisque c'est précisément l'ère des marchands qui a eu raison de son art. Minetti n'aura été un artiste véritable que durant ses années de réclusion à Dinkelsbühl, où il affirme avoir joué devant son miroir, pour lui-même. En fin

8. Lettre à George Sand (Croisset, 12 décembre 1872), n° 1356, in *Œuvres complètes* de Gustave Flaubert, 6e série, « Correspondance 1869-1872 », Éditions Louis Conard, 1930.

connaisseur des lettres françaises, Herbert Gamper cite une fois encore Flaubert :
« *Je ne suis pas le rossignol, mais la fauvette au cri aigre qui se cache au fond des bois pour n'être entendue que d'elle-même*[9]. »
Thomas Bernhard est, lui aussi, un drôle d'oiseau.

À sa manière, Thomas Bernhard a su écrire une grande tragédie de l'artiste qui s'inscrit, sans le dire, dans la lignée des grands drames allemands, à la suite du *Tasse* de Goethe, où l'artiste doit choisir entre ce qui plaît et ce qui convient pour se ranger finalement du côté de la convenance et de la morale. Ce n'est sans doute pas un hasard si, à l'image du *Sturm und Drang* allemand et de ses excès, dans la forme comme dans le fond, Thomas Bernhard choisit l'univers shakespearien et sa démesure comme contre-modèle à l'harmonie, dont le renoncement goethéen et le moralisme schillérien étaient l'aboutissement le plus visible dans la tragédie idéaliste classique. Dans la sourde rivalité qui l'oppose à Goethe, Thomas Bernhard joue le jeune Goethe, fougueux et téméraire, contre le « sage de Weimar », auquel il ne réserve que des diatribes au vitriol. Or, l'acteur Bernhard Minetti fut retenu, en 1982, pour jouer le protagoniste dans le *Faust* de Goethe, l'année du 250e anniversaire de la mort du grand classique allemand. Six ans après *Minetti*, Minetti incarnait, sur scène et au petit écran, la figure tutélaire du théâtre allemand, dans un hommage national au fondateur des lettres allemandes.

Paradoxalement, à travers sa pratique théâtrale, Thomas Bernhard, le provocateur, apparaît comme un homme de tradition. Il ne remet pas en cause les grands acteurs et s'inscrit

9. Lettre à Louise Collet (9 août 1846), n° 115, in *Œuvres complètes* de Gustave Flaubert, 1re série, « Correspondance 1830-1846 », Éditions Louis Conard, 1910.

lui-même dans la tradition théâtrale de langue allemande. Contrairement à Elfriede Jelinek, qui stigmatise dans ses pièces les années obscures des grands acteurs allemands, avec leurs silences et leurs compromissions en des temps sombres et qui, en réaction, va jusqu'à démolir sur scène la notion même de personnage, Thomas Bernhard, en dépit de sa radicalité, n'aura jamais franchi ce pas. Il aura toujours développé pour le théâtre et les acteurs une admiration sans borne, qui pouvait certes se muer en haine féroce, mais il s'est efforcé d'écrire pour le théâtre, à sa façon, au risque de choquer ou d'irriter le public. On retiendra aussi qu'il a su saisir la chance de pouvoir écrire pour les plus grands acteurs de son temps en Allemagne et en Autriche, auxquels il a parfois offert leurs plus beaux rôles, sans compromission, en partageant avec eux, outre une estime réciproque et une amitié indéfectible, une exigence formelle radicale, mise au service de l'art.

Un auteur nommé Bernhard

par Bernhard Minetti

[...] Bernhard déchaîne des comédies dans l'opinion publique par les comédies qu'il écrit pour le théâtre. Il a un instinct particulier pour faire apparaître l'opinion publique comme *comediante* de soi-même. Il savoure aussi probablement la volupté qu'il y a, le lendemain matin, à être le thème du jour. Moi, il m'a un jour rendu sans voix, puis fait de moi un sujet permanent de conversation. C'est lorsqu'il donna mon nom à une nouvelle pièce. Je ne voulais pas le croire lorsqu'un jour Claus Peymann, qui avait fait ses preuves comme metteur en scène principal de Bernhard avec *Une fête pour Boris* (Hambourg), *L'Ignorant et le Fou* (Salzbourg) et *La Société de chasse* (lors de la première au Burgtheater de Vienne), fit le voyage et me dit : « J'ai une surprise pour vous. » Puis il me parla de cette pièce. J'étais enthousiaste. Je constate aujourd'hui : comment une pièce comme *Minetti* aurait-elle pu ne pas attirer un comédien du nom de Minetti ? Non parce qu'elle porte son nom, mais parce que ce combat avec et pour un rôle de toute une vie, chez un acteur, est aussi sa propre cause. Nous, comédiens, connaissons tous ces efforts, ces nostalgies envers un rôle et les peines souvent perdues pour l'atteindre. Souvent nous avons de graves angoisses dans ces tentatives qui ne trouvent pas d'accomplissement; en partie en raison d'insuffisances dans nos propres capacités, en partie aussi à cause de la disposition du public, de ses léthargies et de ses résistances. Le comédien doit livrer sans cesse le combat avec le public, il doit aussi avoir le courage du scandale, qui est en réalité le courage de l'auteur ; il doit accomplir le courage de l'auteur en étant cruel, amer,

Portrait de Bernhard Minetti,
Akademietheater, Vienne, 1984
Photo Sepp Dreissinger

tragique et en suscitant la peur et l'épouvante. Mais il est aussi dépendant du directeur du théâtre, de la presse, qui le célèbre ou le descend avec l'arbitraire qu'on lui connaît ; et comme le Minetti de la pièce, il doit en même temps veiller à garder ses forces pour Shakespeare, pour Lear. C'est notre problème à tous, et quel acteur peut soutenir pareilles tensions pendant de nombreuses années, qui ne se résignerait pas et ne s'abandonnerait pas face au public pour obtenir un succès facile ? Dans sa pièce, *Les apparences sont trompeuses*, Bernhard fait dire à Karl que les acteurs sont médiocres et se rendent les choses faciles en restant dans leur médiocrité. Il n'a pas tort. Il pense à ce côté de notre métier par où s'insinue le dilettantisme. Parce que Bernhard représente tout cela dans cette pièce, fait raconter par un artiste les problèmes d'un comédien, je n'ai jamais eu le sentiment, comme dans *Minetti*, de me jouer moi-même. Celui qui joue son rôle ici pourrait tout aussi bien s'appeler Markowsky, ou Mitterwurzer, ou Werner Krauss ou Ulrich Wildgruber. On ne cesse pas de me demander si je suis le Minetti auquel Bernhard a donné forme. Je ne peux alors répondre que par un bref sourire et me dire que des pans entiers de ma vie n'apparaissent pas dans les pièces de Bernhard. D'un autre côté, il touche au cœur de ma nature d'acteur. Dans une mesure que Bernhard élargit à la dimension d'un hommage à l'art du comédien, *Minetti* est représentatif. [...]

On me demande souvent : Est-ce que vous parlez de vos rôles avec Bernhard ? Pourquoi ? répliqué-je. Je ne parle pas non plus avec Shakespeare ; je ne suis donc pas obligé d'en parler avec Bernhard. Il n'attend d'ailleurs de moi aucune question dans ce sens. Je suis fasciné par Bernhard. Par sa langue, par la nécessité qu'a la succession de ses phrases. Même les personnages qui chez lui n'ont rien d'autre à dire que « oui » ne sont pas des caricatures. J'ai eu très tôt le sentiment que les phrases de Bernhard, dans leur musicalité, correspondent à la mienne. Quand récemment la Gorvin[1] m'a vu dans un rôle de Bernhard qui était joué de manière très réaliste, elle a dit : « En réalité, tu fais de la musique. » [...]

Bernhard est pour moi le souverain absolu dans le domaine de la tragicomédie. Combien de fois je rencontre des spectateurs de mes représentations de Bernhard qui me citent le même passage : les uns le trouvent comique, les autres tragique, mais en jouant je ne pense ni au comique ni à l'émotion. J'y sens toujours le point philosophique où je commence à me poser des questions : comment définissons-nous l'existence ? Dans la perspective comique, noble, tragique ? Sommes-nous des animaux, sommes-nous des héros ou des gens rabougris ? Cela dépend de la manière dont nous nous voyons, dont nous agissons et dont nous vivons les choses. Mais nous passons aussi de l'une à l'autre de toutes ces définitions, comme si ce n'étaient que des sensations. Bernhard a percé à jour, jusqu'au fond, ce qu'il y avait de douteux dans nos actions ; découvrir et reproduire cela, c'est ce qui fait mon bonheur de comédien. [...]

Texte français Claude Porcell
Extrait de Bernhard Minetti, *Erinnerungen eines Schauspielers*,
Deutsche Verlags-Anstalt, Stuttgart, 1985, p. 270-272

---

1. Joana Maria Gorvin, comédienne (1922, Sibiu, Roumanie – 1993, Vienne, Autriche).

Thomas Bernhard

Né le 10 février 1931 à Heerlen aux Pays-Bas, mort le 12 février 1989 à Gmunden en Haute-Autriche.

Théâtre à L'Arche Éditeur, Paris

Recueils

Les Célèbres (1976) / *Elisabeth II. Pas comédie* (1987), texte français Claude Porcell, 1999.

Dramuscules (1978-1990, réunis en 1988) : *Un mort* (1988) / *Le Mois de Marie* (1988) / *Match* (1988) / *Acquittement* (1988) / *Glaces* (1988) / *Le Déjeuner allemand* (1988) / *Tout ou rien* (1988) / *Claus Peymann quitte Bochum et va à Vienne comme directeur du Burgtheater* (1990) / *Claus Peymann s'achète un pantalon et va déjeuner avec moi* (1990), texte français C. Porcell, 1991.

Éditions séparées

Une fête pour Boris (1970), texte français C. Porcell, 1996.
L'Ignorant et le Fou (1972), texte français Michel-François Demet, 1984.
La Force de l'habitude (1974), texte français C. Porcell, 1983.
La Société de chasse (1974), texte français C. Porcell, 1988.
Le Président (1975), texte français C. Porcell, 1992.
Minetti. Portrait de l'artiste en vieil homme (1977), texte français et postface C. Porcell, 1983.
Emmanuel Kant (1978), texte français M.-F. Demet et C. Porcell, 1989.
Avant la retraite. Comédie de l'âme allemande (1979), texte français C. Porcell, 1987 (2007).
Le Réformateur (1979), texte français Michel Nebenzahl, 1988.
Au but (1981), texte français C. Porcell, 1987.
Maître (1981), texte français C. Porcell, 1994.
Les apparences sont trompeuses (1983), texte français Édith Darnaud, 1985.
Déjeuner chez Wittgenstein (1984), texte français M. Nebenzahl, 1990.
Le Faiseur de théâtre (1984), texte français E. Darnaud, 1986.
Simplement compliqué (1986), texte français M. Nebenzahl, 1988.
Place des héros (1988), texte français C. Porcell, 1991

Romans et récits aux Éditions Gallimard, Paris

Recueils

Amras et autres récits (1964-1971) : *Amras* (1964) / *Le Crime d'un fils de commerçant d'Innsbruck* (1967) / *Le Charpentier* (1967) / *Jauregg* (1967) / *Deux éducateurs* (1967) / *La Casquette* (1967) / *Est-ce une comédie ? Est-ce une tragédie ?* (1967) / *L'Attaché à l'ambassade de France* (1967) / *Ungenach* (1968) / *Watten* (1969) / *Midland à Stilfs* (1971) / *La Cape de loden* (1971) / *Dans le massif de l'Ortler* (1971) / *Marcher* (1971), texte français Jean-Claude Hémery et Éliane Kaufholz, coll. « Du monde entier », 1987.

L'Origine. Simple Indication (1975) / *La Cave. Un retrait* (1976) / *Le Souffle. Une décision* (1978) / *Le Froid. Une mise en quarantaine* (1981) / *Un enfant* (1982), récits autobiographiques, texte français Albert Kohn, préface Bernard Lortholary, coll. « Biblos », 1990.

Récits (1971-1982) : *Trois jours / L'Origine / La Cave / Le Souffle / Le Froid / Un enfant / Marcher / Oui / L'Imitateur / Les Mange-pas-cher / Le Neveu de Wittgenstein / Entretien avec André Müller*, texte français J.-C. Hémery, E. Kaufholz, A. Kohn et C. Porcell, préface Jean-Marie Winkler, introduction B. Lortholary, coll. « Quarto », 2007.

Éditions séparées

Gel (1963), texte français Boris Simon et Josée Türk-Meyer, coll. « Du monde entier », 1967.
Perturbation (1967), texte français Guy Fritsch-Estrangin, coll. « Du monde entier », 1971; texte français Bernard Kreiss, coll. « L'Imaginaire », n° 207, 1989.
La Plâtrière (1970), texte français Louise Servicen, coll. « Du monde entier », 1974 (rééd. 1989).
Corrections (1975), texte français A. Kohn, coll. « Du monde entier », 1978 ; coll. « L'Imaginaire », n° 512, 2005.
Oui (1978), texte français J.-C. Hémery, coll. « Du monde entier », 1980 ; coll. « Folio », n° 2932, 1997.
L'Imitateur (1978), texte français J.-C. Hémery, coll. « Du monde entier », 1981 ; sous le titre *L'Imitateur (choix) / Der Stimmenimitator (Auswahl)*, coll. « Folio bilingue », n° 66, 1997.
Les Mange-pas-cher (1980), texte français C. Porcell, coll. « Du monde entier », 2005.
Le Neveu de Wittgenstein. Une amitié (1982), texte français J.-C. Hémery, coll. « Du monde entier », 1985 ; coll. « Folio », n° 2323, 1992.
Béton (1982), texte français Gilberte Lambrichs, coll. « Du monde entier », 1985 ; coll. « L'Imaginaire », n° 490, 2004.
Le Naufragé (1983), texte français B. Kreiss, coll. « Du monde entier », 1986 ; coll. « Folio », n° 2445, 1993.
Des arbres à abattre. Une irritation (1984), texte français B. Kreiss, coll. « Du monde entier », 1991 ; coll. « Folio », n° 3028, 1988.
Maîtres anciens. Comédie (1985), texte français G. Lambrichs, coll. « Du monde entier », 1988 ; coll. « Folio », n° 2276, 1991.
Extinction. Un effondrement (1986), texte français G. Lambrichs, coll. « Du monde entier », 1990 ; coll. « Folio », n° 3216, 1999.
Dans les hauteurs. Tentative de sauvetage, non-sens (1989), texte français C. Porcell, coll. « Du monde entier », 1991.

Poésie

Poèmes (*Sur la terre comme en enfer*, 1957 / *In hora mortis*, 1958), texte français Roland Hofer-Bury, Éditions Séguier, Paris, 1987.
« Poème de nouvel an : *Manie de persécution* » (1982), texte français C. Porcell, in *Théâtre/Public*, n° 50, Gennevilliers, 1983.
Je te salue Virgile, texte français Kza Han et Herbert Holl, Éditions Gallimard, série « Littérature », 1988.

Scénarii

L'Italien (récit et scénario, 1971), texte français C. Porcell, Éditions Arcane 17, Saint-Nazaire, 1987.
Kulterer (1974), texte français C. Porcell, Éditions Arcane 17, 2003.

Entretiens

Je n'insulte vraiment personne (1988), entretiens avec Kurt Hofmann, texte français J.-L. A. Moreau, Éditions de la Table ronde, Paris, 1990.

Entretiens avec Krista Fleischmann (1991), texte français C. Porcell, L'Arche Éditeur, 1993.

Recueils de textes divers

Thomas Bernard. Ténèbres : « Le froid augmente avec la clarté » (Discours pour le Prix de littérature de Brême, 1965) ; « À la recherche de la vérité et de la mort. Deux discours » (Discours pour le prix Wildgans, 1968 ; Discours pour le prix de l'État autrichien, 1968) ; « L'immortalité est impossible. Paysage d'enfance » (récit, 1968) ; « N'en finir jamais ni de rien » (Discours pour le prix Büchner, 1970), texte français C. Porcell ; « Entretien avec Thomas Bernhard » (1979), propos recueillis par André Müller, texte français C. Porcell / « Trois jours » (auto-interview, 1970), texte français Jean de Meur, C. Porcell éd., Éditions Maurice Nadeau, Paris, 1986.

L'Envers du miroir, n° 1, « Cahier Thomas Bernhard » : « Rencontre avec Thomas Bernhard » (entretien, 1986), propos recueillis par Werner Wögerbauer ; « Victor Halbnarr. Un conte d'hiver » (récit, 1966) ; « À la lisière des arbres » (récit, 1969), texte français E. Kaufholz / « Lettre au Dr Spiel sur Ludwig Wittgenstein » (1971), « Deuil » (poèmes extraits d'*Ave Virgil*, 1981), texte français K. Han et H. Holl / « La Casquette » (récit, 1966) ; « Goethe se meurt » (récit, 1982), texte français E. Kaufholz, Hervé Lenormand et W. Wögerbauer éd., Éditions Arcane 17, 1987.

Événements (1965-1988) : « Événements » (récits, 1969) ; « Un jeune écrivain » (récit, 1965), texte français Jeanne Étoré et B. Lortholary / « Montaigne » (récit, 1982), texte français C. Porcell / « Monologues à Majorque » (entretien, 1981), texte français Dominique Petit / « Le Mois de Marie » (théâtre, 1988) ; « Claus Peymann et Hermann Beil sur la Sulzwiese » (théâtre, 1987) ; « Mon heureuse Autriche » (article, 1988), texte français C. Porcell, L'Arche Éditeur, 1988.

Thomas Bernhard : « Poèmes » (1957-1963), texte français Suzanne Hommel, avec la collaboration de Joseph Attié et Jean-Michel Maulpoix / « Thomas Bernhard à la rédaction du Watzmann » (lettre, 1984), texte français Olivier Mannoni / « Les Roses du désert » (argument de ballet, 1958), texte français Olivia Stephan, Pierre Chabert et Barbara Hutt éd., Éditions Minerve, Paris, 2002.

Jean-Marie Winkler

Professeur à l'Université de Rouen, titulaire de la chaire d'Études autrichiennes et membre de l'ERIAC (Équipe de Recherches Interdisciplinaires sur les Aires Culturelles). Il est, avec Manfred Mittermayer, l'éditeur des deux premiers volumes du théâtre de Thomas Bernhard dans les *Œuvres complètes* publiées chez Suhrkamp. Il a préfacé le recueil de textes de Thomas Bernhard, *Récits (1972-1982)*, paru en 2007 aux Éditions Gallimard, dans la collection « Quarto ». Il a présidé la Fondation Thomas Bernhard, à Vienne, de 1998 à 2008. Avec Claude Bessone, il a publié aux Éditions Tirésias (Paris), dans la collection « Ces Oubliés de l'Histoire », les volumes : *L'Euthanasie nationale-socialiste. Mauthausen-Hartheim (1940-1944)*, paru en 2005 et *« Le Douaumont de la Déportation ». Le projet d'ossuaire du camp de concentration de Mauthausen. Exhumations des cimetières, identifications et réinhumations (1955-1961)*, paru en 2007.

LEOPOLD VON SACHER-MASOCH

Jim Black, *Dresseuses d'hommes*, détail, 1931

Choses vécues
(1888-1889)

La femme au fouet

Dans l'étude que la *Revue des Deux Mondes* m'a dédiée, on fait ressortir particulièrement un type de femme créé par moi : « Dans *Le Capitulant* se montrait, pour la première fois, une figure de femme qui devait souvent, depuis, revenir sous la plume de Sacher-Masoch, celle de la paysanne digne d'un trône par l'ambition, l'intelligence et la beauté ; dont les désirs égoïstes s'élèvent du foulard rouge à la pelisse de zibeline, et qui, de maîtresse de pauvre diable, devient comtesse. Cette figure, qu'elle porte le nom de Catherine, de Dzwinka ou de Théodosie, est la plus frappante que le grand artiste galicien ait formée de la terre de son pays natal. »

Et dans un autre endroit : « La malédiction attachée à l'amour continue d'y figurer à côté de celle qu'entraîne avec elle la propriété. Nous retrouvons toujours, mêlée à des scènes de violence, de carnage, de représailles terribles, la même Dalila impérieuse et triomphante, ce vampire aux cheveux d'or, qui suce le sang des cœurs et qui pose le pied sur un homme désarmé par la magie de son baiser. »

Qu'elle soit princesse ou paysanne, qu'elle porte l'hermine ou la pelisse de peau d'agneau, toujours cette femme aux fourrures et au fouet, qui rend l'homme son esclave, est à la fois ma créature et la véritable femme sarmate.

Une légende russe raconte que Dieu envoya l'esprit en Pologne sous la forme d'une abeille. Quand l'abeille arriva à terre, les femmes se jetèrent sur elle et dévorèrent complètement l'esprit, de sorte qu'il ne resta rien pour les hommes.

D'autre part, un célèbre ethnographe dit : « Si, chez les peuples de race latine, les sexes sont placés sur le même niveau, et si,

chez les peuples germaniques, l'homme est supérieur à la femme, dans le monde slave, la femme est placée décidément au-dessus de l'homme. » Tout particulièrement en Galicie, la femme n'avait choix que celui d'être asservie ou de tyranniser à son tour.
Dans un livre très curieux, publié en 1849 à Leipzig, sous le titre *De la Galicie*, l'auteur anonyme, mais très instruit, dit : « Ici, les femmes n'ont pas d'autre choix : ou elles gouvernent absolument leur mari et le rendent leur esclave, ce qui arrive généralement, ou elles deviennent les créatures les plus misérables. »
Et comme ces intelligentes et charmantes femmes, au corps de serpent et aux nerfs d'acier, ont une grande aptitude à gouverner et à asservir, elles trouvent plus juste et plus agréable d'administrer des coups que d'en recevoir. Alors le fouet devient un bibelot qui trouve sa place, avec les autres, sur la tablette de la cheminée.
L'Indien Babu Keshup Chunder dit : « L'homme est un régime direct régi par le verbe actif : la femme. » Il paraît que lui aussi avait connu cette race de femmes.
Peut-être trouvera-t-on intéressant d'apprendre comment j'en suis venu à créer cette figure dans mes œuvres. Puis cela permettra de jeter un coup d'œil dans l'atelier mental de l'auteur.

Je crois que chaque création artistique se développe de la même façon, comme cette femme sarmate s'est formée dans mon imagination. Tout d'abord, il existe dans l'esprit de chacun de nous une disposition innée à saisir un sujet qui échappe à la plupart des autres artistes ; puis viennent se joindre à cette disposition les impressions de la vie, qui présentent à l'auteur la figure vivante dont le prototype existe déjà dans son imagination. Cette figure l'occupe, le séduit, le captive, parce qu'elle vient au-devant de sa prédisposition, parce qu'elle correspond

avec la nature de l'artiste qui, alors, la transforme et lui donne un corps et une âme. Finalement, il trouve, dans cette réalité qu'il a métamorphosée en œuvre d'art, le problème qui est la source de toutes les apparitions qui en résultent par la suite. La voie inverse, du problème à la configuration, n'est pas artistique.
Déjà, tout enfant, j'avais pour le genre cruel une préférence marquée, accompagnée de frissons mystérieux et de volupté ; et, cependant, j'avais une âme pleine de pitié, et je n'aurais pas fait mal à une mouche. Assis dans un coin sombre et retiré de la maison de ma grand-tante, je dévorais les légendes des saints, et la lecture des tourments endurés par les martyrs me jetait dans un état fiévreux.
Au théâtre, les pièces qui me captivaient étaient celles où le héros avait le plus à souffrir, et je préférais toujours les bourreaux féminins. J'écoutais de toutes mes oreilles cette scène historique, dans *Pierre Szapary* où le héros hongrois est attelé à une charrue, par ordre du pacha de Bude. Je m'enivrais des cruautés féminines de *La Tour de Nesle*, et je vis jouer, un jour, avec un plaisir infini, une farce viennoise dans laquelle un jeune vaurien est enlevé par une fée bienveillante et vendu comme esclave dans le but de le guérir de son immoralité.
Il n'y avait pas pour moi d'idée plus séduisante que celle d'être l'esclave d'une belle sultane.
À cette sympathie particulière pour les femmes cruelles vint s'ajouter une passion inexplicable pour la fourrure.
La fourrure, je l'aimais pour elle seule ; elle m'électrisait et me troublait profondément. Portée par une femme, elle devint, à mes yeux, un symbole d'autorité, d'empire, de tyrannie, de volupté et de cruauté, et je compris bientôt, peu à peu, l'affinité qui existait entre ces deux dernières passions.
Ainsi préparé par la nature, je rencontrais à chaque pas cette femme, type fier et impérieux, toujours glissée dans des

fourrures. Cette belle bête féminine, enveloppée de peaux moelleuses, devint, pour moi, comme une bête fauve, et d'une bête fauve elle me parut exhaler le parfum piquant.
Il y avait, dans notre maison, une kazabaïka – on dirait à Paris, un « coin-de-feu » – de satin rouge, garnie d'hermine. Je ne sais à qui elle avait dû appartenir tout d'abord ; mais je ne l'ai jamais vue porter par ma mère. Ce vêtement était devenu, pour nous, une sorte de joujou et de costume de théâtre.
Un soir, pendant que je prenais ma leçon, l'institutrice se glissa dans la kazabaïka, et ce fut fait de la grammaire.
Adela – c'était le nom de mon tyran – était du reste jeune et jolie, et tout à fait ravissante dans cette fourrure royale. J'étais complètement absorbé par mon admiration. Mais plus Adela se fâchait contre moi, plus ses yeux étincelaient, et plus sa voix prenait une inflexion sévère, avec le ton de commandement, moins je pensais à la leçon. Enfin, elle perdit patience, et pour punition elle m'ordonna de me mettre à genoux, non dans un coin, mais au milieu de la chambre, juste devant elle.
J'éprouvais de la honte et en même temps j'étais heureux ; mais je l'eusse été bien davantage, s'il m'eût été permis de baiser le petit pied dont la pointe battait la charge sur le parquet dans un adorable accès de colère.
C'était ma première aventure enfantine de ce genre ; bientôt, une autre, plus sérieuse, la suivit.
À l'âge de dix ans, j'avais déjà un idéal. Je languissais pour une parente éloignée de mon père – nommons-la la comtesse Zénobie, – la plus belle et en même temps la plus galante de toutes les femmes de la contrée.
C'était par un après-midi de dimanche. Je ne l'oublierai jamais. J'étais venu voir les enfants de ma belle tante – comme nous l'appelions – pour jouer avec eux. Nous étions seuls avec la bonne. Tout à coup la comtesse, fière et superbe, dans sa

grande pelisse de zibeline, entra, nous salua et m'embrassa, ce qui me transportait toujours aux cieux; puis elle s'écria: « Viens, Leopold; tu vas m'aider à enlever ma pelisse. » Je ne me le fis pas répéter. Je la suivis dans sa chambre à coucher, lui ôtai la lourde fourrure, que je ne soulevai qu'avec peine, et je l'aidai à mettre sa magnifique jaquette de velours vert, garnie de petit-gris, qu'elle portait à la maison. Puis, je me mis à genoux devant elle, pour lui passer ses pantoufles brodées d'or.

En sentant ses petits pieds s'agiter sous ma main, je m'oubliai et leur donnai un ardent baiser. D'abord, ma tante me regarda d'un air étonné; puis elle éclata de rire, tout en me donnant un léger coup de pied.

Tandis qu'elle préparait pour nous le goûter, nous nous mîmes à jouer à cache-cache et, je ne sais quel démon me guidait, j'allai me cacher dans la chambre à coucher de ma tante, derrière un porte-habits tout garni de robes et de manteaux. À ce moment, j'entendis la sonnette, et, quelques minutes après, ma tante entra dans sa chambre, suivie d'un beau jeune homme. Elle repoussa la porte sans la fermer à clef et attira son ami près d'elle, sur un divan.

Je ne comprenais pas ce qu'ils disaient, encore moins ce qu'ils faisaient; mais je sentis mon cœur battre avec force, car je me rendais parfaitement compte de la situation où je me trouvais: si j'étais découvert, on allait me prendre pour un espion.

Dominé par cette pensée qui me causait une angoisse mortelle, je fermai les yeux et me bouchai les oreilles. J'étais sur le point de me trahir par un éternuement que j'avais grand-peine à maîtriser, lorsque, tout à coup, la porte fut ouverte avec violence, livrant passage au mari de ma tante, qui se précipita dans la chambre, accompagné de deux amis. Son visage était pourpre et ses yeux lançaient des éclairs. Mais, tandis qu'il

hésitait un instant, se demandant sans doute lequel des deux amants il allait frapper le premier, Zénobie le prévint.
Sans souffler mot, elle se leva en sursaut, se précipita au-devant de son mari et lui lança un vigoureux coup de poing dans la figure. Il chancela. Le sang lui coulait du nez et de la bouche. Pourtant ma tante ne paraissait pas satisfaite. Elle saisit son kantkchous et, le brandissant, elle désigna la porte à mon oncle et à ses amis. Tous, en même temps, profitèrent de l'occasion pour disparaître, et le jeune adorateur ne fut pas le dernier à s'esquiver.
À cet instant, le malheureux porte-habits tomba par terre, et toute la fureur de Mme Zénobie se déversa sur moi. « Comment ! tu étais ici caché ? s'écria-t-elle. Tiens, voilà qui t'apprendra à faire l'espion ! »
Je m'efforçai en vain d'expliquer ma présence et de me justifier ; en un clin d'œil, elle m'eut étendu sur le tapis ; puis, me saisissant par les cheveux, de la main gauche et me posant un genou sur les épaules, elle se mit à me fouetter vigoureusement. Je serrais les dents de toutes mes forces ; malgré tout, les larmes me montèrent aux yeux. Mais, il faut bien en convenir, tout en me tordant sous les coups cruels de la belle femme, j'éprouvais une sorte de jouissance.
Sans doute, son mari avait éprouvé plus d'une fois de semblables sensations, car bientôt il rentra dans la chambre, non comme un vengeur, mais humble comme un esclave ; et c'est lui qui se jeta aux genoux de la femme perfide, lui demandant pardon, tandis qu'elle le repoussait du pied. Alors, on ferma la porte à clef. Cette fois, je n'eus pas honte, je ne me bouchai pas les oreilles, et je me mis à écouter très attentivement à la porte – peut-être par vengeance, peut-être aussi par jalousie puérile, – et j'entendis de nouveau le claquement du fouet dont je venais moi-même de goûter à l'instant.

Cet événement s'était gravé dans mon âme comme avec un fer ardent. Alors, je ne comprenais pas cette femme en fourrure voluptueuse, trahissant le mari et le maltraitant ensuite ; mais je haïssais et aimais en même temps cette créature qui, par sa force et sa beauté brutales, paraissait créée pour mettre insolemment son pied sur la nuque de l'humanité. Depuis, de nouvelles scènes étranges, de nouvelles figures, tantôt en hermine princière, tantôt en peau de lapin bourgeoise ou en peau d'agneau rustique, m'ont causé de nouvelles impressions, et j'ai vu un jour se dresser devant moi, nettement dessiné, ce même type de femme qui devint plastique dans l'héroïne de *L'Émissaire*.

C'est beaucoup plus tard que je trouvai le problème qui donna naissance au roman: *La Vénus à la fourrure*. Je découvris d'abord l'affinité mystérieuse entre la cruauté et la volupté; puis l'inimitié naturelle des sexes, cette haine qui, vaincue pendant quelque temps par l'amour, se révèle ensuite avec une puissance tout élémentaire, et qui, de l'une des parties, fait un marteau, de l'autre une enclume. Et alors je compris la sentence du sobre penseur Kant : « L'homme est créé pour dominer la nature, mais la femme pour gouverner l'homme. »

Extrait de *Choses vécues*, V, in *Revue bleue*, 1er semestre 1888 (3e série), n° 1, 25e année, Paris, p. 501-503

Dessin de Pier-Carlo Foddis-Boï,
dans *La Vénus à la fourrure*,
Éditions Mille et une nuits, Paris, 1999

Comment je devins auteur

Mes relations avec ma sœur Rosa étaient des plus étranges. Nous nous aimions beaucoup, mais nous faisions tous nos efforts pour nous le cacher l'un à l'autre.

Tout enfants, nous aimions à jouer ensemble, et nous jouions souvent. J'ai maintes fois entraîné la petite Bohémienne, ainsi que j'appelais habituellement ma sœur Rosa, dans toutes sortes de petites aventures, d'espiègleries, plus folles les unes que les autres.

Plus tard, l'école nous sépara. Puis, quand, à l'âge de treize ans et grâce à l'ardeur de son sang espagnol, ma sœur se fut épanouie en une grande et belle fille à laquelle les jeunes messieurs faisaient déjà la cour, un sentiment inexplicable, qui ressemblait à de la honte, nous empêchait de nous témoigner combien nous nous aimions. Jamais je ne l'ai embrassée. Je ne me rappelle pas même avoir touché sa main, si ce n'est en dansant le quadrille.

Cette singulière réserve dans nos rapports resta toujours la même. Quand, un jour, elle tomba gravement malade, je la vis souffrir, et je souffris avec elle, sans manifester mon chagrin par un seul mot. Même quand j'entrais dans la chambre de la malade, pour m'informer de son état, c'était toujours à ma mère que je m'adressais, et non à ma sœur.

Après une série de nuits blanches, je finis, un soir, par m'endormir tout habillé dans ma chambre. C'était précisément dans la nuit où la pauvre fille allait expirer.

« Rosa veut te voir, me dit ma cousine Marie en m'éveillant.

– Comment va-t-elle ? Est-ce qu'elle est plus mal ? demandai-je avec anxiété.

– Elle se meurt, répondit Marie en pleurant. »
Lorsque j'arrivai près d'elle, elle était en proie à une fièvre ardente ; sa jolie tête, aux joues rougies par la funeste maladie, reposait sur ses oreillers blancs tout inondés de sa riche chevelure noire. Elle fixa sur moi ses grands yeux noirs avec une expression surhumaine :
« Leopold ! s'écria-t-elle, prends garde à la maladie ! »
C'était, chez ma sœur, un pressentiment et une sorte de prophétie, car, peu de temps après, je tombai dangereusement malade et restai longtemps entre la vie et la mort.
Bientôt, le délire s'empara de ma pauvre sœur. Elle avait tout à fait perdu connaissance quand le vieux prêtre qui avait été son maître arriva. La mort approchait. L'instant où elle la saisit fut horrible. C'était affreux de voir mon père secoué par les sanglots, plus affreux encore de voir ma mère stupéfaite, anéantie, ne versant pas une larme, paraissant ne pas croire à la réalité terrible, ne comprenant pas, sans doute, que cette enfant si jeune, si belle, si richement douée par la nature, pût lui être enlevée ainsi par une puissance impitoyable.
C'était la première fois que je voyais mourir un être bien-aimé. J'étais comme pétrifié. J'aurais voulu pleurer et je ne pouvais. Je serrais mes poings dans une sorte de fureur muette, et j'éprouvais une sensation d'anéantissement, comme si tout se fût écroulé autour de moi et que les idées se fussent envolées de mon cerveau.
Ma sœur n'avait que quinze ans quand elle mourut. Moi, j'avais alors seize ans.
Seul, assis dans ma chambre, je cherchais à comprendre ce qui venait d'arriver, et plus je m'efforçais de faire la lumière dans mon esprit, plus je sentais l'obscurité l'envahir. De temps à autre, comme éprouvant le besoin d'un appui, je pressais ma pauvre tête bouleversée contre le mur froid de ma chambre.

Toute la famille partit pour Bodenbach. C'était ce qu'il y avait de mieux à faire. Cependant je refusai d'accompagner mes parents ; je voulus rester auprès de la morte, toujours muet, sans larmes, mais entêté dans ma douleur. Je voulais la voir descendre dans la fosse. Je ne sais pourquoi, mais je le voulais absolument. Difficilement je me laissai dissuader de suivre le cercueil, et tout ce qu'on put obtenir, c'est que je me bornerais à aller attendre la défunte au cimetière.

Je passai la terrible journée avec un de mes cousins, mon aîné de près de dix ans, dans la villa d'un ami de mon père. Nous allâmes nous étendre dans l'herbe en attendant l'heure de l'enterrement. C'était par une des plus splendides journées d'été. Au-dessus de nous, une légère brise faisait se balancer doucement la cime des arbres ; quelques petits nuages d'un blanc rose parcouraient lentement le ciel bleu. À nos pieds, et tout autour de nous, dans l'herbe, s'agitait tout le petit monde d'insectes, depuis le papillon multicolore, allant sans cesse d'une fleur à l'autre, jusqu'au brillant scarabée et à l'active fourmi se cachant sous les mousses. La joyeuse lumière du soleil emplissait l'espace et semblait mettre toute la nature en fête. Et, pourtant, un peu au-delà de cette verte colline, la sombre terre béante attendait une victime, une vierge morte à peine éclose, moitié enfant et moitié femme.

L'heure venue, nous nous dirigeâmes vers le cimetière, en passant entre des champs de blé dont les jaunes épis ondulaient et bruissaient faiblement, comme les flots de la mer dans son calme.

Tout près du mur, et au-dessus de la fosse, s'élevait un saule pleureur, dont les branches retombaient sur la terre fraîchement entassée. Sous le saule se tenait un vieillard aux cheveux blancs, le chapeau à la main, son bras entourant une branche de l'arbre, comme pour se soutenir, et son regard plongeant

dans le trou sinistre. C'était le vieux prêtre Oliva, le professeur de la pauvre morte. Que devait-il penser, lui qui approchait au terme de la vie et qui voyait fauchée avant le temps cette tendre fleur, cette charmante créature, pleine de talents, et si aimante, qui avait à peine franchi le seuil de l'existence ?
Les cloches commençaient à sonner, le convoi funèbre approchait.
Je restai debout à quelques pas de la tombe jusqu'à ce que tout fût fini.
Puis, je m'arrachai de ce triste lieu, ne voulant plus rien savoir de cette catastrophe.
Je me rendis aussitôt à la gare et rejoignis mes parents par le premier train.

Quelques jours plus tard, je retournai à Prague, il s'agissait, pour moi, de passer l'examen de fin d'études au *Gymnasium*. Cet examen, qui confère le droit de suivre les cours de l'Université, commençait par les épreuves écrites.
J'avais passé la nuit en voyage. Je me présentai, fatigué, un peu souffrant, et toujours sous l'impression de la perte récemment subie.
Le sujet de l'épreuve écrite était : l'effet de la musique. J'écrivis ce qui me venait à l'idée, comme dans un délire, et je fus le premier à remettre mon brouillon. Le professeur Cupr me regarda d'un air étonné qui voulait dire : « Déjà ? Ce doit être quelque chose de joli ! » J'eus encore le temps de faire la composition de mon ami D.
Au bout de quelques jours, le professeur nous fit connaître son jugement, et la composition de mon ami lui valut le numéro un. Je faillis en rire aux éclats.
Je vis défiler ensuite toutes les autres copies, et je ne voyais pas arriver la mienne. Elle est donc bien mauvaise ! me disais-je.

Enfin, le professeur toussota un peu, et dit :
« Il y a encore une copie, mais je n'ai pu la classer, car ce n'est pas un travail d'élève, mais bien celui d'un écrivain. C'est celle de Sacher-Masoch. »
Malgré moi, je rougis de confusion. Lorsque mes camarades, qui m'aimaient tous, se mirent à m'entourer en m'acclamant, je me fâchai presque sérieusement. Je retournai chez moi comme dans un rêve. Je me demandais si c'était bien vrai, si j'avais réellement écrit quelque chose d'aussi digne des louanges de mon professeur.
Encore enfant, j'avais écrit de petites pièces que je jouais à mes frères et à ma sœur, plus jeunes que moi, sur un théâtre guignol. Plus tard, quand je lisais, à la dérobée et en cachette, Voltaire, Schiller, Goethe, Molière, Shakespeare, Calderón, je considérais un auteur, un poète, avec un tel respect que je n'aurais pas osé jeter seulement quelques vers sur un papier.
Quand mon camarade Brunich faisait des vers qu'il dédiait à ma sœur, je me moquais de lui ; pourrais-je donc maintenant prétendre avoir du talent ?
J'en étais comme étourdi ; je ne pouvais pas le croire.
Mon cousin apprit cette grande nouvelle avec beaucoup de calme et me dit : « Sais-tu ce qu'assure Feuerbach ? La douleur est la source de la poésie ; la douleur qui t'a fait poète. »
Et voilà maintenant le miracle ! Je me sentais comme un muet à qui une fée bienfaisante aurait rendu la parole bonne : comme Ilia Mourometz qui se croyait infirme et qui s'aperçut tout d'un coup qu'il était capable de brandir une épée. Ayant rencontré l'expression conforme à ce que je pensais et j'éprouvais, je me sentis entraîné, comme par magie, à renouveler l'essai.
Ce qui me transportait et me jetait hors de moi, c'était le souvenir de la mort, que j'avais vue en face, de cette mort qui m'avait pris ma sœur ; c'était le souvenir des heures passées

dans le jardin, avec mon cousin, quand nous attendions le cortège ; le souvenir du cimetière, de la tombe, des ombres fuyantes... Alors, tout d'un coup, je trouvais la forme en harmonie avec cette disposition de l'âme, avec mes sentiments en fermentation.

À cette époque, le hasard mit entre mes mains l'*Histoire des anabaptistes de Münster*, par Faster. J'avais trouvé mon héros. Dans une calme et silencieuse nuit, j'écrivis le monologue de Jean de Leyde, sur le cimetière de Saint-Lambert. Et, un mois après, je lisais à mes amis les trois premiers actes du *Roi de Sion*.

Extrait de *Choses vécues*, X, in *Revue bleue*,
t. XLIII, Paris, janvier-juillet 1889, p. 500-502

Leopold von Sacher-Masoch

Né le 27 janvier 1836 à Lemberg (Ukraine), mort le 9 mars 1895 à Lindheim (Allemagne).

Recueil

Contes et romans, présentés par Georges-Paul Villa, Cercle du Livre précieux (Éditions Tchou), Paris, 3 vol., 1967-1968 :

Vol. 1 : *Le Legs de Caïn. Contes galiciens* : *Prologue (L'Errant)* ; *Don Juan de Koloméa* ; *Frinko Balaban* ; *Clair de lune* ; *Marcella (Le Conte bleu du bonheur)* ; Notes / *La Vénus à la fourrure* / *Les Batteuses d'hommes* : *Les Batteuses d'hommes* ; *La Dompteuse* ; *Kasimira* ; *Krach en amour* ; *Un duel à l'américaine* ; *Martscha* ; *La Hyène de la Puszta* ; *La Dame blanche de Machow* ; *Warwara Pagadine*, Notes.

Vol. 2 : *L'Amour cruel* : *La Tsarine noire* ; *La Vénus de Murany* ; *Les Noces sanglantes de Kiew* ; *La Pantoufle de Sapho* ; *La Judith de Bialopol* ; *Eau de Jouvence* ; *La Fontaine aux larmes* / *La Mère de Dieu* / *La Femme séparée.*

Vol. 3 : *L'Ennemi des femmes* / *La Pêcheuse d'âmes.*

La Vénus à la fourrure (1870)

Texte français Ledos de Beaufort, Éditions Charles Carrington, Paris, 1902 ; préface et bibliographie Willy-Paul Romain, Éditions Arcanes, coll. « La Mandragore », Chatou, 1952 ; préface W.-P. Romain, Éditions Le Cercle, coll. « Le Cercle poche », 2008.

Texte français André Desmond, introduction Christian Mégret, Éditions Gonon, Paris, 1954.

Texte français Antoine Goléa, sous le titre *La Vénus à la fourrure et autres nouvelles*, préface Hubert Juin, Éditions de la Renaissance, Paris, 1968 ; présentation Daniel Leuwers, Éditions Presses Pocket, Paris, 1985.

Texte français Roger Olivier, sous le titre *La Vénus aux fourrures et autres nouvelles*, Daniel Leuwers éd., Éditions Le Livre de Poche, Paris, 1975.

Texte français Aude Willm, postface Chloé Radiguet, Pier-Carlo Foddis-Boï ill., Éditions des Mille et Une Nuits, coll. « La Petite Collection », n° 228, Paris, 1999.

Traductions non signées, Éditions féminines françaises, coll. « Les Classiques français et étrangers », Paris, 1965 ; sous le titre *La Vénus aux fourrures*, Salvador Dali ill., Grafik Europa, Genève, 1970 ; suivi de *Contes de l'amour cruel*, Cercle européen du livre, Paris, 1971 ; suivi du *Sopha*, Éditions Profidu, coll. « Les Cent et Un Chefs-d'œuvre du génie humain », Paris, 1978 ; sous le titre *Vénus à la fourrure*, Éditions Paleo, coll. « La Collection de sable », Sylvain Bertrand éd., Clermont-Ferrand, 2007.

Autres œuvres

Les Prussiens aujourd'hui, 2 vol., traduction non signée, Éditions Calmann-Lévy, Paris, 1877.

Le Nouveau Job / *Le Laid*, texte français Noémi Mangé, Éditions Hachette, 1879.

L'Ennemi des femmes, traduction non signée, Éditions Calmann-Lévy, 1879.

À Koloméa. Contes juifs et petits-russiens, texte français A.-C. Strebinger, Éditions Hachette, Paris, 1879.

Entre deux fenêtres / *Servatien et Pancrace* / *Le Castellan*, texte français A.-C. Strebinger, Éditions Hachette, 1881.

Le Cabinet noir de Lemberg / L'Ilau, traduction non signée, Éditions Calmann-Lévy, 1880.
Hadaska, texte français Auguste Lavallé, Éditions Calmann-Lévy, 1884.
Juifs et Russes. Idylles, texte français A. Lavallé, Éditions Calmann-Lévy, 1884.
Contes juifs. Récits de famille, composés en français par l'auteur, Maison Quantin, Paris, 1888 ; Éditions Balland, coll. « Renaissances », Paris, 1992 ; Éditions du Sandre, Paris, 2007.
La Sirène. Étude de mœurs russes, traduction non signée, Éditions Flammarion, Paris, 1890.
Venus Imperatrix. Nouvelles posthumes, traduction non signée, Éditions Richard Dorn, Paris, 1906.
La Jalousie d'une impératrice, texte français D. Dolorès, Éditions Charles Carrington, 1908.
L'Esthétique de la laideur / Diderot à Petersbourg, texte français et introduction G.-P. Villa, Éditions Buchet-Chastel, Paris, 1967.
Le Lit d'une impératrice, texte traduit de l'américain *Bed of an empress* par Gustave Legrand, Éditions Walter Beckers, coll. « Érotica », n° 4, Kalmthout-Anvers, 1970 (rééd. 1972).
L'Amour de Platon, texte français Jean-François Boutout, Éditions Verdier, coll. « Der Doppelgänger », Lagrasse, 1991.
Fouets et fourrures, Emmanuel Dazin éd., Le Castor astral Éditeur, coll. « Les Inattendus », n° 31, Bègles, 1995.
Écrits autobiographiques et autres textes, texte français et préface Michel-François Demet, Éditions Léo Scheer, coll. « Non & non », Paris, 2004.

ANTON TCHEKHOV

La Cerisaie, éternel retour

par Georges Banu

Chronique d'une défaite générale

La Cerisaie, nous devons nous résigner à ne plus l'assimiler à l'affrontement du nouveau et de l'ancien – cela implique l'incertitude du résultat – mais à la chronique d'une défaite générale. Perspective inéluctable, inévitable, destin de la *fin* à laquelle rien et personne n'échappe. Tchekhov n'a-t-il pas choisi les cerisiers, arbres à durée de vie limitée, quarante-cinq ans au maximum, pour dresser cet espace subjectivement investi, ces arbres dont une réplique de Lopakhine, souvent occultée, rappelle que, déjà, ils ne fleurissent plus tous les ans. Le verger, dit-il, « ne donne des cerises qu'une année sur deux ». La mort menace et l'extinction pointe. Ni chênes, ni hêtres, mais des cerisiers mortels forment le verger mythique : contre leur mort, déjà engagée, personne ne peut rien faire. Et alors, on les laisse dépérir comme s'il s'agissait d'une résignation d'emblée assumée..., confirmée par l'indifférence à l'égard de leur fécondité. Firs rappelle l'existence d'une vieille recette pour la préparation des cerises (en réalité, en russe, il s'agit de *griottes*, immangeables sans un traitement particulier), recette désormais perdue, comme si à l'imminente déchéance des arbres s'ajoutait la négligence des maîtres, symptôme de résignation, de capitulation face à la perspective de la fin. Défaite intériorisée. Vaincus d'avance, ils ne peuvent véritablement livrer bataille. Ce n'est pas faiblesse, mais lucidité profonde, souterraine, non une lucidité individuelle, mais de classe : ils le devinent, leur sort est scellé comme celui des cerisiers dont la fin est amorcée. Le verger et les maîtres ne font qu'un. Également voués à la mort, également improductifs, la mélancolie s'empare d'eux : c'est leur destin. Ils pensent « avoir tout leur temps », parce qu'en réalité ils n'ont plus d'actes à accomplir et, devant eux, s'ouvre une étendue

illimitée dépourvue de repères, vide de toute perspective. Désormais l'on ne peut plus vivre que tourné vers un passé qui, lui-même, au moment de l'instant ultime vous échappe. « Un dernier regard sur les murs, sur les fenêtres... », murmure Lioubov, avant le départ, les yeux rivés vers une mémoire de l'enfance qu'elle dresse tel un rempart face à l'imminence de la mort.
Lopakhine, lui, n'ignore pas le temps qui passe, bien au contraire, il insiste autant qu'il s'appuie sur la précision des dates – le 22 août, jour de la vente –, des emplois du temps – lever à six heures du matin –, ou des performances financières – la plantation d'un champ de pavots. La précision des tâches l'organise et le détermine, et, troublé, il perçoit toute échappée de la logique concrète comme influence néfaste, contamination périlleuse car, déplore-t-il, sous l'impact des maîtres son programme se délite, se désorganise, perd son architecture quotidienne. « J'ai passé mon temps à bavarder avec vous, je me suis crevé à ne rien faire. Je ne peux pas vivre sans travailler... » Lopakhine, inquiet, formule le constat et craint les conséquences d'une pareille mutation, mais il l'admet lui-même, le temps d'un été, il en a éprouvé la séduction. Les maîtres lui ont fait quelques jours... oublier ses cadences infernales. Lever à cinq heures, « travail du matin au soir... ». N'y a-t-il pas là la preuve d'une force dont eux seuls possèdent encore le secret ? Le secret d'un bonheur passager dont le jeune homme affairé a ressenti l'attrait. « C'est l'heure. Au revoir. Aucune envie de partir. » Il s'en échappe comme un Ulysse qui fuit les charmes des sirènes..., son Ithaque c'est l'argent, mais l'égarement passager de Lopakhine atteste le pouvoir d'attraction qu'exercent les maîtres et leur « négligence ». Lopakhine est captivé par le beau – il déclare avoir acheté « la chose la plus belle du monde », il se reconnaît ému

par la splendeur des pavots qui ensanglantent son champ de cinq cents hectares récemment planté –, mais il se réjouit aussi de l'efficacité économique qu'une telle initiative a eue. Le beau productif, voilà le rêve de Lopakhine. C'est là qu'il se dissocie des maîtres qui, eux, entendent sauvegarder la cerisaie pour sa beauté seule. Elle ne leur semble pas « inutile », car l'être trouve dans le beau une raison de survie. Lopakhine accepte et éprouve l'attrait du beau mais seulement dans la mesure où il s'accompagne de retombées financières. C'est pourquoi les maîtres, il les aime tout autant qu'il les accuse. Mais ce vainqueur du 22 août ne finira-t-il pas, une fois la cerisaie abattue, en vaincu dépossédé de « la chose la plus belle du monde » dont il ne lui restera dans les mains qu'un pactole de roubles ? Il est un vainqueur contrarié. Une autre variante de la défaite !

Petia Trofimov n'a rien d'un gagnant – tout concorde pour dire le contraire ! –, mais rien ne semble ébranler sa foi qui fait le procès du passé et ignore le présent. Sans souvenirs ni enracinement, le discours prospectif témoigne d'une attente légitime mais, qui, nous le savons aujourd'hui, sera infirmée par l'histoire ; elle la pervertira et ne saura engendrer que désespoir. Les mots de Petia enivrent Ania autant que Lioubov, prête à les entendre comme des récits d'un *Mille et une nuits* à venir, mais nous, de la salle, nous ne pouvons pas les entendre sans penser, au contraire, au naufrage qui les accompagnera. Le temps des utopies prédites n'est jamais arrivé. Trofimov, sera, lui aussi, un vaincu.

La Cerisaie, œuvre testamentaire jouée en 1904, plus d'un siècle plus tard, est une histoire de vaincus, peu importe les raisons ou l'échéance. La chronique d'une défaite généralisée.

La beauté et le gel

C'est en fleur que la cerisaie accueille les maîtres comme si, par sa splendeur même, elle exaspérait l'impensable du sacrifice que Lopakhine, obstinément, envisage comme seule chance de survie. Qui a vu les cerisiers au Japon comprendra l'étendue du désastre auquel les maîtres ne parviennent pas à se résigner. Comment se sauver sans elle ? À ce prix-là, il n'y a pas de sauvegarde à admettre, mourons ensemble ! Double disparition..., c'est ce que le refus d'entendre raison de Lioubov ou Gaev clame en secret. Non-dit, qu'il nous faudrait écouter. Ils ne se « souviennent » pas du passé, ils l'ont, à l'heure où le soleil se lève, vivant sous leurs yeux, et le verger sublime semble être la victime qui n'a pour défense que sa beauté extrême, Iphigénie habillée de blanc !
Mais Iphigénie menacée. Par le vieillissement des arbres d'abord, mais aussi, intuition de génie, par le gel qui les grille. Dès l'arrivée du Ier acte, tout le monde remarque le froid qui règne : « il fait moins trois, et la cerise qui est en fleur ». Dans un livre consacré justement au cerisier, on peut lire : « il fleurit tôt et craint, à ce moment-là, les gelées » (*Le Cerisier*, Nathalie Tordjman, Éditions Actes Sud, 1999, p. 75). Et ainsi, à la fameuse lettre de Tchekhov qui place sa *Cerisaie* sous le signe des dames en blanc parmi les arbres blancs – véritable photographie « surexposée » comme Tchekhov, lui-même amateur de photos, a dû en voir souvent –, nous pouvons ajouter un troisième blanc, le blanc du givre, de la gelée blanche qui tue les fleurs des arbres épanouis. Sous la beauté, la mort !
Tchekhov, en amateur averti de Shakespeare, emprunte le procédé favori de celui qui pratique la concordance entre l'état des êtres et la météorologie : vases communicants sensibles. Dans *La Cerisaie*, subtilement, le même échange s'instaure, il

conforte l'isotopie des personnages et du monde placés également sous le signe du froid. Froid extérieur, froid intérieur, froid qui s'empare des protagonistes en proie à l'inquiétude et s'immisce insidieusement partout. Quand Ania est partie pour ramener sa mère rétive, « il faisait froid », mais à Paris aussi, plus surprenant qu'en Russie, à cette époque de l'année, le Carême, « il fait froid, il neige ». Comment ne pas assimiler le froid du départ et le froid de l'arrivée à un même symptôme de l'inquiétude que Tchekhov généralise. Lui, le médecin, sait à quel point le vieillissement s'accompagne d'une baisse de la température interne de l'homme et entraîne la requête perpétuelle d'un surplus de chauffage. Mais le sentiment du froid explique aussi ces « frissons » dont se plaignent aussi bien Lioubov et Ania, preuve d'un véritable ralentissement du circuit sanguin sous la menace des dangers qui pèsent sur elles. Varia a aussi « les mains gelées », tandis que Douniacha, qui repère toutes les manifestations sensibles des maîtres, déclare « se sentir », elle aussi, par un flagrant effet mimétique, « toute refroidie » et Epikhodov, en manque d'amour, cherchera plus tard remède pour que « son cœur se réchauffe ». Et comment ne pas se souvenir ici que la tradition du kabuki veut que, lorsqu'un *onnagata*[1] entre en scène, l'acteur plonge sa main dans un seau d'eau glacée afin que le partenaire qui joue l'amant ressente sur le plateau, physiquement, l'impératif de « réchauffer » sa partenaire.

Au IVe acte, le froid fait retour. C'est Yacha qui en fait le constat prosaïque : « ils n'ont pas chauffé », mais il s'agit aussi d'un autre froid, le froid de la fin que les Romains avaient érigé en figure de la finitude. Frigorifiés ils sont tous, à l'exception de Pichtchik qui, excité par le miracle qu'il a tant attendu et est

1. *Onnagata*, littéralement « forme féminine », est le terme désignant un homme qui interprète un rôle féminin.

enfin arrivé – la venue des Anglais qui ont loué ses terres riches en kaolin –, se plaint en invoquant une « chaleur » que lui seul éprouve. Tchekhov fait du « froid » la réaction physique des victimes qui s'accorde ainsi au froid du dehors. Froid qui précède le grand froid dont Tchekhov envisageait la généralisation dans le projet de sa prochaine pièce qui devait se dérouler au pôle Nord parmi les glaciers et les banquises. L'hypothermie de *La Cerisaie* n'est que le signe annonciateur de la glaciation à venir !
Tchekhov, avant Beckett ou Ionesco, a eu l'intuition de la circularité qu'il inscrit de manière plus subtile, moins flagrante, que ses successeurs modernes dans l'organisation même de *La Cerisaie* : le froid initial et le froid final la bordent. Ce froid-là n'a plus à voir seulement avec la météorologie dont, par ailleurs, on ne peut même plus mesurer le désordre car « le thermomètre est cassé ». En échange, le thermomètre de l'âme, lui, fonctionne toujours et il confirme le refroidissement généralisé. Firs mourant ne ressent-il pas aussi le froid et le fidèle serviteur ne regrette-t-il pas l'insouciance de Gaev qui ne saura jamais s'en protéger correctement ? Proust aimait sa pelisse, à la mode aussi bien à Paris qu'en Russie, mais Firs le sait : le temps de la pelisse est révolu, c'est le temps du manteau qui est venu. Le froid est là.

Des absents et des fantômes

Au croisement du symbolisme et du réalisme, Tchekhov œuvre à leur conjugaison à tous les niveaux, présence double jamais démentie. Pour ce qui est de la famille aussi. Le monde de *La Cerisaie* comporte des ramifications externes et les relations aux parents abondent, témoignages d'une appartenance, d'une filiation, assumée ou refusée. Lopakhine se souvient de son père et de ses colères homériques avec des conséquences corporelles adoucies grâce aux soins de Lioubov, « bonne mère » dont l'attrait inspire au moujik, dès l'adolescence, des sentiments troubles, inavoués. Aveu formulé d'emblée, au Ier acte, aveu décisif pour leur relation faite de non-dits et de manipulation – celle exercée par Lioubov au nom de la séduction dont elle n'ignore pas la portée cachée. Yacha, lui, a une mère qu'il refuse de voir en l'assignant à la position subalterne de personne qui ne peut franchir le seuil de la cuisine – le père de Lopakhine n'y avait même pas accès, signe d'un affaiblissement des interdits – car, lui, Yacha entend s'ériger en être affranchi de la famille russe, prêt pour l'intégration absolue, au prix du sacrifice de toute identité. Douniacha, elle, au contraire se présente par son sobriquet de jadis, *cornichon*, et son appartenance familiale. Elle a un père dont la jeune servante, malgré ses velléités apparentées à celles de Yacha, ne se désolidarise pas : sa radicalité est moindre. Firs évoque aussi le vieux maître, « le grand-père », parent de substitution, qui, toute sa vie, a pris de la cire à cacheter, pratique dont il entend poursuivre l'exercice comme condition indispensable pour le maintien de son état de santé. Il est tout à l'opposé de Yacha. Petia Trofimov, quant à lui, rappelle l'existence de son père pharmacien, dont la condition n'a d'incidences ni sur son comportement ni sur ses rapports aux autres. Il s'est libéré de l'impact social que l'origine détermine et c'est ce qu'il signifie à Lopakhine. Pichtchik, par contre, est le père séduit dont on ne voit pas la fille, Dachenka, variante dérisoire de l'adolescente russe éprise de l'Occident, de ses penseurs aussi bien que de ses protocoles. Ils sont deux, sans mère, et le marchand désargenté vit sous le charme de « sa fille » si « instruite ». Charlotte évoque ses parents funambules..., elle aussi a une origine, mais incertaine. Tchekhov ne cesse pas de la rappeler, grâce à ces

absents placés sur le pourtour de l'espace et du temps. Preuve d'une appartenance qui suscite des réactions divergentes.
À l'opposé, les maîtres, plus encore marqués par l'empreinte familiale, n'évoquent pas seulement leurs parents, mais les voient, fantômes qui brouillent le regard et déroutent les affects. « Ils ne sont pas morts ceux qui gisent sous terre », disait Électre pour confirmer la présence effective des fantômes chez ceux qui ne se résignent pas à la disparition des êtres proches. Si Lioubov voit le fantôme de sa mère fuyant à travers les cerisiers, les metteurs en scène, ces derniers temps, ont matérialisé aussi la présence de Gricha. Il apparaît soit sous la forme d'un mannequin, comme chez Langhoff, ou d'un jeune garçon qui surgit ici ou là, chez Pintilie. Récemment, une belle solution dans le spectacle de Claudiu Goga à Brasov, en Roumanie, concluait *La Cerisaie* par la rencontre finale entre un Firs mourant et le retour de Gricha comme un fantôme qui hante encore le domaine : ensemble ils confirmaient la chute de la cerisaie. L'être voué à la mort et l'être disparu qui revient se retrouvent à l'heure des arbres qui tombent.
Ici chacun se rattache à des parents ou des fantômes... sauf Varia. Elle les ignore et les autres se taisent. Quel pêché se cache derrière ce silence unanimement consenti ?

Des êtres de transition

La lutte entre le nouveau et l'ancien, avec le résultat que l'on sait, est engagée, sans que pour autant leurs représentants – intuition admirable de Tchekhov – soient ici des adversaires irréductibles. Ensemble, ils incarnent une transition avec tout ce qu'elle comporte comme incertitude et persistance d'un dialogue temporairement préservé. Les ponts ne sont pas coupés et chaque partie en présence éprouve une sympathie,

une affection, fussent-elles mineures, pour une autre en apparence opposée. Les maîtres se sont affranchis de l'emprise des anciens interdits de classe en assumant les risques que pareil comportement entraîne. Non, ils appartiennent à leur classe, tout en annonçant les mutations futures. Lioubov s'est laissé emporter par ses désirs effrénés au point de sceller une mésalliance aux conséquences fâcheuses – la tante, richissime, ne le lui pardonnera pas –, ensuite elle a vécu librement au risque même de se perdre. Dans Lioubov, nous pouvons déceler les signes annonciateurs de grands personnages féminins du début du XXe siècle : elle est une rebelle. Gaev a approché les mouvements progressistes de son époque et il continue à se réclamer de leurs idéaux, malgré, avoue-t-il, le fait d'avoir subi les effets d'un tel engagement. « J'ai eu beaucoup d'ennuis à cause de mes convictions », reconnaît Gaev. Si ses proches ont dû lui infliger des reproches ou même d'autres sanctions, « les moujiks m'aiment », affirme-t-il avec une certaine fierté. Ni lui ni sa sœur n'adoptent un comportement féodal strict, ils ont intégré les mutations historiques, sans pour autant se dégager entièrement de la mentalité de classe qui leur a été inculquée. Ils sont des maîtres qui, en partie, se sont dessaisis eux-mêmes de leur pouvoir ancien, ils préparent comme des Richard II leur propre déposition. Ils n'ont rien de haïssable, ils annoncent les temps nouveaux, sans pour autant parvenir tout à fait à se séparer des anciens. Êtres de transition.
Lopakhine, de l'autre bord, ne se dresse pas comme un justicier soucieux de revanche, épris d'ascension à tout prix, non, il éprouve l'attrait des maîtres dont il adopte les normes de conduite avec un succès qu'il juge lui-même limité. L'autoironie avec laquelle Lopakhine apprécie la médiocrité de ses réussites d'intégration dans le champ des valeurs anciennes ne doit pas nous faire oublier la constance des efforts qu'il

prodigue pour y parvenir : si Gaev s'enorgueillit de ses liens privilégiés avec les moujiks, Lopakhine fait de même pour ce qui est des rapports qu'il entretient avec les maîtres au secours desquels il se porte ouvertement. La haine de classe lui est étrangère et, à sa manière, Lopakhine se présente également comme un être de transition.

Chacun fait ici des efforts en direction de l'autre, mais en même temps personne ne peut tout à fait échapper à son appartenance de classe. Gaev déplore les mauvaises odeurs et se livre à ses passions – les bonbons et le billard –, faute de pouvoir se livrer à d'autres, érotiques. Lopakhine, exaspéré par la surdité de l'oncle aux appels qu'il lance pour les sauver lui et sa sœur, finit par le traiter de « vieille mémé » en dévoilant peut-être les soupçons d'homosexualité qui pèsent sur le maître politiquement engagé ? Gaev n'a rien d'un intransigeant, il se détache de sa classe et se laisse porter par le goût des valeurs nouvelles, tout en croyant encore dans la persistance d'un ordre qui impose une place à respecter. Lioubov, par contre, se voue, elle, à ses passions sans nulle précaution ni soin sécuritaire. Les désirs de Gaev sont illicites, ceux de Lioubov trop explicites : mais ni l'un ni l'autre n'oublie sa condition. Lui, en se consacrant à ce substitut de la vie qu'est le jeu, elle, en adoptant la désinvolture de la dépense qui, selon Bataille, est le sceau des aristocrates. Lopakhine refuse tacitement le mariage avec Varia en raison de l'attrait que Lioubov exerce sur lui, le paysan qui rêve de la maîtresse. Mais, malgré cela, une fois la cerisaie acquise, les vieux réflexes de classe surgissent et la rupture définitive sera consommée. La tentative de rapprochement déployée des deux côtés a échoué : l'entre-deux de la transition prend fin. L'effondrement des uns et l'avènement des autres interdisent désormais toute communication. Et le dernier mot ne peut plus être que… éloignement. Sans regards en arrière ni retrouvailles futures.

« Pour qui sonne le glas ? »

Firs déplore la transition et regrette le vieil ordre. « Les moujiks étaient avec les maîtres, et les maîtres avec les moujiks. Maintenant, tout s'en va en morceaux, on n'y comprend plus rien », dit-il en déplorant l'instabilité qui règne. Un temps, au domaine, les délégués des couches sociales, qui auparavant ne communiquaient pas, se sont rencontrés et cela a procuré une impression de liberté, d'affranchissement passager des frontières. Avec la vente, cette incertitude des relations s'achève : il y a séparation, pour toujours. Firs, ultime témoin, reste enfermé dans la maison vouée à la destruction, tandis que, du dehors, on entend les bruits des cerisiers qui tombent mais, aussi, plus inquiétant encore, ce son lointain, incertain, le son qui a déjà résonné une fois. « Pour qui sonne le glas ? » Un monde s'achève. Et Firs... pantin qui marmonne, dans un ultime sursaut, ne parvient plus qu'à balbutier : « Propre à rien. » Voilà la conclusion ! Ce sont les derniers mots écrits par Tchekhov pour le théâtre. Constat amer et ironique testament.

Isaac Lévitan,
Crépuscule, 1900

Isaac Lévitan,
Soir. Train s'approchant, 1890

Le procès de La Cerisaie

par Georges Banu

À la lecture de *La Cerisaie*, nous décelons les données d'un vrai débat qui pourrait prendre l'allure d'un procès avec avocats de la défense et avocat général. Mais, dans ce procès, les arguments invoqués rappellent le plus souvent les discussions que suscite aujourd'hui le théâtre. Une double lecture est possible.

Les arguments de l'accusation

La faiblesse économique
Firs évoque la recette oubliée pour le traitement des cerises, ce qui désormais rend le verger entièrement improductif. Il n'a plus pour lui que la beauté décorative qui ne peut guère intervenir comme argument dans une logique fondée sur l'efficacité capitaliste. Et le théâtre n'est-il pas l'objet des mêmes réserves ? N'est-il pas mis en cause pour son faible pouvoir économique ? N'a-t-il pas perdu, lui aussi, « la recette » du loisir qui drainait jadis un public aujourd'hui séduit par d'autres pratiques ? N'a-t-il pas cessé, comme la cerisaie, d'être source de bénéfices en se révélant critiquable sur le plan financiers ?

L'accélération des rythmes
Le train rend la cerisaie accessible et la distance qui la sépare de la ville se franchit autrement plus vite que par le passé. Nous entrons dans ce que l'on appelle aujourd'hui « le circuit court », à savoir le circuit qui permet au désir de s'accomplir avec une rapidité inconnue auparavant. Le verger intéresse les estivants parce qu'il est devenu facile d'accès. Lopakhine, le premier, a compris cette mutation et il l'invoque lorsqu'il

envisage la destruction de la cerisaie au profit du lotissement présenté comme « démocratique ».
Le théâtre, lui aussi, fut soumis au même changement en raison de cette accélération dont le cinéma et ensuite la télévision ont bénéficié : l'un comme l'autre peuvent être diffusés avec une facilité qui lui restera à jamais étrangère. Le théâtre reste étranger à la vitesse et sauvegarde les vertus de la lenteur. Le cinéma et surtout la télévision instaurent le « circuit court », aux dépens du « circuit long » auquel le théâtre continue à être encore affilié car inapte à pénétrer le monde avec la précipitation de ses compétiteurs. Il ressemble à la cerisaie d'avant l'arrivée du chemin de fer, espace-îlot qui exige de l'effort pour y accéder.

La démocratisation
La cerisaie, selon le programme de Lopakhine, cessera d'être un domaine réservé pour s'ouvrir aux estivants : elle entre dans le domaine du pluriel. Au cercle restreint des maîtres et de leurs proches succédera le cercle élargi des nouveaux riches épris des plaisirs de la campagne. Les données numériques de l'occupation du terrain changent radicalement.
Sur le plan du nombre, le théâtre aussi, même lors de ses succès les plus retentissants, n'est qu'une misère par rapport au volume des spectateurs touchés par les nouveaux médias. Il ne dispose pas des ressources indispensables à un égal élargissement du public, il ne peut pas participer à cette compétition, il reste voué aux données d'un public « familial », comme le verger qui suscite les convoitises des « nouveaux maîtres ». Et, inapte à accueillir les masses, il ne peut susciter que des mises en cause apparentées à celles formulées par Lopakhine. Il tient du « cercle restreint » qui le rattache aux minorités. C'est pourquoi le théâtre nous apparaît aujourd'hui comme une cerisaie assiégée.

Les arguments de la défense

Le prestige culturel

Gaev, lorsque l'hypothèse de la destruction du verger, émise par Lopakhine, le surprend, invoque un argument d'autorité : la cerisaie est citée même dans le Dictionnaire encyclopédique. Le plus souvent, cet argument suscite le sourire supérieur des spectateurs d'aujourd'hui. Ils ignorent l'autorité culturelle de cet ouvrage fondateur pour la Russie, véritable équivalent du Dictionnaire de l'Encyclopédie dans la France du XVIIIe siècle. La référence invoquée par Gaev s'appuie sur le prestige du livre qui a intégré, preuve indiscutable de son importance, un article consacré au verger. Il appartient au patrimoine national dont le Dictionnaire dresse la carte.
Et le théâtre, ne le défendons-nous pas avec des arguments d'une même nature ? Arguments qui ont à voir avec un prestige culturel que certains de ses adversaires considèrent comme étant tout aussi dérisoire que celui invoqué par Gaev : il est cité dans les livres, il remonte à l'Antiquité, il appartient à la mémoire d'une civilisation que les dictionnaires retiennent dans leurs pages. Le théâtre, pareil à la cerisaie, y trouve toujours sa place.

Le rôle d'identification

Gaev, de nouveau lui, formule, en guise d'opposition aux plans de Lopakhine, une autre réserve, en avançant le fait que la cerisaie « est la seule chose remarquable de notre région ». Tout, d'ailleurs, le confirme et cela n'a rien d'une vantardise : le verger représente le pôle d'identification du territoire. *Le territoire* se distingue de *l'étendue* par la présence de repères qui le délimitent et le personnalisent. Gaev précise que la cerisaie accomplit cette fonction et que sa disparition provoquera, par voie de conséquence, la chute de la région dans l'anonymat. Cette

perte de tout élément identitaire va la réduire à un espace vaste, démesuré, espace sans repères, non identifiable.
Le théâtre, dans la mesure où il sauvegarde les particularismes des langues, ne représente-t-il pas aussi cette « chose remarquable » qui empêche une culture nationale de se dissoudre dans *l'étendue* de la mondialisation dont le cinéma et encore plus la télévision sont les artisans infatigables ? N'est-il pas cette « cerisaie » locale qui permet aux gens de continuer à entendre encore les mots de leurs origines et ainsi de ne pas brader l'appartenance au territoire de leurs cultures ?
Et même, spatialement parlant, l'édifice théâtral n'a-t-il pas servi de repère pour articuler l'organisation d'une ville ? Il s'est constitué en référence topographique, de même que la cerisaie par rapport à l'immense surface russe dont, en Occidentaux que nous sommes, nous oublions les vertigineuses dimensions. Le fait de les détruire, le verger comme le théâtre, entraîne l'effacement des points d'orientation qui fondent le sentiment d'appartenance à un espace. Les indigènes ne s'égarent jamais parce que leur territoire est parsemé de repères.

La beauté éphémère
Le verger légitime sa raison d'être par la splendeur éphémère des cerisiers en fleur. Elle envahit le regard et comble l'âme pour quelques jours seulement : cette beauté-là fascine parce que fugitive. Il faut la saisir et en garder le souvenir.
Et le théâtre, aujourd'hui, ne fonde-t-il pas son identité sur cet éphémère qui explique l'attrait qu'il exerce encore, éphémère en même temps assimilé à une faiblesse, à l'heure où se développe le goût pour la mémoire mécanique, enregistreuse. Celle-ci préserve, archive, sans jamais pouvoir retenir l'éblouissement de l'expérience théâtrale qui se trouvera toujours à l'origine de l'autre mémoire, la mémoire vivante. Voir un beau

spectacle, c'est synonyme de voir la cerisaie en fleur. Le temps d'un souffle.
Voici les arguments qui nous permettent d'assimiler le théâtre à la cerisaie. Cette parabole ne peut qu'intéresser ces inquiets que nous sommes. Quoi faire ?

Le complexe du verger
La Cerisaie nous confronte à une interrogation insoluble. Sa force vient de là aussi. Gaev, on l'a dit, annonce lui-même sa défaite imminente lorsqu'il énumère les remèdes envisagés faute d'en dégager un seul. Mais Lopakhine a-t-il, pour de vrai, comme il le prétend, une réponse? Rien n'est moins sûr. L'analyse de son programme révèle que la proposition avancée suppose le sacrifice de la cerisaie – il faut la raser ! – pour sauver les maîtres. Voilà les données que Lopakhine expose avec fougue. Que veut-il dire ? Il aime les maîtres de même que la cerisaie/théâtre, mais il avance une solution qui s'inscrit dans la cohérence de sa logique, solution que les maîtres, à leur tour, n'ont pas admise au nom de leur propre logique. Restent-ils insensibles à ses arguments, comme on le pense souvent, uniquement par indolence et manque de responsabilité ? Pas vraiment. Le pacte proposé, ils le comprennent, envisage le sacrifice des valeurs symboliques au profit des valeurs économiques, et, à cette défaite-là, ils ne sont pas prêts à collaborer. Sans prendre de décision, ils résistent par défaut... Parce qu'au fond, ils le savent, de solution, il n'y a pas. Puisqu'ils reconnaissent que, sans la cerisaie et ce qu'elle représente comme charge fantasmatique et dépôt symbolique, il leur est impossible de survivre, la solution économique ne peut les satisfaire. Et, implicitement, ils l'admettent.
Mais le théâtre, surtout dans les anciens pays de l'Est, n'a-t-il pas connu des phénomènes similaires? Lorsque les salles se sont vidées, suite à l'invasion des films à grand spectacle et à

une télévision mondialiste, n'a-t-on pas fait appel à des solutions économiques ? Tantôt l'on a installé des restaurants et des casinos, tantôt l'on a fait appel aux nouveaux maîtres de la finance suspecte, bref, *mutatis mutandis*, l'on a adopté les propositions formulées par Lopakhine. Mais, assez vite, il s'imposa, avec évidence, le constat qu'ainsi l'on pouvait sauver seulement les artistes, mais pas le théâtre. L'on découvrait alors le désastre qu'entraîne le recours à la seule pensée économique. La survie financière se paye au prix du symbolique et, à cet arrangement, les maîtres, de même que certaines gens de théâtre, n'ont pas consenti. Peut-on le leur reprocher? Sans doute que non, mais en même temps il serait erroné d'assimiler Lopakhine à un adversaire. À la question de la cerisaie, il n'y a pas de réponse satisfaisante pour les deux parties en présence. Sans que le théâtre puisse être concrètement racheté, sa situation s'apparente à l'énigme du verger. Et nous ne sommes pas des Œdipe à même de la résoudre.

Certes, il n'y aura pas de vente du théâtre, mais son inéluctable éloignement du centre de l'actuelle civilisation des loisirs devient flagrant, et sa poussée vers les marges des pratiques minoritaires le rapproche du destin de la cerisaie. Quoi faire lorsque, pareils à Lioubov qui dit : « ma vie n'a pas de sens sans la cerisaie », nous disons : « notre vie n'a pas de sens sans le théâtre » ? Naviguer entre l'inefficacité de Gaev et l'efficacité de Lopakhine, entre le symbolique et l'économique..., sans jamais trouver de réponse. La lucidité consiste à l'admettre et surtout à ne pas se fier à l'optimisme du « nœud gordien » qu'un jeune homme tranche par le violent coup de son sabre ravageur. Lopakhine est Alexandre et il se trompe. Les maîtres aussi... Faute de parvenir à la réponse, nous devons continuer à la chercher au nom de cette « cerisaie intérieure » qu'est devenu « notre théâtre ».

Anton Pavlovitch Tchekhov

Né le 17 janvier 1860 à Taganrog (Crimée). Mort le 2 juillet 1904 à Badenweiler (Allemagne).

Œuvres complètes

Œuvres, 2 vol., Éditions Gallimard, coll. « Bibliothèque de la Pléiade », Paris, 1968-1971, (rééd. 1998, 2001) :

Tome I – « Théâtre » : *Platonov* (≈1878) / *Ivanov* (1887-1889) / *La Mouette* (1895-1896) / *Oncle Vania* (1899) / *Les Trois Sœurs* (1901) / *La Cerisaie* (1904) / *Le Chant du cygne* (1887) / *L'Ours* ; *La Demande en mariage* (1888) / *Le Tragédien malgré lui* ; *La Noce* (1890) / *Le Jubilé* (1891) / *Les Méfaits du tabac* (1903), texte français Elsa Triolet. « Récits, 1882-1886 » : *Le Miroir déformant (conte de noël)* ; *Une grande joie* ; *Chez le barbier* ; *Le Triomphe du vainqueur* ; *Un portier intelligent* ; *Une nature énigmatique* ; *Où mènent les humanités* ; *Extraits du journal d'un aide-comptable* ; *La Mort d'un fonctionnaire* ; *Un méchant garnement* ; *Le Trousseau* ; *Une fille d'Albion* ; *Le Renseignement* ; *Le Gros et le Maigre* ; *Le Tragédien* ; *Le Directeur des postes* ; *En mer* ; *À Moscou, sur la place Troubnaïa* ; *Une calomnie* ; *L'Allumette suédoise* (1882-1883), texte français Madeleine Durand et André Radiguet, révision Lily Denis / *La Décoration* ; *Le Répétiteur* ; *La Chorale* ; *Le Registre des réclamations* ; *Perpetuum mobile* ; *La Lecture* ; *L'Album* ; *La Fermentation des esprits* ; *Examen de titularisation* ; *Chirurgie* ; *Caméléon* ; *De Charybde en Scylla* ; *Les mesures qui s'imposent* ; *La Partie de wint* ; *Au cimetière* ; *Le Masque* ; *Mariage d'intérêt* ; *Messieurs les petits-bourgeois* ; *Les Huîtres* ; *Une nuit d'épouvante* ; *Mauvaise Humeur* (1884), texte français M. Durand et Édouard Parayre, révision L. Denis / *L'Uniforme du capitaine* ; *Chez la Maréchale de la Noblesse* ; *Chronologie vivante* ; *Au bain* ; *Menu fretin* ; *Litanie* ; *La Dernière des mohicanes* ; *À l'hôtel* ; *Les Supprimés* ; *Le Corbeau* ; *Les Bottes* ; *Les Nerfs* ; *En villégiature* ; *Simulateurs* ; *La Lotte* ; *Un nom de cheval* ; *Égarés* ; *Le Chasseur* ; *Malveillance* ; *Le Penseur* ; *Le Père de famille* ; *Le Cadavre* ; *Les femmes ont de la chance* ; *La cuisinière prend époux* ; *Le Sous-officier Prichibeïev* ; *En terre étrangère* ; *Torpeur* ; *Remède contre les crises d'ivrogneries* ; *Un chien de prix* ; *L'Écrivain* ; *Il y est allé trop fort* ; *Vieillesse* ; *Un malheur* ; *Ah ! Les usagers !* ; *On ne cache pas une aiguille dans un sac* ; *L'Imprésario sous le divan* ; *Le Point d'exclamation* ; *Le Miroir* (1885), texte français E. Parayre, révision L. Denis / *Un chef-d'œuvre* ; *Raté* ; *La Petite Classe* ; *Tristesse* ; *La Nuit d'avant le jugement* ; *Un beau tumulte !* ; *La Fin d'un acteur* ; *Requiem* ; *Aniouta* ; *Ivan Matveitch* ; *La Sorcière* ; *Histoire de rire* ; *Agafia* ; *Au printemps* ; *Cauchemar* ; *Gricha* ; *La Nuit de Pâques* ; *Dames* ; *Sensations fortes* ; *Un homme de sa connaissance* ; *Un heureux mortel* ; *Le Conseiller secret* ; *Le Roman de la contrebasse* ; *Frayeurs* ; *La Pharmacienne* ; *Ceux qui sont de trop* (1886), texte français M. Durand et E. Parayre, révision L. Denis / *La Choriste* ; *L'Instituteur* ; *Un hôte inquiétant* ; *Le Mari* ; *Fatalité* ; *Martyrs* ; *Le Voyageur de première* ; *Un homme de talent* ; *Les Commensaux* ; *Le Jeune Premier* ; *Dans le noir* ; *Pur hasard* ; *La Langue trop longue* ; *Les Riens de l'existence* ; *Mauvais caractères* ; *Une vengeance* ; *Au tribunal* ; *Un homme pas comme les autres* ; *La Fange* ; *Chut !* ; *Rêves* ; *Braves gens* ; *Un événement* ; *L'Orateur* ; *L'Œuvre d'art* ; *Vanka* ; *En voyage* ; *C'était elle* (1886), texte français E. Parayre, révision L. Denis, 1968.

Tome II – « Récits, 1887-1892 » : *Le Champagne* ; *Jour de glace* ; *Le Mendiant* ; *Ennemis* ; *Ténèbres* ; *Polinka* ; *Ivrognes* ; *Inadvertance* ; *Vera* ; *Veille de carême* ; *Une créature sans défense* ; *Un mauvais coup* ; *À la maison* ; *Le Numéro gagnant* ; *Fièvre typhoïde* ; *Les Ennuis de l'existence* ; *Semaine sainte* ; *Le Mystère* ; *La Lettre* ; *Fait divers* ; *Le Juge d'instruction* ; *Volodia* ; *La Fortune* ; *Intempéries* ; *Un drame* ; *Premiers Secours* ; *Le Fruit du péché* ; *Fragments du journal d'un irascible* ; *Un roule-ta-bosse* ; *Le Père* ; *Une bonne fin* ; *Dans la remise* ; *Zinotchka* ; *La Sirène* ; *Le Pipeau* ; *Le Vengeur* ; *La Poste* ; *La Noce* ; *Le Fugitif* ; *Un problème* ; *Intrigues* ; *La Vieille Maison* ; *Impassibilité* ; *Des leçons onéreuses* ; *Le Lion et le Soleil* ; *Infortune* ; *Le Baiser* ; *Les Garçons* ; *Katchanka* ; *Le Récit de Mlle X...* (1887) / *Sans titre* ; *L'Envie de dormir* ; *La Steppe* ; *Un désagrément* ; *Beautés* ; *Jour de fête* ; *La Crise* ; *Le Savetier et le Malin* (1888) / *Le Pari* ; *La Princesse* ; *Une banale histoire* (1889) / *Les Voleurs* ; *Goussiov* (1890) / *Les Garces* ; *Le Duel* (1891) / *Ma femme* ; *La Cigale* (1892), texte français E. Parayre, révision L. Denis, notes Claude Frioux, 1970.

Tome III – « Récits, 1892-1903 » : *Après le théâtre* ; *En déportation* ; *Les Voisins* ; *La Salle n° 6* ; *La Peur* (1892) / *Récit d'un inconnu* ; *Valdimir le grand et Vladimir le petit* (1893) / *Le Moine noir* ; *Un royaume de femmes* ; *Le Violon de Rothschild* ; *L'Étudiant* ; *Le Professeur de lettres* ; *Dans une gentilhommière* ; *Le Récit du jardinier-chef* (1894) / *Trois années* ; *L'Épouse* ; *Anne au cou* ; *Front blanc* ; *Un meurtre* ; *Ariane* (1895) / *La Maison à la mezzanine* ; *Ma vie* (1896) / *Les Moujiks* ; *Le Petchénèque* ; *Dans son coin natal* ; *En tombereau* (1897) / *Douchetchka* ; *La Nouvelle Villa* ; *En service* ; *La Dame au petit chien* (1898) / *À Noël* ; *Dans la combe* (1900) / *L'Évêque* (1902) / *La Fiancée* (1903), texte français E. Parayre, révision L. Denis, notes C. Frioux, 1971.

Traductions d'André Markowicz et Françoise Morvan

Théâtre

Platonov, Éditions Solin, Arles, 1990 (rev. et corr. 2002) ; version originale (signalant les coupes opérées par Tchekhov), Éditions Les Solitaires intempestifs, coll. « Traductions du XXIe siècle », Besançon, 2004.

Éditions Actes Sud, coll. « Babel », Arles :

Ivanov, avec les deux versions : « Comédie en quatre tableaux » (1887) et « Drame en quatre actes » (1889), préface des traducteurs et annexes, 2000.

La Mouette, version originale (1895) et version « académique » (1896), suivi d'extraits de correspondances, 1996 (rééd. 1999).

L'Homme des bois (1re version d'*Oncle Vania,* 1899), extraits de correspondances et notes des traducteurs, 1995.

Oncle Vania, suivi d'extraits de correspondances, 1994 (2001 ; rev. et corr. 2002).

Les Trois Sœurs, note sur la traduction F. Morvan, postface Georges Banu, 1993 (rev. et corr. 2002).

La Cerisaie, suivi de la version « académique » de l'acte II, d'extraits de correspondances, postface F. Morvan, 1992 (rev. et corr. 2002).

Romans et nouvelles

Le Violon de Rothschild et autres nouvelles: *Sur la route / Dormir / La Peur / Le Malheur des autres* (1886) / *L'Évêque / La Douleur* (1886) / *Vanka / Les Rêves / Le Récit de Madame X / L'Instituteur / L'Homme dans un étui* (1886) / *En chariot / Les Ennemis / La Nuit de Pâque / L'Étudiant*, choix et présentation Gérard Conio, texte français A. Markowicz, Éditions Alinéa, coll. « Point de retour », Aix-en-Provence, 1986.

Drame de chasse, préface F. Morvan, Éditions Actes Sud, coll. « Babel », 2001.

Le Moine noir, postface F. Morvan, Éditions Les Solitaires intempestifs, 2003.

Inédits

Le Chant du cygne (théâtre, 1887), 2005.

Calchas (nouvelle, 1886), inédit.

La Cerisaie (1904)

Texte français Georges Neveux, *L'avant-scène théâtre*, n° 218, Paris, 1960 (n° 596, 1976).

Texte français Génia Cannac et Georges Perros ; suivi de *La Mouette*, préface Jean Vilar, Éditions du Livre de Poche, Paris, 1963 ; lecture accompagnée par Jean-Luc Vincent, Éditions Gallimard, coll. « La Bibliothèque Gallimard », n° 151, 2005.

Texte français Lusia Lavrova et Jean-Claude Carrière, Centre international de créations théâtrales, coll. « Créations théâtrales », Paris, 1981.

Texte français Laurence Calame, Éditions de l'Âge d'Homme, coll. « Mobiles », Lausanne, Suisse, 1984.

Texte français Josette Casalino-Vasori, Christine Judenne et Catherine Vandel-Isaakidis, Éditions Hatier, coll. « Théâtre et mises en scène », Paris, 1985.

Texte français J.-C. Carrière, Georges Banu éd., commentaires G. Banu et L. Lavrova, avec un article de Christine Hamon-Sirejol : « De la traduction au jeu », Éditions Flammarion, coll. « GF », Paris, 1988 (rééd. 1994, 1997).

Texte français Elena Pavis-Zahradnikova et Patrice Pavis, LGF Éditeur, coll. « Le Livre de Poche », Paris, 1988 (rééd. 2000).

Texte français Nina Kehayan, Éditions de l'Aube, coll. « L'Actualité dramatique », La Tour-d'Aigues, 1993.

Texte français Denis Roche, commentaires Jean Delabroy, Éditions Pocket, coll. « Classiques », Paris, 1999.

Correspondances

Correspondance Tchekhov-Gorki, suivi d'un essai de Gorki sur Tchekhov, texte français et présentation Jean Pérus, Éditions Grasset, Paris, 1947.

Correspondance I (1876-1890) ; *Correspondance II* (1890-1896), Éditions Plon, Paris, 1956.

Correspondance, Lida Vernant éd., texte français Renée Gauchet, Lida Vernant, Michèle Tanguy et Geneviève Roussel, Les Éditeurs français réunis, Paris, 1967.

Correspondance avec Olga (1899-1904), texte français Monica Constandache, avant-propos Lucia Cathala, Éditions Albin Michel, coll. « Les Grandes Traductions », Paris, 1991.

Conseils à un écrivain (1883-1904), choix de textes présenté par Piero Brunello, texte français Marianne Gourg, suivi de *Vie de Anton Tchekov* de Natalia Ginzburg, texte français Béatrice Vierne, Éditions du Rocher, Monaco, 2004.

Voyage à Sakhaline 1890-1891, texte français Anna Christophoroff, Éditions Le Capucin, coll. « Lettres d'hier et d'aujourd'hui », Lectoure, 2005.

Divers

Carnets, inédits – Préface d'Alexandre Tchoudakov, texte français Macha Zonina et Jean-Pierre Thibaudat, Christian Bourgois Éditeur, Paris, 2005.

Tout ce que Tchekhov a voulu dire sur le théâtre (articles et correspondances), texte français Catherine Hoden, L'Arche Éditeur, Paris, 2007.

Georges Banu

Auteur de l'ouvrage *Notre théâtre, « La Cerisaie »* (Éditions Actes Sud) et responsable de l'édition Flammarion de *La Cerisaie* (coll. « GF »).

MICHEL DEUTSCH

Johannes Kahrs, *Meinhof*, 2001
Collection Frac des Pays de la Loire, Carquefou

Quelques remarques
sur le terrorisme
dans les marges de
Mensch oder Schwein – La Décennie rouge

Aujourd'hui, alors que terrorisme se conjugue avec fondamentalisme islamiste, se souvient-on seulement de l'aventure sanglante d'un groupe de jeunes gens – la « bande à Baader » – qui, dans les années soixante-dix, s'attaquèrent à l'État de l'Allemagne fédérale au nom de la révolution mondiale, sur des rythmes de rock'n'roll ? À l'époque, un journaliste de la BBC n'avait pas hésité à écrire que la bande à Baader était la réponse allemande aux Rolling Stones. « Raf goes to pop ! » Et, en effet, la RAF (Rote Arme Fraktion), comme l'a bien relevé Thomas Elsaesser, a toujours « travaillé attentivement son style et son mode d'apparition, donnant une impulsion non négligeable au développement de la culture pop en Allemagne [1] ».
C'est une commande de France Culture, en 2006, qui m'incita à écrire un texte sur Meinhof, Baader et leurs camarades. À l'occasion de la libération de terroristes de la RAF encore en prison. Dans l'Allemagne réunifiée, la confrontation avec l'histoire récente était devenue actualité. Trente ans après la vague terroriste de la RAF (1977), l'Allemagne, en effet, semblait rattrapée par ses « années de plomb ». Je voulais mettre en lumière le contexte, l'époque, raconter les origines, les circonstances qui avaient précipité des jeunes gens révoltés, professant un violent anti-américanisme tout en ayant un comportement et des codes vestimentaires made in USA, dans la dérive terroriste.
En ouverture des journaux télévisés, le terrorisme islamiste avait, au moins depuis le 11 septembre 2001 (9/11), pris la place du terrorisme anarchiste, blanquiste, ou de celui se réclamant du marxisme-léninisme, ou même du terrorisme « nationaliste » de l'IRA ou de l'ETA. Il fallait expliquer les différences, éviter les confusions. Entre une terreur exercée au nom de la religion et de la haine de l'Occident, et une terreur pratiquée au

1. Thomas Elsaesser, *Terrorisme, mythes et représentations*, texte français Noël Burch, Éditions Tausend Augen, coll. « IdéoSurveillance », Lille, 2005.

nom de l'émancipation des exploités et des opprimés du monde, les objectifs en effet ne sont pas vraiment semblables. Si la violence, la terreur exercée sur des populations civiles ou sur des victimes ciblées est identique, les objectifs ne sont pas, je le répète, les mêmes, ni les moyens – par exemple, dans le cas du terrorisme djihadiste, le recours aux attentats suicides, la circulation de l'information via Internet... Du strict point de vue technique d'ailleurs, dans les années soixante-dix, les années où la RAF et les Brigades rouges (Brigate rosse) étaient passées à la lutte armée, le téléphone portable, Internet, etc., n'existaient pas encore, et les « combattants » palestiniens de l'OLP ou du FPLP s'étaient fait une spécialité du détournement d'avion...
Les deux mouvements toutefois partagent une même haine d'Israël. Au demeurant ils sont également mus par une vision religieuse du monde : la RAF par une idéologie marxiste-léniniste dans sa version totalitaire, alors même qu'elle prétend combattre le totalitarisme des régimes du « socialisme réellement existant », les islamistes par une lecture intégriste et régressive du Coran. Ils ont également en commun de se revendiquer comme héritiers, comme seuls héritiers légitimes : les terroristes de la bande à Baader se voulant les héritiers du mouvement ouvrier allemand, de la révolution universelle et des idéaux des Droits de l'homme tels qu'ils ont été proclamés par la Révolution française. Leur combat toutefois n'exclut pas l'idée d'une commune humanité avec leurs ennemis. Les terroristes se réclamant du djihad se veulent les héritiers de la parole du Prophète et ont comme objectif le rétablissement d'un califat islamique qui gouvernera l'*Oumma,* l'ensemble de la communauté musulmane (*Khalifat, Khilakah* – califat et création), qui exclut, éradique toute parole, tout mode de vie ne se conformant pas à la *charia*. Pour les islamistes, la question d'une commune humanité est dénuée de sens.

En 1977, j'ai adapté *La Décennie rouge* pour le théâtre. Mais l'opération s'avéra très vite problématique. Baader, Meinhof et leurs camarades en effet, n'étaient pas des personnages de théâtre. Non seulement ils trouvaient les modèles de leurs comportements dans les films, mais ils étaient, pour ainsi dire, en attente d'être filmés. Ceci est d'autant plus paradoxal qu'on possède très peu d'images des protagonistes de la tragédie, à l'exception des fameux avis de recherche qui étaient affichés dans tous les bâtiments publics de la RFA. Parmi les multiples causes à l'origine du mouvement de sympathie dont bénéficiait le groupe, il faut compter le fait que ses « revendications » politiques étaient formulées dans un style désinvolte et « branché », celui d'un marxisme-léninisme revu par la « contre-culture » pop, qui incitait les jeunes à adopter un mode de vie anticonformiste, ou plutôt qui traduisait un mode de vie qu'on voyait et qu'on ne croyait possible qu'au cinéma : les filles, les voitures rapides, les armes. Comme dans *Pierrot le fou* ou *Viva Maria*. De la volonté, de l'audace et encore de l'audace ! Les terroristes de la RAF étaient des « révolutionnaires pressés ». « Tout, tout de suite ! » avait été un des slogans du Mai 68 français. La stratégie du spectacle mis en œuvre par la RAF était certes moins spontanéiste, moins idéaliste, mais montrait que l'action pouvait être payante. Pas forcément dans le sens de la transformation politique, mais dans celui de la satisfaction de l'ego. En tout cas la politique reprit ses marques à partir de la volonté et de la décision.

Ce qu'on a appelé la crise de 1968, en réalité, a commencé en Allemagne dès 1967 et a atteint son paroxysme avec la mort de l'étudiant Benno Ohnesorg (2 juin 1967), abattu d'une balle dans la nuque par un policier lors d'une manifestation de protestation contre la venue du Shah d'Iran à Berlin. Le policier est acquitté. L'écrivain Günter Grass écrit alors que la mort de Benno Ohnesorg est « le premier meurtre politique en RFA », quant au leader des étudiants, Rudi Dutschke, il déclare que « si l'État de la République fédérale n'est pas encore fasciste, il tend au fascisme ». Des manifestations, à la limite de l'émeute, embrasent toutes les grandes villes d'Allemagne. Parmi les causes qui sont à l'origine de la révolte des étudiants allemands, on trouve : la crise de croissance de l'Université et le refus de la réforme universitaire que veut imposer le gouvernement de la « Grande Coalition » (CDU/CSU, SPD), la lutte contre la guerre que les Américains mènent au Vietnam, une crise – qui est mondiale – de la jeunesse, mais surtout, après les procès des tortionnaires d'Auschwitz qui s'étaient tenus à Francfort en 1963 et en 1965, l'écœurement de toute une génération – celle qui est née pendant la guerre et dans l'immédiat après-guerre – face au silence des pères – de pères trop désireux de refouler les horreurs du nazisme, en s'oubliant dans la « reconstruction » (*Wiederaufbau*) et le « miracle économique » (*Wirtschaftwunder*). Nombreux furent les anciens nazis qui, dans la haute administration de l'État, dans les professions libérales ou aux postes de responsabilités dans la grande industrie et les finances, participèrent au *Wirtschaftwunder*. Le groupe de presse Springer, avec des titres comme *Bild*, qui tirait à quatre millions d'exemplaires et qui était lu par quelque dix millions de personnes, s'employait à dresser la « majorité silencieuse » contre les étudiants qui étaient accusés de préparer le « grand soir » et d'être manipulés par Moscou et la RDA. En avril 1968, Rudi Dutschke fut l'objet d'un attentat qui faillit lui coûter la vie. Les groupes qui prônèrent la lutte armée, le terrorisme, au nom de la révolution, comme la Bewegung 2-Juni ou la RAF, naquirent lors du reflux du mouvement étudiant et de la dissolution de l'opposition extraparlementaire (APO).

Que l'on considère le terrorisme comme mode de lutte ou comme aberration politique, en tout cas, il importe de définir son concept.
Le terrorisme est un ensemble d'actes de violence. Il est à la fois instrument et technique, mis en œuvre par une organisation, pour créer un climat d'insécurité, pour exercer un chantage, pour faire pression sur un gouvernement. Dans cette stratégie, la pression psychologique joue un rôle essentiel... Les spécialistes[2] définissent désormais le terrorisme selon trois registres : révolutionnaire, identitaire et de manipulation. Prenons le terrorisme révolutionnaire, celui, précisément, du groupe qu'on a appelé la « bande Baader-Meinhof », qui a sévi en RFA de 1968 à 1992, et le terrorisme pratiqué par les Brigades rouges en Italie de 1971 à 1980. Dans le cas de la RAF, il s'agit d'un phénomène spécifiquement allemand qui naît au lendemain du reflux de la révolte des étudiants en automne 1968, et qui, malgré son idéologie anti-impérialiste et son soutien, allant jusqu'à l'assistance logistique dans certains cas au terrorisme palestinien d'obédience marxiste-léniniste, n'a rien à voir avec le terrorisme islamiste, qu'il s'agisse du Hamas ou d'Al Qaida. Le terrorisme européen d'extrême gauche, celui de la RAF ou celui des Brigades rouges, pour ne citer que ces deux groupes, a disparu avec l'effondrement du bloc soviétique.

Il existe un terrorisme d'État. Les démocraties occidentales ne légitiment la violence qu'à la condition que celle-ci soit exercée par l'État et selon les règles du droit. La terreur toutefois peut être légitimée par les États démocratiques, dans les cas extrêmes en temps de guerre : ainsi, lors de la Deuxième Guerre mondiale, les bombardements anglo-américains de Dresde, de

2. Je me réfère à l'excellent livre publié sous la direction de Gérard Chaliand et Arnaud Blin, *Histoire du terrorisme*, Éditions Bayard, Paris, 2006.

Berlin, etc. – le *Bombenkrieg* –, en réponse aux bombardements allemands de Coventry et Londres, ou encore les bombes atomiques américaines larguées en août 1945 sur Hiroshima et sur Nagasaki. Ces bombardements étaient destinés à terroriser les populations civiles, il ne s'agissait pas, comme nous dirions aujourd'hui, de « dommages collatéraux ».
Mais le terrorisme dont il est question ici est d'une autre nature. Il n'est pas pratiqué par un État – même si certains États ont soutenu le terrorisme (terrorisme de manipulation), ou si on a tenté de définir certains États comme terroristes (« États voyous »), ou s'il existe un terrorisme d'État (la terreur pratiquée par les régimes totalitaires contre leurs propres populations, notamment). Je veux parler du terrorisme de groupes plus ou moins restreints qui cherchent à exercer une pression sur un État avec pour objectif d'obtenir des gages, des concessions de la part de celui-ci (par exemple la libération de membres du groupe qui sont emprisonnés). Ce qui fut le cas de la deuxième génération de la RAF dont le seul objectif politique était de contraindre l'État à libérer les dirigeants « historiques » de la RAF incarcérés, notamment à la prison de Stammheim.
Une action violente est comprise comme terroriste, du point de vue des régimes démocratiques et de leurs populations, lorsqu'elle est jugée illégitime. Du point de vue moral pour une démocratie, en effet, la fin ne saurait justifier les moyens, or pour les groupes terroristes il s'agit de modifier, par n'importe quels moyens, la politique d'un gouvernement, le comportement d'un État. Autrement dit : la fin justifie les moyens. Selon les normes morales en vigueur dans les sociétés démocratiques, le terrorisme est considéré comme une forme immorale de guerre, particulièrement depuis le 11 septembre 2001.
Les terroristes ne sont pas des guérilleros d'un quelconque front de libération nationale. Des « partisans telluriques », selon

la définition de Carl Schmitt, qui luttent pour chasser l'envahisseur, le colonisateur de leur terre, de leur pays. Les terroristes, par conséquent, n'ont pas, comme les combattants d'une guérilla, de territoires, de zones à défendre – territoires et zones qui sont autant d'étapes dans la conquête d'une région, d'un pays. Ils n'ont pas, comme les partisans, à exercer un contrôle physique sur une « zone libérée ».

Dans une société urbaine prospère comme la République fédérale d'Allemagne, le champ de bataille est dans les villes. Il est impératif pour les terroristes d'être comme des « poissons dans l'eau » au sein de la population dont rien *a priori* – dans le comportement, l'habillement, etc. – ne doit les distinguer. Ainsi le jean et les cheveux longs étaient abandonnés par les *outlaw* de la RAF au profit du costume et du tailleur bon marché dont se vêtaient alors les employés de banque ou les petits fonctionnaires. Il convient de relever que la RAF était une « armée d'amazones ». Une des originalités de la RAF, en effet, était que beaucoup de ses membres étaient des femmes, on peut dire que dans la première génération de l'organisation les têtes pensantes étaient des femmes. Tout en se réclamant du marxisme-léninisme et du maoïsme, la pratique de la Fraction armée rouge cependant ne manquait pas de ressembler à celle des anarchistes de la bande à Bonnot. Braquage de banques, fuite dans de puissantes cylindrées, comme dans *Scarface* ou *Bonnie and Clyde,* faisaient partie d'une stratégie de guérilla urbaine. Les membres de la RAF se pensent d'abord en ennemis de l'ordre social existant. Selon la RAF, le prolétariat allemand étant acheté par la bourgeoisie à coups de hauts salaires et d'avantages sociaux, il ne faut plus compter sur lui pour faire la révolution. Andreas Baader, Gudrun Ensslin, Ulrike Meinhof et leurs camarades entendent d'abord lutter contre

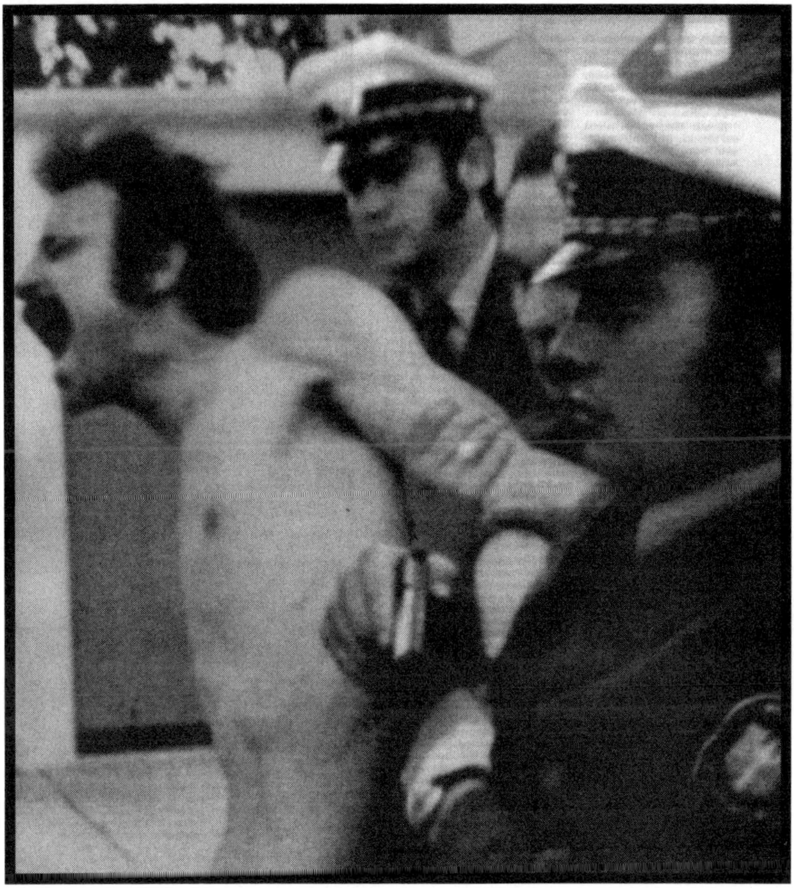

Arrestation de Holger Meins, Francfort
Stern, 11 juin 1972

l'impérialisme américain (la RAF a notamment attaqué des bases militaires US) et leur soutien va à la cause palestinienne, comme avant-garde des luttes de libération nationale du tiers monde dans les « métropoles impérialistes ». Le « groupe Baader-Meinhof » entendait mener une guérilla urbaine sur le mode des Tupamaros[3] et des Black Panthers. La RAF misait sur une stratégie de lutte prolongée dans laquelle l'impact psychologique devait jouer un rôle primordial. Au demeurant le groupe avait très bien compris le rôle essentiel des médias et du spectacle, et était parvenu, malgré la chasse à l'homme et les appels au lynchage lancés par la presse du groupe Springer, à jouer avec le spectacle, à pervertir sinon à détourner la mise en scène orchestrée par les médias, la télévision plus particulièrement. En poussant à son paroxysme le cycle provocation/répression, la RAF prétendait acculer l'État de la République fédérale à « jeter bas le masque d'une démocratie de façade » et le contraindre à révéler sa vraie nature qui est d'être un État fasciste.

Selon la RAF, mais la remarque vaut pour les Brigades rouges, l'*état d'exception* (l'*Ausnahmezustand* au sens de Carl Schmitt) est la vérité cachée de la politique. Il faut rendre manifeste, en recourant à la violence révolutionnaire, un mode d'être du politique et de la démocratie libérale qui échappe au droit. Il faut acculer l'État à prendre des mesures contre-terroristes, à décréter et à légitimer « l'état d'exception », impliquant la suspension du droit et des libertés démocratiques. La RAF a ainsi théorisé et pratiqué un radicalisme politique qui devait contraindre l'État à rendre l'état d'exception permanent, et à prouver de la sorte, selon une thèse classique du dogme

---

3. Les Tupamaros (ou Mouvement de Libération Nationale-Tupamaros, MLN-T) étaient les membres d'un mouvement politique uruguayen d'extrême gauche qui prôna la guérilla urbaine et fut actif durant les années 1960 et 1970.

marxiste-léniniste, que la démocratie libérale n'est qu'une « démocratie formelle ». Il s'agissait en somme de réveiller les masses, de les extirper de leur torpeur idéologique et consumériste en recourant à la violence, à la *propagande par l'action* – un classique du mode d'action des anarchistes –, en choisissant des cibles symboliques : hommes politiques, juges, patrons... La RAF a fait sienne cette prescription du catéchisme révolutionnaire : « Le révolutionnaire ne connaît qu'une seule science, la destruction. Il n'a aucune miséricorde pour l'État. Tous les sentiments qui portent à la tendresse doivent être étouffés. » Objectif : distiller la peur dans le camp de l'ennemi par des actes de transgression radicale de la légalité et, de la sorte, faire prendre conscience au « prolétariat embourgeoisé » de son asservissement idéologique.

Contrairement à la RAF, les Brigades rouges bénéficiaient d'un relatif soutien populaire, notamment chez les jeunes ouvriers déclassés du Mezzogiorno qui travaillaient dans les métropoles du nord de l'Italie. Le groupe, né en 1971, revendique lui aussi la stratégie de guérilla urbaine des Tupamaros. En 1972, les Brigades rouges enlèvent à Milan le dirigeant de Fiat-Siemens ; en 1973, un commando des BR kidnappe un dirigeant d'Alfa Romeo et un chef du personnel de Fiat, un juge en 1974 – premier d'une série d'enlèvements de magistrats. L'éditeur Feltrinelli, auquel on doit la publication du *Docteur Jivago* de Pasternak, proche de l'extrême gauche, ami de Fidel Castro, se tue de manière inexpliquée en posant une bombe au pied d'un pylône électrique dans la banlieue de Milan. En septembre 1974, un des dirigeants historiques des BR, Renato Curcio, est arrêté. Sa compagne, Margherita Cagol, elle-même dirigeante des BR, le fait évader. Quelques mois plus tard, elle est abattue par la police lors d'une tentative d'enlèvement. Renato Curcio est à nouveau arrêté en janvier 1976 à Milan. De 1976 à 1978, les Brigate rosse poursuivent leur campagne de terreur : exécution d'un procureur général à Gênes (juin 1977), enlèvement d'un industriel en 1977, assassinat d'un éditorialiste de *La Stampa* la même année...

À la fin des années soixante, l'Italie, gouvernée depuis la fin de la guerre par la Démocratie chrétienne, est en proie à une « guerre civile à basse intensité ». Entre 1979 et 1985, on compte dans ce pays quelque 428 victimes du terrorisme, de loin le chiffre le plus important en Europe occidentale, sans parler des actes de violence quasi quotidiens – attaques de banques, enlèvements, « jambisations », sabotages dans les usines, attentats à l'explosif contre des bâtiments officiels... Le « mai rampant » de 1969 est marqué par d'innombrables grèves dans tout le nord de la Péninsule, chez Fiat, notamment, et par le sanglant attentat de la piazza Fontana à Milan, qui fait 16 morts et 87 blessés, perpétré par l'extrême droite et attribué, par une stratégie de désinformation orchestrée par les services secrets, à l'extrême gauche. C'est ce qu'on appelait, du côté des partis de gouvernement, de la Loge P2[4] et des forces les plus réactionnaires, la « stratégie de la tension ». Le Parti communiste, qui contrôlait, en concurrence avec l'Église catholique, le mouvement ouvrier et trouvait des relais dans l'ensemble des classes populaires, est débordé par les militants les plus radicaux qui, réussissant à nouer une alliance entre les jeunes ouvriers, les marginaux et les étudiants d'extrême gauche, pensent qu'une nouvelle période de la lutte des classes s'est ouverte en Italie. Le *Movimento*, estimant que les classes populaires ont été trahies par le Parti communiste, prétend

4. Propaganda Due (P2) est le nom d'une pseudo-loge maçonnique italienne, interdite suite à sa découverte en 1981. Elle était dirigée par Licio Gelli.

transformer le rêve révolutionnaire en réalité. Beaucoup de militants radicaux prônent la lutte armée et entrent dans la clandestinité. Les communistes, dont le secrétaire général Enrico Berlinguer, qui entend rompre avec le stalinisme et l'inféodation à Moscou, est promoteur de l'« eurocommunisme », étaient prêts à un « compromis historique » avec la Démocratie chrétienne. L'aile gauche de ce parti, représentée par Aldo Moro, était elle aussi à la recherche d'un accord de gouvernement avec le PCI, accord dont ne voulait à aucun prix les Andreotti et autres Cossigna, autrement dit l'aile droite de la DC et Washington. L'aile gauche de la DC cependant finit par l'emporter et les communistes s'engagèrent à soutenir un gouvernement de réformes.

Le 16 mars 1978, Aldo Moro, président du Parti démocrate-chrétien et artisan du compromis historique, est enlevé à Rome par un commando des Brigades rouges et détenu pendant 55 jours dans une « prison du peuple ». Il est soumis à un simulacre de procès à l'issue duquel il est condamné à mort et assassiné. Le 9 mai, son corps est retrouvé dans une Renault 4L garée via Michelangelo, à mi-chemin entre la via delle Botteghe Oscure, où est situé le siège du Parti communiste italien, et la piazza del Gezù, où se trouve le siège de la Démocratie chrétienne. C'est en se rendant au Parlement pour entériner l'alliance programmatique entre les communistes et son parti qu'Aldo Moro a été enlevé et les membres de son escorte assassinés. Dès les premières heures de l'enlèvement, le gouvernement et l'ensemble des partis, la DC et les amis de Moro en tête – à la seule exception du Parti socialiste de Benito Gracci – exigent une libération sans conditions. Moro sait que ce refus de négocier signifie sa condamnation à mort.

Plusieurs faits troublants – la présence, non loin du lieu de l'enlèvement, de membres des services secrets et de la mafia calabraise, les incroyables négligences de l'enquête lors de la recherche de la cache où était séquestré Moro, les liens des services secrets italiens avec la CIA – ne permettent pas d'écarter totalement la thèse du complot. Ce qui est sûr en tout cas, c'est que les Brigate rosse, en assassinant Aldo Moro, l'artisan du rapprochement avec les communistes, en prétendant frapper, comme elles l'ont écrit, le cœur de l'État, ont consciemment ou non empêché le compromis historique. Elles ont accéléré le délitement du *Movimento* et permis l'établissement de lois d'exception, dont certaines sont encore en vigueur aujourd'hui. Les BR ont objectivement fait le jeu de la droite la plus réactionnaire et des Américains.

1989
Disparition du terrorisme d'extrême gauche en Europe, apparition du terrorisme islamiste

Dans les années quatre-vingt-dix, conséquence entre autres de l'effondrement de l'Union soviétique, on a assisté à l'extinction du terrorisme d'extrême gauche en Europe et à la naissance d'une violence politique inspirée par une lecture fondamentaliste radicale (scripturaliste et atemporelle) du Coran.

Le porte-parole du Hizb ut-Tahrir[5] a déclaré lors de l'International Khilafah Conference qui s'est tenue à Jakarta le 12 août 2007 : « Le capitalisme est le pire des systèmes, il fait souffrir aussi bien les musulmans que les non-musulmans. Pour né-

5. Hizb ut-Tahrir (Parti de la Libération) : son objectif est d'établir un califat islamique. L'organisation a été créée à l'instigation de Cheikh Taqiuddin an-Nabhani, cadi de Jérusalem en 1953. Le Hizb ut-Tahrir se présente comme une organisation non violente et condamne le recours aux attentats sauf en Israël.

gocier avec le capitalisme global, il faut lui opposer un autre système global : le califat islamique. » Le Hizb ut-Tahrir s'oppose aux élections et aux libertés individuelles. « La souveraineté appartient à Allah. »
« ... L'idée de se référer à un État émancipé de tout principe divin et de toute subordination à une norme métaphysique est formellement récusée, comme un produit de facture occidentale dont la validité resterait limitée à l'espace dit chrétien[6]. »
Les prédicateurs musulmans condamnent, comme perversions occidentales, les représentations de la femme à travers la sexualité libre et la nudité du corps et sa marchandisation. Leur hostilité aux rapports hommes/femmes tels qu'ils sont vécus, représentés et diffusés à travers le monde par les médias occidentaux est totale. Contrairement à d'autres aires culturelles (le Japon, la Chine, l'Inde...), « le monde musulman est totalement exclu de la production de biens de consommation matériels et culturels que l'Occident répand *world wide* avec l'innocence de celui qui ne peut même pas imaginer qu'on puisse être différent de lui et que l'autre puisse le percevoir avec hostilité ou haine[7] ».
À la fois révolutionnaire et identitaire, le terrorisme de la « nébuleuse » d'Al Qaida, qui s'étend par métastase à échelle planétaire, s'attaque à l'Occident impie mais aussi aux régimes arabes corrompus. Un terrorisme d'essence religieuse, généré par un islamisme radical, réunit dans une démarche quasi messianique une nouvelle forme du combat anti-impérialiste (contre les « juifs et les croisés ») avec le fantasme de l'établissement de l'*Oumma* universel et pour certains la restauration du califat.

---

6. Denis Bachelot, « Islam et Occident. "Choc des civilisations" ou "guerre sexuelle" ? », in *Commentaire*, vol. XXX, n° 120, hiver 2007-2008, p. 919-926.
7. *Ibid.*

On peut observer que la montée d'Al Qaida vers l'hostilité absolue envers les juifs et les croisés (principalement les Américains) s'est opérée en trois étapes. Lorsque les Soviétiques durent se replier de l'Afghanistan et que les Américains cessèrent de soutenir les moudjahiddin, il y eut d'abord l'opposition à la présence sacrilège des troupes américaines en Arabie saoudite, à proximité des lieux saints de La Mecque et de Médine. Il y eut ensuite, dans une deuxième phase, la mise en relation avec le problème israélo-palestinien : le djihad n'aura de fin qu'avec la destruction d'Israël ; et enfin la charte du « Front islamique international contre les juifs et les croisés » de février 1998, qui appelle « chaque musulman » à « tuer les Américains et leurs alliés, civils et militaires, en tout pays où cela est possible ». La charte ne fait pas de différence entre civils et militaires, entre hommes, femmes et enfants. Chaque musulman devenant de fait un djihadiste potentiel. La stratégie d'Al Qaida est donc passée d'une hostilité limitée, propre au « partisan tellurique », à un type de guerre déterritorialisée, une guerre « motorisée », sainte et absolue.
À partir de la distinction codifiée par la quatrième convention de Genève de 1949, le refus de distinguer entre combattants et non-combattants, entre guerre contre les forces de l'ennemi et guerre contre les populations civiles, n'est plus admis par l'opinion publique occidentale. Après le 11 septembre, le gouvernement américain refusera aux terroristes le statut de « combattants légaux », prenant ainsi délibérément le risque de restreindre ou même de suspendre certains droits constitutionnels. On pense évidemment à Guantanamo. En tentant de mettre en place des mesures d'exception qui contournent leurs propres lois, les États-Unis ont adopté une stratégie qui s'avère inefficace dans la lutte contre « l'hydre mondiale » du terrorisme. Si, d'autre part, on considère l'aventure irakienne, on

Meurtre de Siegfried Buback
Stern, 14 avril 1977

est bien obligé de penser que « déclarer la guerre au terrorisme » sur le mode d'une guerre classique était une erreur, pour autant que les Américains ont agi comme s'ils avaient affaire à un adversaire, un ennemi « classique[8] » ; comme si une guerre de type asymétrique n'exigeait pas un autre mode d'engagement et une stratégie différente.

Al Qaida est constitué par des groupes qui n'ont aucun intérêt à la négociation tout en cherchant, au moyen d'attentats, à infliger des dommages massifs à la population civile. Les membres d'Al Qaida se transforment en armes en se faisant sauter avec une bombe dans un bus à Tel-Aviv, dans une gare à Madrid ou dans le métro de Londres. On a affaire à un terrorisme religieux à caractère transcendantal. Justifiés et bénis par des imams radicaux, ses membres deviennent des instruments du sacré, des volontaires pour la mort, déclarés martyrs de l'islam. Répétons-le : ces attentats suicides – où le terroriste se sacrifie pour multiplier sa mort – sont d'abord destinés à semer la terreur dans les populations. Reste que les djihadistes qui prétendaient mettre le monde à feu et à sang après l'intervention américaine en Afghanistan n'ont pas réussi à ce jour à infléchir le statu quo mondial. Ils n'ont pas davantage réussi à déséquilibrer sérieusement les régimes arabes ou musulmans alliés des Américains qu'ils combattent, qu'il s'agisse de l'Égypte, de l'Arabie saoudite, du Pakistan, pas plus qu'ils n'ont réussi à imposer un quelconque régime *salafiste* en Algérie, au Soudan, en Tchétchénie ou en Bosnie… De même, Al Qaida a échoué dans sa tentative d'établir un État islamiste en Irak. Au contraire de mouvements tels que le Hamas ou le Hezbollah, Al Qaida n'est pas un mouvement de masse. Il n'a pas d'assises popu-

8. Pierre Manent, *La Raison des nations. Réflexions sur la démocratie en Europe*, Éditions Gallimard, Paris, 2006.

laires et d'ailleurs, sunnite, il place le Hezbollah chiite, pro-iranien, dans le camp ennemi. Certes, il s'agit d'une contradiction secondaire par rapport aux contradictions principales représentées par les croisés et les juifs. Reste qu'Al Qaida peut se targuer d'un incontestable succès de marketing. Depuis le 9/11, en effet, on n'a jamais tant et mal parlé de l'islam, on n'a jamais vendu autant le Coran en France, et on n'a jamais enregistré une telle vague de conversion à l'islam aux États-Unis !

On n'a pas manqué d'évoquer, à propos du terroriste et de son ennemi, l'individu démocratique sorti de la religion et de l'idéologie, la dialectique du maître et de l'esclave. Les terroristes djihadistes acceptent de risquer leur vie (biologique), notamment dans des opérations suicides, en fonction de leur désir humain. Hegel dirait que l'être humain ne se constitue qu'en fonction d'un désir portant sur un autre désir, le désir du désir de l'autre, c'est-à-dire un désir de reconnaissance – se faire reconnaître par l'autre, s'imposer à l'autre en tant que valeur suprême dans une lutte à mort. Les terroristes se réclamant du djihad acceptent de mourir, et, par conséquent, ont un avantage initial certain sur les citoyens des sociétés démocratiques basées sur la sacralisation de la vie et sur les droits de l'individu. Sociétés dans lesquelles l'État, désormais, ne peut plus demander que le citoyen se sacrifie pour lui ou pour la Nation. Si l'individu démocratique n'est plus lié à la vie à la mort à la Nation, l'État, singulièrement l'État providence ne saurait plus être autre chose qu'un prestataire de services. Quelle est alors la valeur ultime de l'homme démocratique ? Le citoyen est devenu consommateur. Mais que se passe-t-il si l'État n'est plus capable d'assurer la protection des citoyens ? Or, on se souvient que, selon Hobbes, l'État n'est obéi que dans la mesure

où il assure la protection des citoyens. Du moment où il devient incapable d'assurer cette protection, son autorité se délite.
Le terrorisme est une effraction brutale dans le symbolique d'un système d'ordre avec l'objectif de le bouleverser. Soit, dans les démocraties occidentales, toute valeur est devenue valeur d'échange, les êtres sont réifiés et rien n'échappe plus au règne de la marchandise. Nous sommes requis à voir l'autre comme le même. Mais que veut dire semblable, se demande Pierre Manent, pour celui qui s'interdit de voir le différent ?

Les forces armées de « l'hyperpuissance » américaine, lors de l'intervention au Kosovo et au début de la guerre en Irak, s'appuyant sur leur écrasante supériorité matérielle, avaient comme doctrine celle du « zéro mort ». Ce qui s'est vite avéré désastreux. Les nombreux cercueils rapatriés d'Irak aux États-Unis ont malheureusement montré que la guerre n'est pas un *video game*. Autre exemple : les Européens sont désormais incapables de désigner et de nommer un ennemi. Cela signifie-t-il qu'ils n'ont plus d'ennemis ? Ils font comme s'ils n'en avaient plus, et le fait que les Américains, et pas seulement les néo-conservateurs, mais le républicain Reagan ou le démocrate Clinton à sa manière, parlent « d'axe du mal » ou le désignent implicitement, les fait traiter de va-t-en-guerre irresponsables et, de manière hystérique, d'impérialistes et de fascistes par la gauche. Autrement dit, les Européens n'ont pas de politique. Dernier facteur : les Européens, à l'abri, depuis la fin de la Seconde Guerre mondiale, du parapluie nucléaire américain, ont vécu dans un monde dont les conflits majeurs ne semblent plus les concerner. Cette situation de calme relatif, à l'abri des zones de tempêtes, leur fait envisager la politique sous l'angle exclusif des Droits de l'homme comme des bêlements compassionnels et caritatifs, les transformant en donneurs de leçons d'éthique. Ces mêmes Européens, par ailleurs, saisissent difficilement le décentrement produit par la mondialisation et la relativisation du Vieux Continent, autrement dit sa perte de puissance, dans la sphère économique comme dans l'ordre des savoirs, par rapport aux nouvelles puissances que sont la Chine ou l'Inde. On assiste à une redistribution des cartes à l'échelle de la planète, provoquée à l'occasion des crises financières, alimentaires, énergétiques, économiques et écologiques, par l'entrée en force des pays émergents dans le jeu mondial. Ce sont les pays désignés sous l'acronyme BRIC (Brésil-Russie-Inde-Chine) qui, d'ateliers du monde, sont devenus des acteurs économiques qui désormais prennent le relais des États-Unis et de l'Europe pour tirer la croissance mondiale vers le haut. Le fait qu'il n'y ait plus d'histoire unitaire, eurocentrée, mais des histoires multiples, n'est qu'un exemple parmi d'autres de cette dépossession, de cette « blessure narcissique » infligée au Vieux Continent. « L'affaiblissement des nations européennes, écrit Pierre Manent, fragilise le cadre d'expérience dans lequel le semblable comme le différent peuvent être perçus et prendre sens. Rien d'étonnant alors si nous nous réfugions dans une idée confuse de l'unité humaine, unité imminente qui résoudrait par une sorte de nécessité interne le problème de l'ordre humain que nous ne savons plus comment poser[9]. »

Relevons que, jusqu'à ce jour, seul le terrorisme islamiste, le « djihad global », comme « terrorisme déterritorialisé », a atteint, en sachant utiliser les moyens modernes de communication, spécialement Internet on l'a dit, une dimension planétaire. Il est véritablement le terrorisme de la mondialisation du spectacle, du spectacle *intégré*. L'Occident, jusqu'à présent, a réagi aux attaques des djihadistes en refusant de se laisser enfermer

9. Pierre Manent, *La Raison des nations*, *op. cit.*

dans la problématique, bien réelle pourtant, du choc des civilisations. On peut constater aussi que, pour le moment, le nombre de victimes du terrorisme islamiste des cinq ans écoulés n'atteint pas celui de la seule journée du 11 septembre 2001.

Il n'est pas inimaginable qu'une centrale nucléaire, en France ou ailleurs, devienne la cible d'un avion suicide ou d'un long courrier piraté, à l'instar des Boeing détournés qui se sont jetés contre les Twin Towers le 9/11. Les États prévoient désormais, comme conséquence du 11 septembre, le passage du terrorisme à « l'hyperterrorisme ». À cet égard, il convient d'envisager que des organisations terroristes (politiques, religieuses ou mafieuses) seront en mesure de disposer, à plus ou moins courte échéance, d'armes (chimiques, bactériologiques, nucléaires !) susceptibles de perpétrer des massacres de masse ou de prendre en otage des populations entières... On a pu assister en 1995, avec l'attaque à l'arme chimique dans le métro de Tokyo perpétrée par des membres de la secte Aoun, à une préfiguration à petite échelle de ce type d'action. Sans tomber dans le fantasme d'un avenir hypothéqué par le terrorisme, gageons que celui-ci a de « beaux jours » (!) devant lui.

Gudrun Ensslin et Andreas Baader, Paris, 1969
Der Spiegel, 5 juin 1972

Sources

Gérard Chaliand et Arnaud Blin, *Histoire du terrorisme*, Éditions Bayard, Paris, 2006.
Denis Bachelot, « Islam et Occident. "Choc des civilisations" ou "guerre sexuelle" ? », in *Commentaire*, vol. XXX, n° 120, hiver 2007-2008.
Pierre Manent, *La Raison des nations. Réflexions sur la démocratie en Europe*, Éditions Gallimard, Paris, 2006.
Franck Frégosi, *Penser l'Islam dans la laïcité*, Éditions Fayard, Paris, 2008.
Gerd Koenen, *Vesper, Ensslin, Baader. Urszenen des deutsches Terrorismus*, Verlag Kiepenheuer & Witsch, Köln, 2003.
Stefan Aust, *Der Baader-Meinhof-Komplex*, Goldmann Verlag, coll. « Spiegel Buch », München, 1998.
Leonardo Sciascia, *L'Affaire Moro*, traduit de l'italien par Jean-Noël Schifano, Éditions Grasset, Paris, 1978.
Marcelle Padovani, *Vivre avec le terrorisme*, traduit de l'italien par J.-N. Schifano, Éditions Calmann-Lévy, Paris, 1982.

Michel Deutsch

Né en 1948 à Strasbourg.

Théâtre

L'Entraînement du champion avant la course, suivi de *Ruines*, Éditions Stock, Paris, 1975.
Le Chanteur et *L'Amour du théâtre*, Christian Bourgois Éditeur, Paris, 1979.
Convoi, Éditions Stock, 1980.
Tel un enfant à l'écart, suivi de *Partage*, Christian Bourgois Éditeur, 1982.
Thermidor, Christian Bourgois Éditeur, 1986.
El Sisisi, Christian Bourgois Éditeur, 1986.
Théâtre, U.G.E., coll. « 10/18 », Paris, 1987.
Sit venia verbo, avec la collaboration de Philippe Lacoue-Labarthe, Christian Bourgois Éditeur, 1988.
Féroé, la nuit, L'Arche Éditeur, Paris, 1989.
Imprécation dans l'abattoir : coups de foudre, L'Arche Éditeur, 1991.
L'Empire, L'Arche Éditeur, 1991.
Le Souffleur d'Hamlet et autres textes : Le Souffleur d'Hamlet / Le Costume de la reine du Danemark, rendez-vous compte / Totus mundus agit histrionem / Une nuit au théâtre, L'Arche Éditeur, 1993.
Dimanche, avec la collaboration de Dominique Muller, suivi de *La Bonne Vie* et *Convoi*, L'Arche Éditeur, 1994.
La Négresse bonheur, L'Arche Éditeur, 1994.
John Lear : John Lear / Il y a erreur sur la personne / L'Audition / Les Baisers / L'homme qui ne fait que passer / Tamerlan, L'Arche Éditeur, 1996.
Histoires de France, en collaboration avec Georges Lavaudant, L'Arche Éditeur, 1997.
Dimanche, L'Arche Éditeur, 1998.
Imprécation 36, L'Arche Éditeur, 1999.
Skinner, L'Arche Éditeur, 2001.
La Décennie rouge, Christian Bourgois Éditeur, 2007 (Grand prix de littérature dramatique, 2008).

Récit

Parhélie, Christian Bourgois Éditeur, 1988.

Essais

Inventaire après liquidation : textes et entretiens, L'Arche Éditeur, 1990.
L'Alsace dans le désordre, BF Éditeur, Strasbourg, 1993.
Le Théâtre et l'air du temps, Inventaire II, L'Arche Éditeur, 1999.
Alsace terre étrangère, Éditions de la Nuée bleue, Strasbourg, 2003.

Poésie

Indes, Éditions Seghers, Paris, 1980.
Études de ciel avec turbulences, Christian Bourgois Éditeur, 1981.
Winterreise, Copal Éditeur, Paris, 1982.
La Pièce vide, Éditions La Pionnière, Paris, 1991.
Du fondement de la zoologie, Éditions La Pionnière, 1991.
Météorologiques, Christian Bourgois Éditeur, coll. « Détroits », 2002.

Livrets

Fragments, musique de Georges Aphergis, 1978.
60e Parallèle, opéra de Philippe Manoury, 1996.

Télévision

Les Alsaciens ou les Deux Mathilde, scénario et dialogue en collaboration avec Henri de Turenne, réalisation Michel Favard, coproduction Arte, Pathé, SWF, FR3, TSI, 1997 (7 d'or et Grime Preis du meilleur scénario).
Surface de réparation, scénario et dialogue Michel Deutsch et Bernard Favre, réalisation B. Favre, Arte, 2000.
Alsace terre étrangère, réalisation M. Deutsch, Seppia/France 3, 2003.
Hôtel de l'esprit, Seppia/France 3, 2006.

Cinéma

L'Entraînement du champion avant la course, d'après la pièce du même titre, réalisation B. Favre, Canal +, 1990.
Que faire ?, court métrage, scénario, dialogue et réalisation M. Deutsch, ARCAPIX productions, 2000.

Mises en scène de Michel Deutsch

Théâtre

Antigone d'Hölderlin, en collaboration avec Philippe Lacoue-Labarthe, Théâtre National de Strasbourg, 1977-1978.
Les Phéniciennes d'Euripide, en collaboration avec Ph. Lacoue-Labarthe, Théâtre National de Strasbourg, 1980.
Partage, Jardin d'Hiver / Théâtre Ouvert, Paris, 1981.
Sit venia verbo, CDNA, Théâtre National de la Colline, Paris, 1988.
Thermidor, en collaboration avec Ph. Lacoue-Labarthe, Centre Pompidou, 1989.
Aujourd'hui, Festival d'Avignon, La Chartreuse, production Théâtre Ouvert, Villeneuve-lès-Avignon, 1992.
Imprécation II, Théâtre de la Bastille, Paris, 1993.
Dimanche, Théâtre de la Jeunesse, Hanoi, Vietnam, 1994.
Imprécation IV, Théâtre National de Strasbourg/Théâtre de la Bastille, 1995.
Aujourd'hui II, montage de textes de M. Deutsch et Bertolt Brecht, mis en scène avec la collaboration de Michèle Foucher, Théâtre Ouvert, 1998.
Imprécation 36, Théâtre National de Strasbourg, 1999.
Heute, Prinzregententheater Bayerische Theaterakademie, Munich, 1999.
Abschied, Prinzregententheater Bayerisch Theaterakademie, 2001.
Hamlet-Machine d'Heiner Muller, ESAD/Théâtre Saint-Gervais, Genève, 2002 ; Théâtre Arsenic, Lausanne, 2003
Desert inn, Ateliers Berthier de l'Odéon-Théâtre de l'Europe, 2005.
Müller factory, Théâtre Saint-Gervais/MC93, Bobigny, 2005.
Mensch oder Schwein – La Décennie rouge, Théâtre Saint-Gervais/MC93, 2007.

Opéras

Le Pierrot lunaire de Schoenberg, Orléans, 1992.
Jakob Lenz de Wolfgang Rihm, Opéra du Rhin, Strasbourg, 1993 ; Opéra de Nancy, mars 2002 ; Opéra de Bordeaux, 2006.
Wozzeck d'Alban Berg, Opéra de Nancy, 2006.
Le Port des ombres d'Olivier Dejours, Opéra de Strasbourg, 2008.

MICHEL VINAVER

Nina, c'est autre chose

en bande dessinée par Véronique Hubert

Véronique Hubert, comédienne, a joué sous la direction de Michel Vinaver dans *À la renverse* et *Iphigénie Hôtel*. Pour son plaisir, elle a alors mis en bande dessinée l'intégralité du texte de *Iphigénie Hôtel*. C'est à partir de cet insolite et volumineux objet qu'est née, entre Michel Vinaver et le Théâtre National de la Colline, l'idée de proposer à Véronique Hubert de réaliser une série de douze planches de bande dessinée, comme autant de « compressions » de chacun des douze « morceaux » composant la pièce, en n'utilisant que des répliques ou parties de répliques de celle-ci.

1. L'ouverture du colis de dattes
Veulent me faire passer chef d'équipe
Mais raconte
J'ai raconté dix fois
France
Comment elle t'a écarté les genoux
C'est elle qui a écarté les genoux
Oui c'est elle et puis on ne refuse pas l'avancement
J'ai pas le goût du commandement
Le côté à ouvrir c'est ici
Elle avait de petites clochettes accrochées à ses bracelets à son collier
Moi j'ai peur pour Nina chez nous c'est pas la place qui manque elle se fera toute petite déjà qu'elle fait pas un mètre soixante
Chez nous
S'ils te proposent de passer chef d'équipe c'est parce qu'ils pensent que t'es capable d'être chef d'équipe...

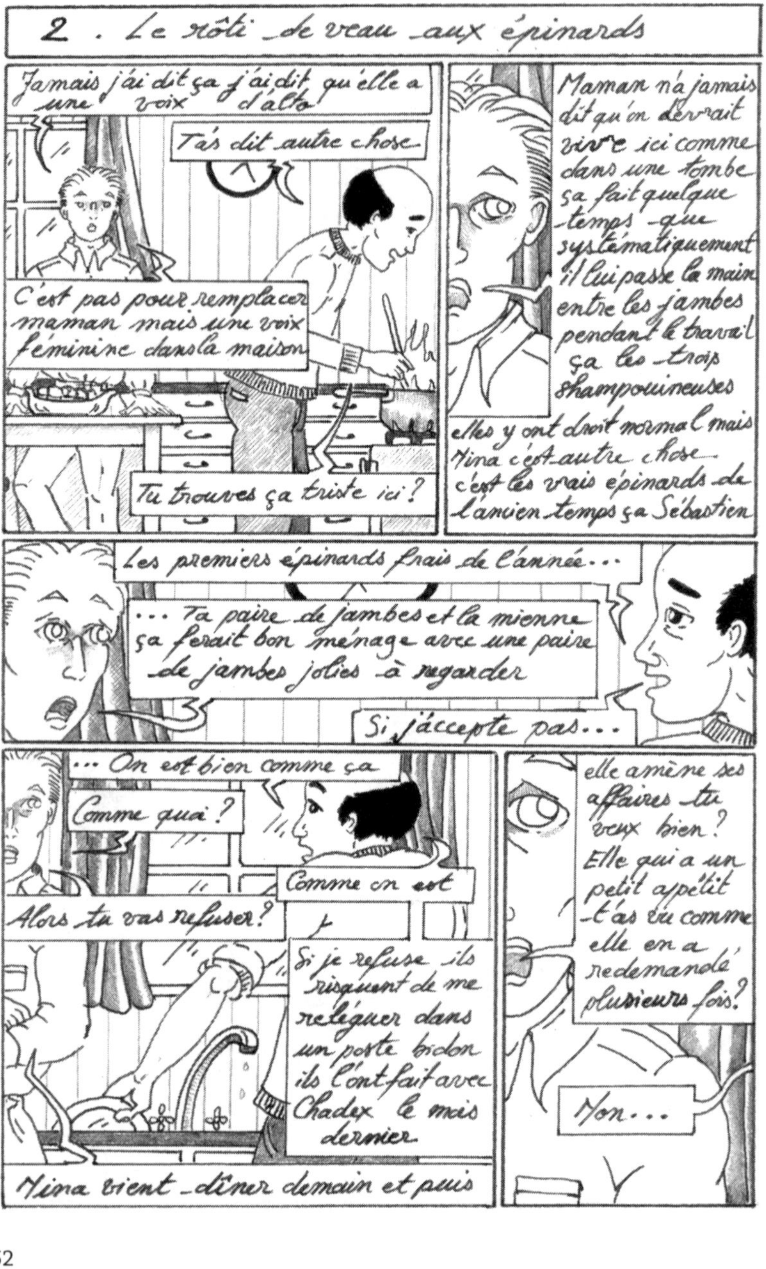
2 . Le rôti de veau aux épinards
Jamais j'ai dit ça j'ai dit qu'elle a une voix d'alto
T'as dit autre chose
C'est pas pour remplacer maman mais une voix féminine dansla maison
Tu trouves ça triste ici ?
Maman n'a jamais dit qu'on devrait vivre ici comme dans une tombe ça fait quelque temps que systématiquement il lui passe la main entre les jambes pendant le travail ça les trois shampouineuses
elles y ont droit normal mais Nina c'est autre chose c'est les vrais épinards de l'ancien temps ça Sébastien
Les premiers épinards frais de l'année...
... Ta paire de jambes et la mienne ça ferait bon ménage avec une paire de jambes jolies à regarder
Si j'accepte pas...
... On est bien comme ça
Comme quoi ?
Comme on est
Alors tu vas refuser ?
Si je refuse ils risquent de me reléguer dans un poste bidon ils l'ont fait avec Chadex le mois dernier
Nina vient dîner demain et puis
elle amène ses affaires tu veux bien ? Elle qui a un petit appétit t'as vu comme elle en a redemandé plusieurs fois ?
Non...

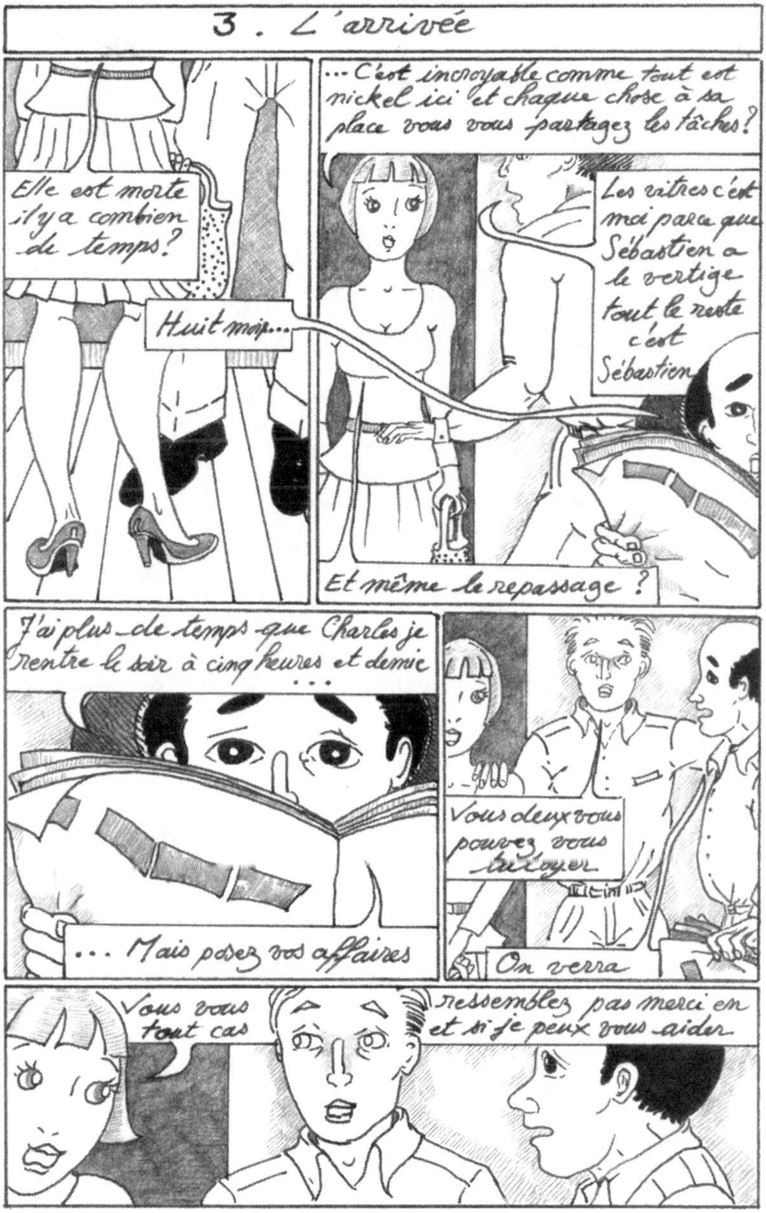
3. L'arrivée
Elle est morte il y a combien de temps?
Huit mois...
...C'est incroyable comme tout est nickel ici et chaque chose à sa place vous vous partagez les tâches?
Les vitres c'est moi parce que Sébastien a le vertige tout le reste c'est Sébastien
Et même le repassage?
J'ai plus de temps que Charles je rentre le soir à cinq heures et demie ...
... Mais posez vos affaires
Vous deux vous pouvez vous tutoyer
On verra
Vous vous tout cas
ressemblez pas merci en et si je peux vous aider

4. Le châle
...Tu vas repartir?
Il n'y a aucun espoir qu'on s'accorde avec Sébastien
Ecoute
Je l'aime beaucoup et puis voilà il est comme ça...
...Vous laissez traîner partout vos illustrés
Tu vois Charles? C'est définitif
Nina s'en va
Vous vous en allez?...
...Tu peux faire un effort
C'est à moi de faire un effort? D'ailleurs je ne fais que ça des efforts
Tous on fait des efforts
Je suis en train de me demander si c'est la bonne marche à suivre
Quoi?
De faire des efforts tous les trois au lieu de suivre chacun sa petite pente comme Sébastien par exemple si tu me disais une petite chose gentille?...
...Pourquoi tu te déshabilles?
J'ai l'impression qu'elle n'est pas en train de partir...

5. Au cinéma
Toute neuve on dirait
Oui
C'est une belle valise en tout cas
Ça vaut mieux comme ça
Qu'est-ce que vous avez mis dedans?
Je me suis loué un studio à Levallois...
... Où vas-tu?
Sébastien nous quitte
il vient de tout m'expliquer n'essaie pas de l'arrêter
Qu'est-ce que ça veut dire?
Il a raison il est convaincu qu'il nous embarrasse toi et moi et que nous serons beaucoup mieux sans lui il est tout le temps en train de ranger après moi...
... ah Sébastien la seule chose qui cloche dans votre raisonnement c'est que je ne pourrai pas me passer de vous si vous partez je pars avec vous
Tu pars avec lui?
Moi je veux bien c'est très bien
Je ferai la navette entre vous deux
ouvrez cette valise
oh voilà les chemises bien pliées les mouchoirs les tricots les pyjamas et voilà la trousse de toilette un rien usée
faudra en acheter une autre Sébastien on va remettre tout ça en place et puis on va aller au cinéma ce soir...

6. Les tentures
... Sébastien on pourrait manger
Non d'abord il faut lui parler
Bien
Nina
Vous savez je ne vais pas m'incruster
Charles n'est plus le même depuis que vous êtes ici il bat de l'aile lui et moi on a bien réfléchi
C'est Sébastien pour qui ça tourne pas rond la façon dont on vit
Non moi ça va mais Charles il ne supporte pas
Moi j'ai pas de problèmes
Vous en avez tous les deux
je vais vous aider à les résoudre
Les housses
Les housses aussi
Et le lustre ...

7. Le champ-libre
Et tu vas rester ?
Je sais bien Charles mais on va pas se mettre chômeurs tous les deux
T'es tombé dans son piège
Ça oui maintenant il a le champ libre
Je me laisserai pas faire t'inquiète pas
Jusqu'à présent tu te laissais bien faire et j'étais là
C'est ta présence qui le poussait
Ce coup-là ce n'était plus simplement la main baladeuse la dernière cliente était partie il a déboutonné la braguette
Il m'a pris la main il l'a dirigée là où il faut je me suis rebiffée
Tu m'as appelé
J'ai eu tort
C'est passible du Conseil des Prud'hommes ça c'est même passible de la correctionnelle
Va prouver…
Charles a cogné et il est tombé la patronne a hurlé
Fallait pas le toucher…

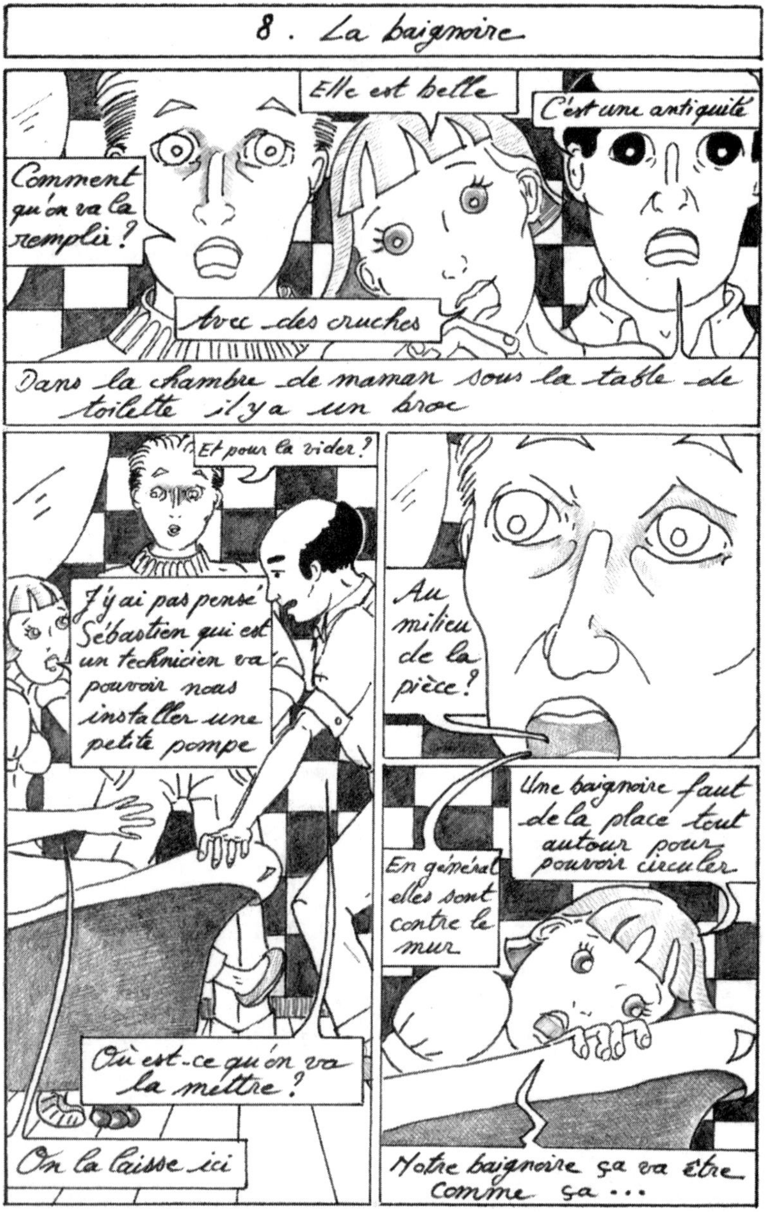
8. La baignoire
Elle est belle
C'est une antiquité
Comment qu'on va la remplir ?
Avec des cruches
Dans la chambre de maman sous la table de toilette il y a un broc
Et pour la vider ?
J'y ai pas pensé
Sébastien qui est un technicien va pouvoir nous installer une petite pompe
Où est-ce qu'on va la mettre ?
On la laisse ici
Au milieu de la pièce ?
Une baignoire faut de la place tout autour pour pouvoir circuler
En général elles sont contre le mur
Notre baignoire ça va être comme ça...

9. La partie de cartes
Tu sais y faire
Infirmière, c'était mon rêve j'ai fait l'école pendant un an il t'attendait ?
A la sortie de l'usine oui
C'est un métier de misère comme shampouineuse avec les pourboires on gagne mieux
T'as pas perdu la main
Et il t'a sauté dessus ?
Non il voulait parler...
...On a fait un bout de chemin ensemble
je tenais mon vélo à la main
Tranquille tu vas encore tourner de l'œil
Il marchait à mon côté on s'expliquait calmement...
...Et Charles qui n'est pas rentré
Et t'as couvert toute la distance depuis l'usine dans cet état en vélo ?
Tahar toi qui as ta carte du syndicat tu dois comprendre c'était pas une décision qu'avec les camarades on a prise de gaîté de coeur...
Il rentre tous les soirs plus tard et plus bourré
...Dans ces cas-là on entre dans la première pharmacie
Dans ces cas-là non justement...

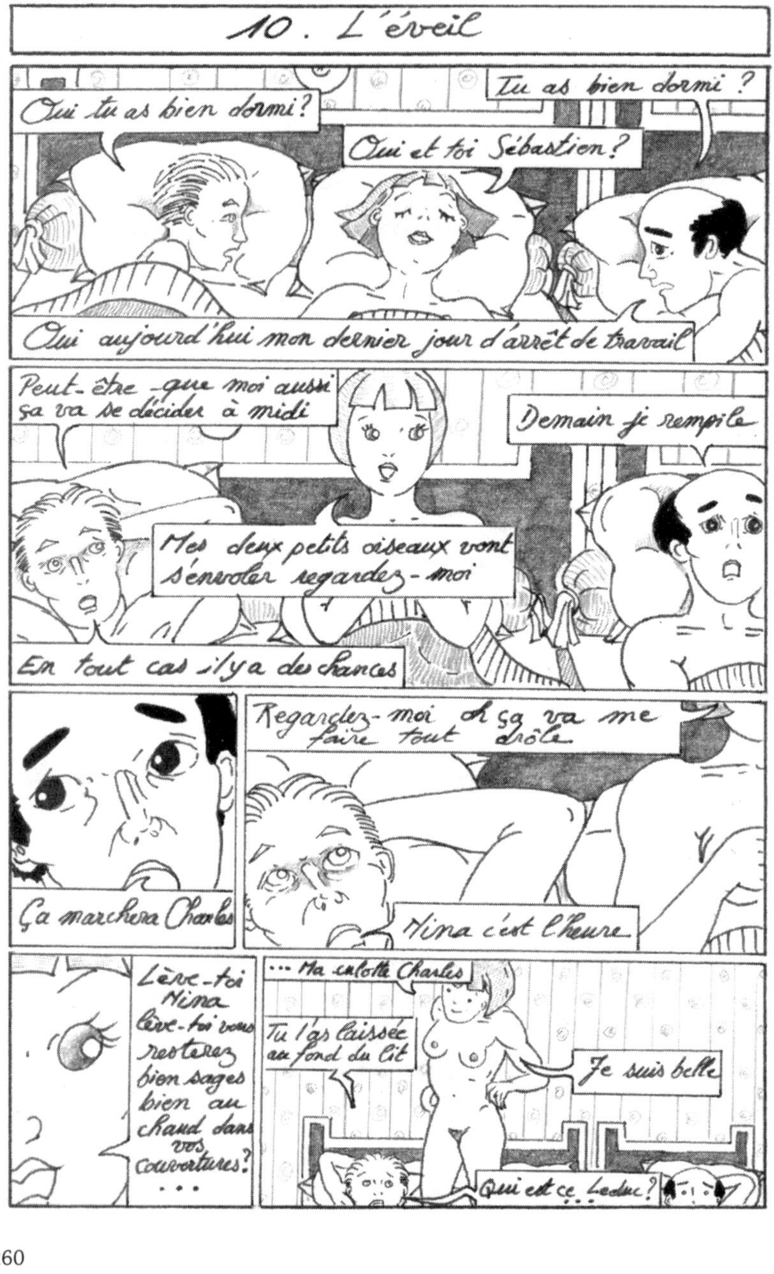
10. L'éveil
Tu as bien dormi ?
Oui tu as bien dormi?
Oui et toi Sébastien?
Oui aujourd'hui mon dernier jour d'arrêt de travail
Peut-être que moi aussi ça va se décider à midi
Demain je rempile
Mes deux petits oiseaux vont s'envoler regardez-moi
En tout cas il y a des chances
Ça marchera Charles
Regardez-moi oh ça va me faire tout drôle
Nina c'est l'heure
Lève-toi Nina lève-toi vous resterez bien sages bien au chaud dans vos couvertures? ...
... Ma culotte Charles
Tu l'as laissée au fond du lit
Je suis belle
Qui est ce Leduc?

11. Le départ
...D'où sort-il?
De Tchécoslovaquie c'est un réfugié
Alors il n'a pas de travail?
Elle invente toute cette histoire
Pas du tout il était debout au coin d'une rue l'air de ne pas savoir où aller
Tu nous en veux?
Ah non je vous aime tendrement
Tu ne reviendras pas
Je ne crois pas ... mais je vous rendrai visite mes chaussons
Je peux plus...

12. La visite
Et c'est toi qui as fait la purée?
Merguez purée c'est pas sorcier avec les sachets instantanés
Un baiser Sébastien
Tu vas bien?
Il n'a plus le temps maintenant le soir il rentre tard
Et vous refaites la maison mais quelle révolution
Tous les soirs ou presque il a des réunions mais le dimanche c'est lui qui fait la cuisine tu devrais venir un dimanche
Tous les dimanches nous on prend le train
Avec ton réfugié?...
Un colis qui vient d'arriver
... Pour le dessert des dattes
Comme chaque année de Tunisie...
Les Tchécoslovaques c'est un peuple très fin très intelligent eux aussi ils se sont fait piétiner
... Oui je me souviens Sébastien...
Raconte
J'ai déjà raconté...

Michel Vinaver

Né à Paris en 1927.

Théâtre

Théâtre complet, nouvelle édition en 8 volumes :

Vol. 1 : *Les Coréens* (1955) / *Les Huissiers* (1957), Éditions Actes Sud, Arles, 2004.

Vol. 2 : *Iphigénie Hôtel* (1959) / *Par-dessus bord* (1967-1969), version hyper-brève, Éditions Actes Sud, Arles, 2003.

Vol. 3 : *La Demande d'emploi* (1972) / *Dissident, il va sans dire* (1976) / *Nina, c'est autre chose* (1976) / *Par-dessus bord*, version brève, L'Arche Éditeur, Paris, 2005.

Vol. 4 : *Les Travaux et les Jours* (1977) / *À la renverse* (nouvelle version ; 1re version 1979), L'Arche Éditeur, 2002.

Vol. 5 : *L'Ordinaire* (1981) / *Les Voisins* (1984), Éditions Actes Sud, 2002.

Vol. 6 : *Portrait d'une femme* (1984) / *L'Émission de télévision* (1988), Éditions Actes Sud, 2002.

Vol. 7 : *Le Dernier Sursaut* (1988) / *King* (1997-1998) / *La Fête du cordonnier* (1958) d'après *The Shoemaker's Holiday* de Thomas Dekker, Éditions Actes Sud, 2005.

Vol. 8 : *L'Objecteur* (2001) / *11 septembre 2001* (version française, 2001) / *Les Troyennes* (2001) d'après Euripide, L'Arche Éditeur, 2003.

Un premier *Théâtre complet*, en 2 volumes, a été publié par Actes Sud/L'Aire en 1986 avec une préface de Jean-Loup Rivière. Cette édition comprenait les adaptations du *Suicidé* d'Erdman et des *Estivants* de Gorki, ainsi que la version super-brève de *Par-dessus bord*.

Pour *Par-dessus bord* dans sa version intégrale se reporter à L'Arche Éditeur, 1972 ; ou Théâtre Populaire Romand, Canevas Éditeur, coll. « Du Répertoire », Saint-Imier (Suisse), 1983 ; ou *Acteurs* nos 51-52 et 53, 1987.

Le Livre des Huissiers de Michelle Henry et Michel Vinaver a paru aux Éditions Limage/Alin Avila, Paris, 1981.

Travaux critiques

Sophocle, *Électre* ; Corneille, *Suréna* ; Molière, *Dom Juan* ; Fassbinder, *Liberté à Brême* ; Racine, *Britannicus*, dossiers dramaturgiques (en collaboration) : 5 vol. de la collection « Répliques », Éditions Actes Sud, 1992-1993.

Écrits sur le théâtre I, Éditions de L'Aire, Lausanne, 1982 ; rééd. L'Arche Éditeur, 1998.

Écrits sur le théâtre II, L'Arche Éditeur, 1998.

Écritures dramatiques, sous la direction de M. Vinaver, Éditions Actes Sud, 1993 ; rééd. coll. « Babel », Éditions Actes Sud, 2000.

Autres ouvrages

Lataume, roman, Éditions Gallimard, Paris, 1950.

L'Objecteur, roman, Éditions Gallimard, 1951.

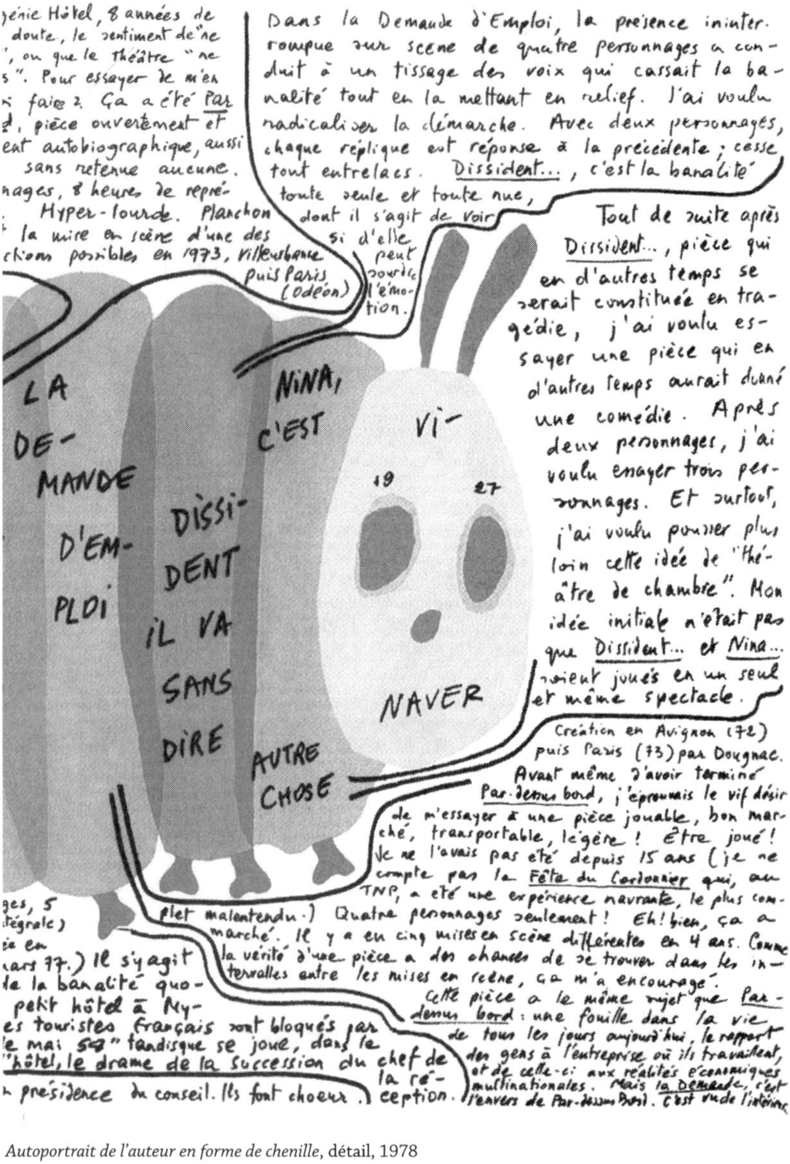

Autoportrait de l'auteur en forme de chenille, détail, 1978

Les Histoires de Rosalie, Éditions Flammarion, coll. « Castor-Poche », Paris, 1980.
Lapiaz, Anatomie d'un paysage, textes sur des photos de Michel Séméniako, Éditions du Passage, Paris, 1982.
Les Français vus par les Français (par Guy Nevers, alias Vinaver), Éditions Bernard Barrault, 1985, Éditions Bernard Barrault.
Le Compte rendu d'Avignon ou Des mille maux dont souffre l'édition théâtrale et des trente-sept remèdes pour l'en soulager, Éditions Actes Sud, 1987.
La Visite du chancelier autrichien en Suisse, L'Arche Éditeur, 2000.

Traductions (autres que celles des volumes du *Théâtre complet*)
Henry Green, *Amour*, Éditions Gallimard, 1954.
T. S. Eliot, *La Terre Vague*, in *Poésie*, n° 31, 1984.
Shakespeare, *Jules César*, Éditions Actes Sud-Papiers, 1990.
Botho Strauss, *Le Temps et la Chambre*, L'Arche Éditeur, 1991.
Botho Strauss, *Viol*, avec Barbara Grinberg, L'Arche Éditeur, 2005.

Mises en scène de Michel Vinaver
L'Ordinaire, mise en scène avec Alain Françon, Théâtre National de Chaillot, Paris, 1983.
À la renverse, avec Catherine Anne, Théâtre Artistic Athévains, Paris, 2005.
Iphigénie Hôtel, avec Gilone Brun, Théâtre Nanterre-Amandiers, Nanterre, 2006
L'Ordinaire, avec Gilone Brun, Comédie-Française, Paris, 2009.

Sur l'œuvre de Michel Vinaver
Anne Ubersfeld, *Vinaver dramaturge*, Librairie théâtrale, Paris, 1989.
« La voie Vinaver » in *Les Cahiers de Prospero*, n° 8, Centre national des écritures du spectacle, Chartreuse de Villeneuve-lès-Avignon, juillet 1996.
Théâtre Aujourd'hui, n° 8 (comportant un CD), SCEREN-CNDP, Paris, 2000.
Revue électronique du Théâtre National de la Colline, n° 1, spécial Vinaver, conçu et réalisé par Catherine Naugrette, www.colline.fr, Paris, 2005.
Europe, n° 924, Paris, avril 2006.
Registres, numéro spécial Vinaver, sous la direction de C. Naugrette (éd. rev. et aug. de la revue électronique www.colline.fr), revue de l'Institut d'Études Théâtrales, Paris III – Sorbonne Nouvelle, Éditions des Presses Sorbonne Nouvelle, à paraître à l'automne 2008.

BRUNO
BAYEN

La table de conversation
ou le cavalier insomniaque

Pour entrer dans la maison de Hochkrinstadt, Rahel préférait passer par la porte basse, trois petites pièces en enfilade menaient à la salle où se trouvait l'immense table. À l'un des bouts, il y avait un miroir incliné, à l'autre bout, de part et d'autre, deux chaises étaient orientées vers le miroir, selon un angle précis, calculé en degrés, minutes, secondes. Malgré ses dimensions, jamais plus de deux personnes ne s'asseyaient à la table. Celui qui l'avait construite avait fixé cette règle, le père de Rahel, qui l'avait trouvée dans une vente aux enchères, faisait respecter la règle et racontait l'histoire.

Un cavalier donc, vivant à la frontière polonaise dans une maison à flanc de colline. D'aspect viril, cheveux et barbe à la Garibaldi. Il rapporta son insomnie du seul long voyage qu'il fit à l'étranger. Pour parler de son mal on prenait et, après sa mort, on continua de prendre des accents aussi mystérieux que s'il avait contracté le palu au Grand Nord ou une maladie vénérienne en traversant l'océan Arctique. Son surnom de cavalier insomniaque repousse l'histoire dans le temps, alors qu'à l'époque était bien révolu le siècle de musiciens payés à composer des variations servant de pharmacopées pour remédier aux nuits d'aristocrates sans sommeil. Il aurait pu se faire à son insomnie, l'accepter par discipline, s'y complaire, mais il choisit de s'en venger. Il prenait ses hôtes en otage, que ce fût le voisin, sa maîtresse, un colporteur de passage, avec une préférence marquée, de plus en plus affirmée, pour le tête-à-tête. L'été, la compagne ou le compagnon était tenu de le suivre dans ses marches nocturnes, l'hiver de s'asseoir face à lui près du feu, dans une salle très vaste et remarquablement chauffée, grâce à un système d'aération dont l'idée remontait aux chevaliers teutoniques. Dehors, chacun pouvait se distraire en repérant des étoiles, en balayant l'horizon, en se tournant vers la source d'un bruit, et puis, la nuit d'été, à l'air, sauf pour l'amour ou le combat, on se regarde peu en face, mais l'enfermement hivernal, bien plus long, finit par révéler une affection plus rare. Le regard inévitable, parce que d'abord rassurant, de l'interlocuteur lui brûlait les yeux, provoquant une fatigue suraiguë, qui l'arrachait à l'état brumeux dans lequel il supportait d'affronter l'insomnie. Ses yeux étaient alors torturés par cinquante mouches absentes, assaillis par d'imaginaires projections de sable, grattés par des becs d'oiseaux, ou brûlés. Il s'absorbait dans les ombres et les dessins au sol. Il baissait les paupières, mais l'autre savait qu'il ne s'apaisait pas, on voyait que ses membres devenaient de plus en plus nerveux. Et il manifesta une exaspération perpétuelle et perpétuellement croissante, accusant ses hôtes de remuer la braise et les cendres de la cheminée pour l'aveugler et l'empêcher d'entendre. Il s'excusait ensuite, humilié de ne pas pouvoir soutenir un regard, mais ses compagnons d'insomnie se lassèrent de devoir résister au sommeil pour un homme qui derrière ses yeux fermés semblait surtout trahir et fuir l'ennui qu'on lui inspirait. Les amis, les otages se retiraient de plus en plus tôt, trouvaient des prétextes pour se dérober à son invitation, et ne lui resta que sa maîtresse et elle seule, qui venait mais souvent l'abandonnait en s'endormant tout naturellement, dès qu'ils avaient repris place dans les fauteuils en vis-à-vis après leur étreinte et leur jouissance, paupières closes, à même le sol. Elle croyait peut-être lui épargner une souffrance, lui ne supportait pas de ne pouvoir parler.

Face à la dormeuse, les brûlures, les piqûres se calmaient, les yeux du cavalier se détendaient, mais il aurait préféré plutôt que le bruit de sa légère respiration l'entendre crier, la voir battre des bras, ses yeux s'écarquiller dans un cauchemar. Au bout d'un moment il la secouait, la réveillait, si bien que cette femme à qui l'on voulait retirer et la souplesse et le talent à s'endormir, lasse de s'entendre dire qu'on ne partage dans le sommeil que l'absence, à son tour cessa de le fréquenter. La solitude fit les nuits plus opaques, plus nues, et de l'insomnie un exil injustifié. Après tout il n'avait jamais voulu chasser personne. Autour débuta la rumeur, nourrie d'un bruit de galop surprenant un voisin dans ses rêves, d'un premier coup de fusil tiré avant tous les autres chasseurs, et même de cris perçus au plus fort de la nuit, que le cavalier était en train de devenir fou, mais la rumeur ne lui était pas hostile car la petite ville l'avait toujours respecté, on se faisait du souci, on aurait bien voulu le guérir. Un peu plus tard, dans le lieu de divertissement de la ville, la rotonde où l'orchestre des vétérans accompagnait le thé du dimanche, sa maîtresse croise un architecte, architecte ébéniste, ils dansent, elle raconte, et le jeune homme va devenir le médecin des yeux, proposant de remplacer le feu par le reflet, la cheminée par le miroir, et inventant la table. Il l'imagina longue comme pour un banquet. Il imagina le pilier hexagonal et le miroir incliné que diviserait en deux le pilier placé à un bout avec, presque à l'autre bout de la table, séparant l'insomniaque de son hôte, deux chaises très raides, légèrement tournées vers le miroir, dont il détermina l'orientation et la distance jusqu'au pilier. Les plans achevés, il alla les montrer pour convaincre le cavalier qui s'étonne, paye et accepte la dernière clause lui interdisant de suivre les travaux. Le soir dit, venu prendre place, les yeux bandés, dans le dispositif, le cavalier, lorsqu'il retira le bandeau sur l'ordre de l'architecte, découvrit dans le miroir qui lui faisait face non pas son reflet mais le visage de sa maîtresse assise sur l'autre chaise. L'architecte les laissa. Leurs reflets se croisaient. Ils se parlèrent à mi-voix en se voyant de loin, chacun regardant devant soi le miroir où en toute logique il aurait dû se voir lui-même. Retiré à cette distance, le regard ne brûlait pas, n'attaquait pas. La parole très proche circulait à peine articulée. Plutôt que de prétendre, elle se confiait. Leurs doigts pouvaient s'enlacer au milieu de la table, face au pilier, ils n'apparaîtraient dans aucun des versants du miroir.

Ce soir, la blonde, l'histoire la voulait d'une blondeur variant selon les saisons, annonça que les nuits seraient dorénavant des nuits sans étreinte, dédiées à la parole, des quarts de nuit comme entre marins on les partage sur un navire. Chaque nuit le cavalier serait quitté pour l'architecte par son ancienne maîtresse, et resterait seul. Il demanda s'il devait baptiser cette table la table de la consolation. Le mot est détestable aux oreilles de la jeune femme, veule. Et s'ensuit une dispute, moins d'une heure après qu'ils s'étaient installés la jeune femme levait le camp, le cavalier lui ayant déclaré qu'ils ne se reverraient plus, et qu'on pouvait le débarrasser de ce mobilier. Puis ce furent soixante-douze heures sans décolérer, à l'idée qu'elle partît rejoindre l'architecte. D'un autre côté il ne voulait pas se dessaisir de cette femme ni d'une chance de guérir, et il fit savoir qu'il acceptait avec la table les conditions de sa maîtresse qui ne le serait plus. Elle devint donc, la table, le lit de leur conversation, pour des bouts de nuit partagés, combatifs et jaloux. Ils s'y disputaient et se perdaient en explications, voulant toujours finir de s'expliquer sans jamais réussir, c'est ainsi qu'allait leur histoire, semble-t-il, et semble-t-il depuis le commencement, depuis leur première rencontre devant une statue de vierge idiote, où ils s'étaient querellés sur la couleur de leurs yeux, mais désormais à un rythme accéléré, fouetté, emballé par le dispositif et le noli me tangere. Et si leur débat pouvait reprendre chaque fois de plus belle, c'est que d'une nuit à l'autre ils se souvenaient beaucoup moins de ce qu'ils avaient dit la veille que des regards qu'ils s'étaient adressés via le miroir, comme si dès qu'on la quittait, la table avait le pouvoir de faire oublier ce qu'on avait dit auprès d'elle. Parfois le cavalier se levait, marquant d'un geste de la main gauche qu'il abandonnait la partie, sortant de la salle sans répondre alors qu'elle demandait ingénument : le matin est donc si proche ? Et il lui arrivait à elle de rester seule jusqu'à l'aube, parce qu'elle avait eu la tête à autre chose qu'à l'amour de l'architecte, jusqu'à ce que la gouvernante entrât avec un verre de thé ou une tasse de chocolat, destiné au cavalier. D'autres soirs elle ne venait pas, ou se retirait tôt, pour l'architecte, ou bien parce que le cavalier s'était mis à crier. Il arrivait aussi que fixant ses yeux lointains dans le miroir il ne lui dît rien. L'inverse aussi se produisait, mais ce n'était pas une réponse ou une revanche, car les silences de la jeune femme étaient imprévisibles, alors que les silences du cavalier étaient appuyés, si bien qu'il regardait ahuri, tout décontenancé, le reflet de la jeune femme quand elle ne disait rien, tandis qu'elle le regardait en faisant le clown s'il s'enfonçait dans le mutisme, ou alors elle grattait la table avec son ongle pour l'agacer. Certainement elle ne savait sans doute plus pourquoi elle venait là, pour un parallèle nostalgique et agressif dont elle avait le privilège, puisqu'il ne voulait de compagnie nocturne que la sienne ? Mais ces nuits allaient prendre un tour différent du soir où il en vint à accuser l'architecte d'avoir conçu un piège, de l'avoir contraint à héberger une machine qui n'était dédiée qu'à elle, afin qu'elle vécût sans remords une double liaison. Le sujet était ordinairement banni, car si elle pouvait se permettre de parler de l'architecte (pour dire de l'architecte qu'il parlait très peu), elle ne lui en donnait pas le droit. Or, au lieu de se fâcher, elle rétorqua qu'on était à la veille de Noël et que ce n'était pas la nuit des explications, mais la soirée

des contes, et le conte pouvait être d'autant plus innocent qu'il serait vite oublié, n'importe quel ferait l'affaire, que le héros fût une goutte de sang, un asphodèle, un sentier, un bouton de gilet perdu, le menu d'un dîner qui n'en finit pas. Le cavalier savait que les contes n'avaient plus la vertu d'un somnifère, que la table ne pouvait plus le guérir des insomnies auxquelles les années l'avaient habitué, encore moins de cette femme, mais c'était précisément cet encore moins qui le tenait en vie. Il se plia à la règle des contes, à Noël et tout l'hiver. Tout l'hiver, un récit, chaque soir.
Tout cet hiver, le cavalier comme sa blonde passèrent des heures le jour en promenade, solitairement, à la recherche d'un début, ou d'une suite s'ils se rappelaient mal leur récit inachevé la veille, ses détails et ses nœuds, qui souvent étaient comme absorbés par la table, ou qui s'évaporaient sous l'effet du regard croisé dans le miroir. Elle allait à pied, lui à cheval. Les gens de sa propriété le voyaient si fréquemment dehors pendant la journée qu'ils le crurent sauvé de son mal issu de l'étranger. D'autres se plaignaient du désintérêt grandissant envers la gestion de ses biens d'un maître toqué de son ancienne maîtresse. Un après-midi leurs chemins se recoupent. Sur un geste elle obéit, monte à cheval, les mains accrochées à ses côtes. Ils franchissent des bois et des marais sans encombre,

jusqu'à une roche nuageuse et figurative, qui fait se cabrer le cheval. Elle tombe, se blesse gravement. Elle est emmenée à l'hôpital. L'architecte n'accepte la visite de personne auprès d'elle, les nuits s'interrompent. C'est la fin de la joute. Le cavalier n'imagine plus de convier quiconque. De nouveau on l'entendit hurler au milieu de la nuit. À l'approche de l'hiver suivant, alors qu'une couche de poussière s'était déposée sur la table, que le cavalier avait laissé la salle à l'abandon, comme il la traversait, avant l'heure du dîner, il l'entendit toquer à la vitre. Le cavalier et sa maîtresse qui ne l'était plus se sont-ils alors donné de leurs nouvelles, parlèrent-ils sans ambages comme s'ils ne redoutaient rien de la nuit qu'ils avaient si différemment et si souvent redoutée tous les deux, se dirent-ils un conte, symbolique, le retour de la prisonnière, idiot, le rat déguisé en merle, et enfreignant la règle, se regardèrent-ils face à face de tout près soufflant sur la poussière répandue ? Le cavalier s'endormit tôt, le fait est là. Le miroir lui renvoyait à son réveil l'image d'une chaise vide. Il chercha la main de la femme à tâtons sur la table. Il chercha la parole oubliée qui avait triomphé de lui et l'avait fait s'endormir. Le sommeil n'avait peut-être pas duré. Le miroir vide lui donna le vertige. Le vertige définitif. Il sella avant l'aube son cheval qu'on retrouva dans les bois, arrêté, ne voulant plus quitter le quadrilatère

d'une pierre plate qui ressemblait à une dalle naturelle. Aucune trace du maître. Il avait été attaqué ? Enlevé ? Il avait fui ? Il avait succombé dans l'errance de la déraison ? Il fallut abattre le cheval paralysé ou trop têtu. Au lieu de l'envoyer à l'équarrissage, les gens de la petite ville décidèrent de lui faire une tombe sous la pierre.
On ajoutait à l'histoire que l'ancienne maîtresse du cavalier disparu, plus tard, découragea deux maris, parce qu'elle parlait en dormant. Quand ils voulaient la réveiller, elle disait : pourquoi me réveilles-tu comme si tu ne savais pas mon nom ? Quand le mari répondait à ce qu'elle articulait dans le sommeil elle se plaignait de ce qu'il voulait la rendre folle. Partout, toujours, elle allait pieds nus. Dans la génération suivante lorsque les moustiques de fin juillet se mettaient à piquer, ce qui annonçait l'orage, assis à boire leur bière sur des bancs, les petits-enfants des témoins oculaires disaient que c'était le cavalier et sa dame dans le ciel qui allaient bientôt recommencer leur douma, et une fois de plus abîmer la récolte.

Bruno Bayen

Né en 1950, romancier, auteur dramatique, traducteur et metteur en scène.

Théâtre

Schliemann, épisodes ignorés, Éditions Gallimard, coll. « Le Manteau d'Arlequin », Paris, 1982.
Faut-il choisir ? Faut-il rêver ?, in *L'avant-scène théâtre*, n° 748, Paris, 1984.
Weimarland / L'Enfant bâtard, L'Arche Éditeur, Paris, 1992.
À trois mains, L'Arche Éditeur, 1997.
La Fuite en Égypte, L'Arche Éditeur, 1999.
Plaidoyer en faveur des larmes d'Héraclite, L'Arche Éditeur, 2003.
L'Éclipse du 11 août, L'Arche Éditeur, 2006.

Romans

Jean 3 Locke, Éditions Gallimard, « Collection blanche », 1987.
Restent les voyages, Éditions du Seuil, Paris, 1990 (traduit en allemand par Peter Handke, sous le titre *Bleiden dis Reisen,* Residenz Verlag, St. Pölten, Autriche, 1997).
Éloge de l'aller simple, Éditions du Seuil, 1991.
Les Excédés, Éditions Mercure de France, « Collection bleue », Paris, 1998 (traduit en allemand par Peter Handke, sous le titre *Die Verärgerten*, Residenz Verlag, 1999).
La Forêt de six mois d'hiver, Éditions Mercure de France, « Collection bleue », 2000.
La Vie sentimentale, Éditions Mercure de France, « Collection bleue », 2003.

Récit

Hernando Colón, enquête sur un bâtard, Éditions du Seuil, 1992.

Essais

Le Pli de la nappe au milieu du jour. Natures mortes, Éditions Gallimard, coll. « L'Un et l'Autre », 1997.
Pourquoi pas tout de suite, avec des photographies de l'auteur, Éditions Melville, Paris, 2004.

Traductions

Georg Büchner, *Léonce et Léna*, L'Arche Éditeur, 2007.
Lukas Bärfuss, *Les Névroses sexuelles de nos parents*, L'Arche Éditeur, 2006 / *Les Hommes morts*, Éditions Mercure de France, 2006.
Rainer Werner Fassbinder, *Qu'une tranche de pain*, L'Arche Éditeur, 1995.
Goethe, *Torquato Tasso*, L'Arche Éditeur, 1989 / *Stella*, L'Arche Éditeur, 2001.
Peter Handke, *Voyage au pays sonore ou l'Art de la question*, Éditions Gallimard, coll. « Du monde entier », 1993 / *L'heure où nous ne savions rien l'un de l'autre*, L'Arche Éditeur, 1994 / *Préparatifs d'immortalité*, L'Arche Éditeur, 1999.
Sophocle, *Œdipe à Colone*, Christian Bourgois Éditeur, 1987.
Frank Wedekind, *L'Élixir d'amour*, Éditions théâtrales, Paris, 1996.

Livrets

Schliemann, Opéra de Betsy Jolas, 1995.
Enquanto estiverem acesos os avisos luminosos (*Jusqu'à l'extinction des consignes lumineuses*), Opéra d'Arrigo Barnabé, 2005.

Mises en scène de Bruno Bayen

Textes de l'auteur

Madame Hardy, avec la collaboration d'Elsa Peirce, Festival de La Rochelle, 1973.
Souvenir d'Alsace, avec la collaboration d'Yves Raynaud, Théâtre Ouvert, Villeneuve-lès-Avignon, 1975.
Les Fiancés de la banlieue Ouest, en collaboration avec Louis-Charles Sirjacq, MC93, Bobigny, 1980.
Schliemann, épisodes ignorés, Théâtre National de Chaillot, Paris, 1982.
Weimarland, Théâtre de la Bastille, Paris, 1992.
L'Enfant bâtard, L'Odéon-Théâtre de l'Europe, Paris, 1992.
À trois mains, MC93, Bobigny/Théâtre National de Strasbourg, 1997.
La Fuite en Égypte, Théâtre de Gennevilliers, 1999.
Nicodème, Théâtre de Sartrouville, 1999.
Plaidoyer en faveur des larmes d'Héraclite, Théâtre National de Chaillot, 2003.
Enquanto estiverem acesos os avisos luminosos (*Jusqu'à l'extinction des consignes lumineuses*), CESCH, São Paulo, 2005.

Autres auteurs

Frank Wedekind, *La Danse macabre*, texte français B. Bayen, Théâtre de Gennevilliers, 1974.
Georg Büchner, *La Mort de Danton*, texte français B. Bayen, avec la collaboration de Bernard Chatellier, Théâtre National de Chaillot, 1975.
Parcours sensible 1905-1975, montage, Centre dramatique national de Toulouse, 1976.
Goethe, *Torquato Tasso*, texte français B. Bayen, Genevilliers, 1976 ; Théâtre National de l'Odéon, 1989.
Anton Tchekhov, *La Mouette*, texte français B. Bayen, avec la collaboration de L.-Ch. Sirjacq, Festival d'Automne/Théâtre Nanterre-Amandiers, 1978 ; Prix Georges Lerminier du Syndicat de la Critique, 1978.
Peter Handke, *Die Unvernünftigen sterben aus*, Théâtre de Brême, 1979.
Christoph Willibald Gluck, *Iphigénie en Tauride*, Opéra de Lyon, 1983.
Eugène Labiche et Marc-Michel, *Un Chapeau de paille d'Italie*, Comédie-Française, Paris, 1985.
Sophocle, *Œdipe à Colone*, texte français B. Bayen, Festival d'Avignon, 1987.
Jean Genet, *Elle*, création mondiale avec Maria Casarès, Teatro Due, Parme, 1990.
Paul Hindemith/August Stramm, *Sancta Susana*, Académie Mozart, Prague, 1993.
Alain Bennet, *Espions et célibataires*, Théâtre National de Chaillot, 1994.
Goethe, *Stella*, MC93, Bobigny/Théâtre National de Strasbourg, 2001.
Lukas Bärfuss, *Les Névroses sexuelles de nos parents*, texte français B. Bayen, Théâtre Vidy-Lausanne, 2005.
Les Provinciales – Une querelle, d'après Blaise Pascal, adaptation B. Bayen et L.-Ch. Sirjacq, Théâtre Vidy-Lausanne, 2007.

SAISON 2008-2009
du Théâtre National de la Colline

Bertolt Brecht/Paul Dessau, *Nada Strancar chante Brecht/Dessau*, avec la complicité de Christian Schiaretti et Jean-Claude Malgoire (Grand Théâtre du 13 au 25 septembre 2008).

Marguerite Duras, *L'Amant*, proposition d'Astrid Bas et Ami Flammer (Petit Théâtre du 18 septembre au 9 octobre 2008).

Wajdi Mouawad, *Incendies*, mise en scène Stanislas Nordey (Grand Théâtre du 8 octobre au 2 novembre 2008).

Martin Crimp, *Face au mur*, trilogie composée de *Ciel bleu ciel*, *Face au mur* et *Tout va mieux*, mise en scène et scénographie Hubert Colas (Petit Théâtre du 29 octobre au 27 novembre 2008).

Paul Claudel, *L'Échange* (première version), mise en scène Yves Beaunesne (Grand Théâtre du 12 novembre au 14 décembre 2008).

Samuel Beckett, *Le Dépeupleur*, spectacle de Michel Didym et Alain Françon (Petit Théâtre du 5 au 20 décembre 2008).

Thomas Bernhard, *Minetti*, mise en scène André Engel (Grand Théâtre du 9 janvier au 16 février 2009).

Leopold von Sacher-Masoch, *La Vénus à la fourrure ou les Confessions d'un suprasensuel*, adaptation, mise en scène et scénographie Christine Letailleur (Petit Théâtre du 21 janvier au 15 février 2009).

Anton Tchekhov, *La Cerisaie*, mise en scène Alain Françon (Grand Théâtre du 17 mars au 10 mai 2009).

Michel Deutsch, *La Décennie rouge – Mensch oder Schwein*, mise en scène Michel Deutsch (Petit Théâtre du 21 mars au 10 avril 2009).

Michel Vinaver, *Nina, c'est autre chose*, mise en scène Guillaume Lévêque (Petit Théâtre du 28 mai au 21 juin 2009).

Bruno Bayen, *Laissez-moi seule*, mise en scène Bruno Bayen (Grand Théâtre du 4 au 26 juin 2009).

Sources

Bertolt Brecht/Paul Dessau

Bertolt Brecht, *Nada Strancar chante Brecht/Dessau*, adaptation française Jean-Pierre Siméon et Gérald Garutti, in *Das große Brecht-Liederbuch*, Suhrkamp Verlag, Francfort, 1985 : « Sept roses sur le rosier »/« *Sieben Rosen hat der Strauch* » ; « Ce n'est qu'après m'être éloignée de toi... »/« *Als ich nachher von dir ging...* » (chansons d'amour/*Liebslieder*) ; « Le chant d'une mère allemande »/« *Lied einer deutschen Mutter* » (in *Schweyk dans la Seconde Guerre mondiale/Schweyk im Zweiten Weltkrieg*) ; « Chanson de la fraternisation »/« *Das Lied vom Fraternisieren* », (in *Mère Courage et ses enfants/Mutter Courage und ihre Kinder*) ; « Le corbeau »/« *Der Rabe* » ; « Le hérisson »/« *Der Igel* » ; « Le cloporte »/« *Die Kellerassel* » ; « Le cochon »/« *Das Schwein* » ; « Le cheval »/« *Das Pferd* » (in *Poèmes animaliers/Tierverse*). © Suhrkamp Verlag, Frankfurt am Main/Stephan S. Brecht.

Marguerite Duras

Marguerite Duras, « L'inconnue de la rue Catinat », propos recueillis par Hervé Le Masson, in *Nouvel Observateur*, n° 1038, 28 septembre-4 octobre 1984, p. 52. © Le Nouvel Observateur.
Jane Sautière, *La traversée du fleuve*, mai 2008 (inédit).
Pierre Saint-Amand, « La photographie de famille dans *L'Amant* » (extraits), in *Marguerite Duras, Colloque de Cerisy*, Éditions Écriture, Paris, 1994. © Écriture, Paris, 1994.

Wajdi Mouawad

Wajdi Mouawad, « Le sexe de l'homme », in *Relations*, n° 668, avril-mai 2001, p. 36-37.

Martin Crimp

Martin Crimp, *Avis aux femmes d'Irak* (avril 2003), texte français Hubert Colas (inédit en français). © L'Arche Éditeur.
Martin Crimp, *Ciel bleu ciel* (2005), texte français Élisabeth Angel-Perez (inédit). © L'Arche Éditeur.

Paul Claudel

Paul Claudel, « Quatre entretiens avec Jean Amrouche », extraits de *Mémoires improvisés*, Éditions Gallimard, « Collection blanche », Paris, 1954. © Gallimard.

Samuel Beckett

Alain Satgé, *Le Dépeupleur : un « acte sans paroles » ?*, mai 2008 (inédit).

Thomas Bernhard

Thomas Bernhard, extrait d'une lettre à Siegfried Unseld (Ohlsdorf, 10 juin 1975), texte français Claude Porcell. Succession Thomas Bernhard, Archives Thomas Bernhard, Gmunden (Autriche).

La correspondance entre Thomas Bernhard et Siegfried Unseld paraîtra aux Éditions Suhrkamp en 2008 (directeurs de publication : Raimund Fellinger, Martin Huber, Julia Ketterer).

Thomas Bernhard, « Lettre à Henning Rischbieter » (rédacteur en chef de la revue *Theater Heute*), texte français Claude Porcell, in *Theater Heute Jahrbuch*, 1975, p. 38 (inédit en français). © Theater Heute.

Jean-Marie Winkler, *Minetti ou l'art dramatique « simplement compliqué »*, mai 2008 (inédit).

Bernhard Minetti, « Un auteur nommé Bernhard », texte français Claude Porcell, extrait de *Erinnerungen eines Schauspielers*, entretiens avec Günther Rühle, Deutsche Verlags-Anstalt, Stuttgart, 1985. © Deutsche Verlags-Anstalt, 1985.

Leopold von Sacher-Masoch

Leopold von Sacher-Masoch, « La femme au fouet », extrait de *Choses vécues*, V, in *Revue bleue*, 1er semestre 1888 (3e série), n° 1, 25e année, Paris, p. 501-503 / « Comment je devins auteur », extrait de *Choses vécues*, X, in *Revue bleue*, t. XLIII, Paris, janvier-juillet 1889, p. 500-502. © Droits réservés.

Anton Tchekhov

Georges Banu, *La Cerisaie, éternel retour / Le procès de La Cerisaie*, mai 2008 (inédits).

Michel Deutsch

Michel Deutsch, *Quelques remarques sur le terrorisme dans les marges de Mensch oder Schwein – La Décennie rouge*, mai 2008 (inédit).

Michel Vinaver

Michel Vinaver, *Nina, c'est autre chose*, en bande dessinée par Véronique Hubert, d'après des fragments de chacun des 12 « morceaux » de la pièce de Michel Vinaver, mai 2008 (dessins inédits). © L'Arche Éditeur.

Bruno Bayen

Bruno Bayen, *La table de conversation ou le cavalier insomniaque*, mai 2008 (inédit).

Crédits photographiques

9 Paul Dessau, fragment de partition de la chanson « *Sieben Rosen hat der Strauch* » (« Sept roses sur le rosier »), extraite des *Chansons d'amour* de Bertolt Brecht, reproduction tirée de *Brecht-Liederbuch*, Fritz Hennenberg éd., Suhrkamp Verlag, Francfort, 1984. © Deutscher Verlag für Musik, Leipzig.

16 Paul Dessau, partition de la chanson « *Das Schwein* » (« Le cochon »), extraite des *Vers animaliers* de Bertolt Brecht, reproduction tirée de *Brecht-Liederbuch*, Fritz Hennenberg éd., Suhrkamp Verlag, Francfort, 1984.© Deutscher Verlag für Musik, Leipzig.

23 Marguerite Duras, reproduction d'un extrait du brouillon manuscrit de *La Vie matérielle*, 1987. © *Duras, L'Œuvre matérielle*, IMEC Éditeur, coll. « Empreintes », Paris, 2006, p. 104.

49 Photographie du spectacle *Incendies* de Wajdi Mouawad, mise en scène Stanislas Nordey, Théâtre National de Bretagne, Rennes, novembre 2007. © Brigitte Enguerand.

57 Philippe Bazin, *Sans titre* de la série : *Adolescents*, 1994, 1/2, tirage argentique contrecollé sur aluminium, 44,5 x 44,5 cm. Collection Frac Île-de-France.

63 Jürgen Nefzger, *Marne-la-Vallée, Commune de Serris* de la série : *Aux portes du Royaume*, juin 1999, 1/15, tirage argentique monté sur un support en aluminium, 44,5 x 55,5 x 3 cm. Collection Frac Île-de-France.

64 Bill Owens, *Dinner in Pool*, 1980, 1/10, photographie couleur, 35 x 50 cm, 34 x 50 hors cadre. Collection Frac Île-de-France.

65 Stanislas Amand, *Le Ballon*, 1997, cibachrome, 108 x 130 cm. Collection Frac Île-de-France.

66 Michel François, *Sans titre (Sarah)*, 1998, 5/5, photographie noir et blanc, 185 x 129 cm. Collection Frac Île-de-France.

67 Florence Paradeis, *Chronique*, 2003, 1/3, photographie couleur, 100 x 126 cm. Collection Frac Île-de-France.

83 Photographie du spectacle *L'Échange* de Paul Claudel, mise en scène Yves Beaunesne, Théâtre de la Place, Liège, décembre 2007. © Guy Delahaye.

129 Photographie de Samuel Beckett pendant le tournage de *Quad*, par Hugo Jehle, Süddeutscher Rundfunk, Stuttgart, 1981. © Südwestrundfunk Stuttgart/Hugo Jehle.

135 Photographie du spectacle *Le Dépeupleur* de Samuel Beckett, spectacle de Michel Didym et Alain Françon, Athénée Théâtre Louis-Jouvet, Paris, novembre 2006. © Fabrice Burgy.

147 Thomas Bernhard, *Obernathal*, photographie appartenant à la famille de T. Bernhard. © Thomas Bernhard Nachlaßverwaltung GmbH.

Remerciements

Jean-Pierre Siméon, Gérald Garutti, Heidi Weiler
Jane Sautière, Pierre Saint-Amand, Catherine Sellers
Wajdi Mouawad, Brigitte Enguerand
Martin Crimp, Hubert Colas, Élisabeth Angel-Perez,
Philippe Bazin, Jürgen Nefzger, Bill Owens, Stanislas Amand,
Michel François, Florence Paradeis
Guy Delahaye
Alain Satgé, Jacques Gabel, Fabrice Burgy
Dr Peter Fabjan, Claude Porcell, Jean-Marie Winkler,
Sepp Dreissinger, Abisag Tüllmann, Manfred Mittermayer,
Martin Huber, Bernhard Judex, Marie-Christine Baratta-Dragono,
Christine Seghezzi
Georges Banu
Michel Deutsch, Johannes Kahrs
Michel Vinaver, Véronique Hubert
Bruno Bayen

Claude Chevineau, Bibliothèque Gaston Baty
Olivier Corpet, IMEC
Anne-Lorraine Vigouroux
Dorothée Duplan
Christophe Bormans
Nathalie Quirion
Xavier Franceschi et Christelle Masure, Frac Île-de France
Marion Gintzburger, Centre Pompidou
Hanna Nelson, Agence photographique de la RMN
Elke Bourcier, Goethe Institut Paris
François Le Clézio, Bruno Caye

Bibliothèque Nationale de France
Librairie Le Comptoir des mots
Marissal Bücher
Fondation Thomas Bernhard, Vienne
Archives Thomas Bernhard, Gmunden
Éditions de l'Archipel
Le Nouvel Observateur
Frac des Pays de la Loire
Suhrkamp Verlag

Collection créée par Alain Françon

Ouvrage dirigé par Laure Hémain
assistée de Florence Thomas et Quentin Bonnell
avec la collaboration de Laurent Meynard-Guillien
et Élodie Régibier

Recherches iconographiques Michèle Fizet

Coordination Florence Thomas

Conception graphique IDSland, Philippe Ségard
et Jean-Loup Fierfort

Réalisation de la maquette Jean-Loup Fierfort
et Tuong-Vi Nguyen pour la couverture

Achevé d'imprimé en septembre 2008
dans les ateliers de Normandie Roto Impression s.a.s. – 61250 Lonrai, France
N° d'impression : 082333
Dépôt légal : septembre 2008